Voor de liefde van mijn zoon

Van dezelfde auteur

Sultana
Sultana's dochters
Mayada
Liefde in een verscheurd land
Mijn leven met Osama

www.jeansasson.com

Bezoek onze internetsite www.awbruna.nl
voor informatie over al onze boeken en dvd's.

Jean Sasson

Voor de liefde
van mijn zoon

*De zoektocht van een Afghaanse vrouw naar
haar gestolen kind*

A.W. Bruna Uitgevers B.V., Utrecht

Oorspronkelijke titel
For the Love of a Son
Copyright © 2010 Sasson Corporation. Published by arrangement with Sasson Corporation,
c/o Chandler Agency Inc., P.O. Box 642, Monterey, Massachusetts 01245, USA.
Vertaling
Edzard Krol
Omslagbeeld
Design: Sarah Whittaker/TW; Landschap: © Photolibrary; Portretten: eigendom van
Maryam Khail
Omslagontwerp
Pinta Grafische Producties
Kaartje
T. Evan White
© 2011 A.W. Bruna Uitgevers B.V., Utrecht

ISBN 978 90 229 9875 5
NUR 302

Dit boek is gedrukt op papier dat het keurmerk van de Forest Stewardship
Council (FSC) mag dragen. Bij dit papier is het zeker dat de productie niet
tot bosvernietiging heeft geleid. Een flink deel van de grondstof is afkomstig uit bossen en plantages die worden beheerd volgens de regels van FSC.
Van het andere deel van de grondstof is vastgesteld dat hiervoor geen houtkap in de laatste resten waardevol bos
heeft plaatsgevonden. Daarom mag dit papier het FSC Mixed Sources label dragen. Voor dit boek is het FSC-gecer-
tificeerde Munkenprint gebruikt. Dit papier is 100% chloor- en zwavelvrij gebleekt en wordt geleverd door Arctic
Paper Munkedals AB, Zweden.

Maryam met haar vader en zuster Nadia in het Kabulpark.

Van onze heldin Maryam Khail:
Deze herinneringen aan Afghanistan worden opgedragen aan mensen
die met heel hun hart van Afghanistan hielden:
Voor mijn geliefde ouders en voor Farid, mijn 'grote broer',
ik mis jullie elke dag van mijn leven.

Van de auteur Jean Sasson:
Voor iedere vrouw in Afghanistan die in stilte lijdt
onder het onvoorstelbare misbruik door mannen die
van haar zouden moeten houden en haar zouden moeten respecteren.
Ik weet dat deze vrouwen zich afvragen of er iemand is die om hen geeft.
Ik geef om hen.

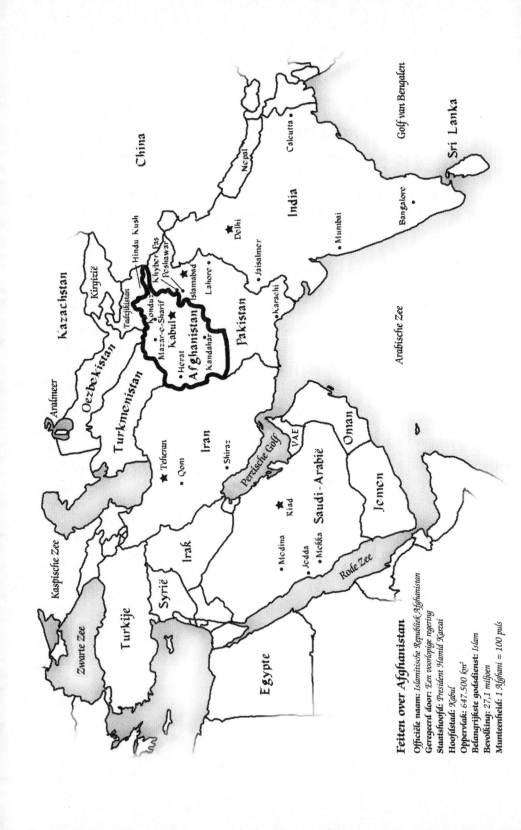

Feiten over Afghanistan

Officiële naam: Islamitische Republiek Afghanistan
Geregeerd door: Een voorlopige regering
Staatshoofd: President Hamid Karzai
Hoofdstad: Kabul
Oppervlak: 647.500 km²
Belangrijkste godsdienst: Islam
Bevolking: 27,1 miljoen
Munteenheid: 1 Afghani = 100 puls

China

Kazachstan

Kirgizië

Tadzjikistan

Hindu Kush

Khyber Pas

Peshawar

Konduz

Mazar-e-Sharif

Kabul

Islamabad

Lahore

Delhi

Nepal

Calcutta

India

Bangalore

Sri Lanka

Golf van Bengalen

Herat

Afghanistan

Kandahar

Pakistan

Jaisalmer

Karachi

Mumbai

Oezbekistan

Aralmeer

Turkmenistan

Teheran

Qom

Iran

Shiraz

Perzische Golf

VAE

Oman

Arabische Zee

Kaspische Zee

Irak

Riad

Saudi-Arabië

Jemen

Medina

Jedda

Mekka

Rode Zee

Zwarte Zee

Turkije

Syrië

Egypte

Opmerking van de auteur

In Afghanistan heerst het kwaad. Als mannen in alle opzichten de overhand hebben, kan noch bezit, noch rijkdom, noch schoonheid, noch intelligentie, noch scholing, noch kracht, noch de familie iets tegen dat geslacht uitrichten. Vrouwen kunnen slechts bidden en hopen. Ze weten dat er niets aan valt te veranderen als de mannen in hun leven besluiten hen uit te huwelijken aan een oude man, hun kinderen af te nemen of hen zelfs te vermoorden. De bevrijding van vrouwen maakt geen deel uit van de Afghaanse cultuur.

Dit is het verhaal van Maryam Khail, een prachtige Afghaanse vrouw, voortgekomen uit een van de meest invloedrijke families in Afghanistan, een rijke en machtige familie. Ondanks haar schoonheid, opleiding en kracht heeft het kwaad dat in elke Afghaanse familie huist Maryam er uiteindelijk onder gekregen.

Dit is het verhaal van Maryam. Hopelijk zult u haar lot niet delen.

Jean Sasson

Met familie op vakantie in Afghanistan. Maryam zit op de truck, in haar alledaagse kleren.

Proloog

Meisjes in Afghanistan kunnen dromen wat ze willen, maar alleen jongensdromen komen uit. Jongens bezitten hun hele omgeving. En terwijl meisjes voornamelijk dienaressen zijn die gedwongen worden de mannen in hun familie te behagen, wordt de Afghaanse jongens geleerd streng te zijn voor vrouwen. Ik werd overvallen door medelijden toen ik zag hoe kleine meisjes op hun eerste dag op de Share-i-Now kleuterschool in Kabul rondscharrelden en verlegen om zich heen keken.

Maar ik rechtte mijn schouders, haalde diep adem, trok aan de hand van mijn moeder, sleepte haar achter me aan langs de bedeesde wezentjes die angstig tegen hun oudere zussen en moeders aankropen.

Ik ervoer het belang van het moment, want alles wat ik droeg was spiksplinternieuw, van mijn witte gekraagde shirt tot mijn grijze korte broek en zelfs mijn zwarte lage schoenen. Ik keek naar beneden om te controleren of het stof van Kabul de glans niet had bedorven, ik kon mijzelf er bijna in zien, zo glommen ze. Mijn kleren waren duur, want Afghaanse families geven hun laatste *pul* uit om hun zonen van de allerbeste spullen te voorzien, al hoefden wij thuis niet zulke grote offers te brengen omdat we genoeg geld hadden.

Het was 1966 en ik was vijf jaar. In de puberteit werden Afghaanse jongens en meisjes van elkaar gescheiden, maar op jongere leeftijd mochten ze met elkaar omgaan. Dus zou ik in dezelfde klas zitten als de meisjes van mijn leeftijd, al zouden ze mij, als jongen, belangrijker vinden.

We liepen in een rij het klaslokaal in. Mijn moeder en ik kozen een kleine tafel en stoel uit op een plek waar alle jongens bijeenkwamen. Mijn moeder boog voorover om me op mijn wang te kussen, maar ik deinsde achteruit, want ik voelde me groot en moest niets hebben van aanhaligheid in het openbaar. Mijn moeder aaide me over mijn hoofd, mijn pasgeschoren hoofd, een mode die kleine jongens goed stond. Ze keek me nog een laatste keer indringend aan, waarna ze zich met tegenzin omdraaide en haar enige zoon, Yousef Agha Khail, achterliet. Dat was het gelukkigste moment van mijn jonge leven, want ik wist dat ik bezig was een man te worden, iets waarnaar ik altijd al had uitgekeken.

In het lokaal keek ik om me heen. Aan de ene kant dromden de meisjes bij elkaar, aan de andere kant de jongens. Omdat ze er niet aan gewend waren zonder hun moeder te zijn, leek het wel alsof de kleine meisjes, met hun kleine hoofdjes naar beneden gebogen, verlamd waren van angst, terwijl de jongens rechtop zaten en er alle vertrouwen in leken te hebben. Ik wierp een blik op mijn moeder, die in de deuropening nog wat stond te treuzelen en gaf haar een kort en kalm knikje.

Van die eerste maanden op de kleuterschool kan ik me het spelen herinneren, en dat ik de rol aannam van meest stoutmoedige jongen. Ik deed enorm mijn best tijdens de les, omdat er van het mannelijke kroost veel werd verwacht. De meeste dagen leken op elkaar, tot die ene dag waarop mijn oude kinderjuffrouw me een broek aandeed die ik moeilijk loskreeg.

Nu kan ik haar die ernstige fout vergeven, want de kinderjuffrouw Muma was zo oud dat haar haren zo wit kleurden als bergsneeuw, al verfde ze haar kapsel soms met henna. Ze kwam uit Pansher, een gebied in Afghanistan waar vrouwen naar verluidt meer melk produceren dan voor hun eigen baby's nodig is. Om die reden namen veel hoogopgeleide gezinnen vrouwen uit Pansher in dienst als zoogster. Muma was vele jaren zoogster geweest voor het gezin van mijn moeder. Bij de eerste zwangerschap van mijn moeder stuurde mijn oma Hassen Muma naar ons toe, om mijn moeder bij te staan. Al bleek na de geboorte van mijn zus Nadia al snel dat Muma al jaren geen drup melk meer gaf. Toch bleef mijn moeder de trouwe kinderjuffrouw bij zich houden.

In de loop van de ochtend moest ik plassen en merkte dat ik met mijn kleine vingertjes de gesp niet loskreeg. De begeleider die toezicht hield bij de jongenstoiletten bood aan te helpen, maar ik had een geheim dat ik niet wilde onthullen, dus wuifde ik hem weg. Maar al snel sloeg de wanhoop toe, omdat ik vreesde dat ik in mijn broek zou plassen. Mijn gebruikelijke zelfvertrouwen verdween als sneeuw voor de zon en ik barstte in snikken uit. Net op dat moment greep de begeleider me bij de hand en bracht me terug naar de juf in de klas. Toen mijn juf vooroverboog om te helpen, sprong ik weg en probeerde aan haar bemoeizuchtige handen te ontkomen.

Door de grote nood begon ik steeds harder te huilen, zodat mijn wanhopige schooljuf de begeleider erop uitstuurde om mijn oudere zus Nadia op te halen. Nadia rende het lokaal in en knoopte de gesp los. Mijn zus dacht niet goed na, want daar liet ze het niet bij. Voor het oog van de hele klas trok ze mijn broek omlaag.

Iedereen stond met grote ogen toe te kijken.

Happend naar adem keek ik naar beneden. Mijn geheim werd onthuld. Yousef Khail was geen jongetje! Yousef Khail was een meisje!

Ontzet trok ik mijn broek omhoog en rende de klas uit, naar de jongenstoiletten, waar ik uiteindelijk plaste. Vervolgens bleef ik in de hal van de school hangen, te zeer in verlegenheid gebracht om mijn juf en klasgenoten onder ogen te komen, maar al snel kreeg ik te horen dat ik de klas in moest gaan. Toen ik binnenkwam, staarden mijn klasgenoten mij openlijk en in verwarring aan. Sommigen hoorde ik giechelen, dus stoof ik naar mijn tafel en nam daar met gebogen hoofd plaats, zodat ik plotseling veel weg had van de meisjes waarop ik zozeer had afgegeven. In enkele ogenblikken was ik veranderd van een populaire jongen in een geminacht meisje.

Mijn juf was aardig voor me en repte er met geen woord over dat er plotseling een extra meisje in onze klas zat. Na lang wachten kwam er aan die gruwelijke dag een einde en vluchtte ik naar de voorkant van het gebouw, waar ik vol ongeduld uitkeek naar de kinderjuffrouw. Ik wilde mijn schaamte mee naar huis nemen.

Ons huis in de voorstad van Share-i-Now stond zo dicht bij de kleuterschool dat Muma me 's ochtends lopend naar school bracht en 's middags lopend weer ophaalde. Tot mijn grote opluchting kreeg ik haar bekende gestalte al in het oog. Maar toen stapte mijn juf op haar af om haar te begroeten en mee te nemen naar het kantoor van het schoolhoofd. Wanhopig zag ik wat er gebeurde, mijn gezicht werd rood en mijn hart bonkte in mijn keel.

Ik wilde naar mijn moeder, die vanwege gezondheidsproblemen niet in de stad was. In die tijd vertrokken de meeste hoogopgeleide Afghanen als ze goede connecties hadden voor een medische behandeling naar het buitenland. En vanwege een overactieve schildklier had mijn vader mijn moeder kort geleden mee naar Moskou genomen. Mijn moeder was zo slim en dapper dat ze erin geslaagd zou zijn het schoolhoofd ervan te overtuigen dat er sprake was geweest van een bizar misverstand en dat haar jongste kind wel degelijk een jongetje was. Maar ik wist dat mijn arme kinderjuffrouw de moed niet had om zich tegen het gezag te verzetten. Mijn schouders zakten omlaag. Muma zou alles verklappen en uitleggen waarom de dochter van een prominente Afghaanse Pathaan, Ajab Khail, zich had voorgedaan als jongetje.

De ontmoeting verliep zoals ik had gevreesd. Binnen de kortste keren werd het schoolhoofd op de hoogte gebracht van mijn levensgeschiedenis; dat ik zo graag een jongetje wilde zijn dat ik me mijn hele leven zo had voorgedaan, dat ik had geweigerd met kinderen van mijn eigen geslacht te spelen en boos had gereageerd als iemand niet had willen accepteren dat ik een jongetje was.

Het schoolhoofd stuurde een juf om mij op te halen. Ik kromp ineen toen ik hoorde dat alle meesters en juffen van de school me stonden op te wachten. Ik trilde helemaal. Ik nam aan dat ik voor mijn leugen zou worden gestraft, zodat mijn vernedering compleet zou zijn. Toen de deur openging stond iedereen tot mijn stomme verbazing te lachen. Ik haalde opgelucht adem. Had Muma hen van het onmogelijke overtuigd, dat ik echt een jongen was en dat wat er vandaag was gebeurd een vreselijk misverstand was geweest?

Het vriendelijke, vrouwelijke hoofd van de school raakte mijn schouders even aan, leidde me naar de voorkant van het lokaal en zei: 'Dit is een heel bijzondere dag voor ons allemaal. Vandaag is onze jonge leerling Yousef veranderd in Maryam.' Met een overwinnaarslach op haar gezicht keek ze haar publiek aan. 'Mag ik jullie voorstellen aan Maryam Khail?'

Ik was zo geschrokken dat ik geen woord wist uit te brengen. Verward krabde ik over mijn kortgeschoren hoofd. Alle onderwijzers leken het bijzonder grappig te vinden, en een voor een begonnen ze me te feliciteren. Het schoolhoofd reikte me het schooluniform voor meisjes aan en zei: 'Maryam, je bent een heel speciaal meisje, een in alle opzichten prachtig meisje.' Ik wist niet wat me overkwam toen een andere onderwijzer zomaar het lokaal binnenstapte en me een groot boeket met schitterende bloemen aanbood. Het hoofd liet zelfs de schoolfotograaf komen die met veel bombarie een officiële foto maakte. Ondanks de oprechte felicitaties en de vriendelijkheid van de onderwijzers voelde ik me beroerd. Ik gluurde naar de kleren in mijn handen. Nu zou ik de kleding moeten dragen waaraan ik zo'n hekel had, een saaie zwarte jurk die tot onder de knieën reikte, met zwarte kousen en een witte sjaal. Jongens konden allerlei combinaties van korte of lange broeken en shirts dragen, maar meisjes waren verplicht een schooluniform aan te trekken. Hierdoor konden we met geen mogelijkheid vol overgave spelen, fietsen of rolschaatsen, want het was een schande als een meisje viel en je haar benen of onderbroek kon zien.

Opnieuw tekende zich iets af van wat me als Afghaans meisje te wachten stond. Van nu af aan zou ik ondergeschikt zijn aan jongens, terwijl zij de dienst uitmaakten. Aan de mannelijke klasgenoten zouden de interessante lessen worden aangeboden, mij restte het gezelschap van de meisjes, die moesten leren in een rechte lijn te naaien of een maaltijd te koken voor de mannen in het gezin. Binnen de kortste keren zou ik gaan bloeden en zou ik in de spiegel door een volwassen gezicht worden aangekeken. Dan zou ik mijn gezin verlaten, aan een vreemd huishouden worden uitgehuwelijkt, en een bediende worden voor de moeder van mijn nieuwe echtgenoot.

Ik had nog altijd geen woord uitgebracht toen een erg stille Muma me naar buiten leidde. Met lood in mijn schoenen sleepte ik me achter haar aan. Ik meende oprecht dat het vandaag de laatste gelukkige dag van mijn leven was geweest. Ik had genoten van elk moment dat ik als Yousef door het leven was gegaan. Ik had geen zin om Maryam te zijn, want in de loop der jaren had ik veel familieleden hun teleurstelling over mijn geslacht horen uitspreken.

Ik was de tweede dochter en het laatste kind van mijn ouders, Ajab Khail en Sharifa Hassen. Na de geboorte van mijn zus Nadia wilden mijn familie en hun vrienden graag dat het tweede kind een zoon zou zijn, want in Afghanistan toont men geen respect voor een moeder, of vader, die alleen dochters krijgt. Dus vanaf het eerste moment dat ik luidruchtig mijn opwachting had gemaakt, was ik een teleurstelling. Hoewel ik niet de jongen was waarop ze hadden gehoopt, ging mijn komst wel gepaard met een heleboel opwinding omdat ik op spectaculaire wijze het levenslicht zag.

Ik werd geboren op vrijdag 16 december 1960, laat op de avond. Eerder die dag had mijn moeder haar laatste zwangerschapsonderzoek ondergaan. Ze had de dokter verteld dat ze zich zo ongemakkelijk voelde dat ze ervan overtuigd was dat ze binnenkort zou bevallen van een zoon. Maar de dokter was het niet met haar eens geweest en had haar gezegd dat ze rustig aan kon doen. Volgens zijn vakkundige mening zou het nog minstens tien dagen duren voordat haar tweede kind ter wereld zou komen. Nog geen paar uur later bewees ik het ongelijk van de dokter toen ik in de eerste uren van de nacht mijn moeder wakker maakte. Ik stond op het punt om geboren te worden, klaar om onrust te stoken.

De winters in Afghanistan duren lang en zijn streng. Die winter lag er minstens dertig centimeter sneeuw en er zou nog meer gaan vallen. Mijn moeder zou in het ziekenhuis bevallen en er moest voor vervoer worden gezorgd. In die tijd hadden maar weinig woningen in Afghanistan een telefoon, dus snelde mijn vader de straat op om van de openbare telefoon gebruik te maken. Hij belde de ambulancedienst en zei: 'Kom vlug! U moet mijn vrouw naar het ziekenhuis brengen!'

Maar niets gaat snel in Afghanistan. Zo kon het gebeuren dat mijn vader minstens twee uur in de sneeuw moest wachten op de plek waar de ziekenwagen naartoe zou rijden, waarna hij de weg naar onze voordeur kon wijzen. Het wachten duurde echter lang en de weeën volgden elkaar al sneller en krachtiger op. Om mijn moeder gerust te stellen, werd haar rug om de beurt gemasseerd door Muma en grootmoeder Mayana Khail, de bij ons inwonende moeder van mijn vader. Eindelijk hoorden de drie vrouwen de sirene van de ambulance en grootmoeder deed moeder een dikke winterjas aan. Ze spoedden zich naar buiten en gingen op de veranda voor het huis staan wachten.

Na een bijzonder krachtige wee zakte moeder boven aan de trap van de veranda in elkaar. Terwijl ze daar zat, werd ik geboren. Gelukkig was Muma een vaardige babyvanger. Toen ik naar buiten kwam, stortte ze zich naar beneden om me te grijpen, want het gevaar bestond dat ik van boven aan de trap een heel eind naar beneden zou stuiteren. Wellicht ben ik door de ijskoude lucht alerter geworden dan de meeste baby's, want Muma heeft me later verteld dat ik vanaf de allereerste seconde met heldere oogjes nieuwsgierig de wereld in keek.

Er is me verteld dat ik vanaf het begin een eigenzinnige, moeilijke dochter was, nooit zo gehoorzaam en lief als moslimdochters horen te zijn. Misschien is die houding het gevolg van het feit dat mijn tantes, ooms, neven en nichten me bij elke feestelijke gelegenheid begroetten met opmerkingen als: 'Wat jammer dat het geen jongetje was!' Hoewel mijn ouders moderner en wijzer waren dan de meeste ouders en op dat soort stekelige opmerkingen reageerden door te zeggen: 'Maar Maryam is ons jongetje!' heb ik altijd een negatief gevoel gehad over het feit dat ik een meisje was.

Ik begon me te verontschuldigen voor mijn geslacht, maar later werd ik kwaad op mezelf omdat ik niet de jongen was die ik wilde zijn. Ik had er zo de pest aan dat ik een meisje was, dat ik merkwaardig genoeg op het idee kwam dat ik een jongen kon zijn als ik dat maar wilde. Ik moest niets hebben van meisjes van mijn leeftijd en speelde met mijn neefjes of jongetjes uit de buurt. Mijn ouders speelden het spelletje mee, ze stonden me niet alleen toe jongenskleren te dragen, maar hielden ook mijn dikke haar kort. Ze maakten geen bezwaar toen ik er later op aandrong mijn hoofd te scheren. Ik verzamelde speelgoedauto's en in de loop der jaren werd ik een vaardig vliegeraar, een van de geliefde hobby's van Afghaanse jongens, en ik ging rolschaatsen en fietste op jongensfietsen. Ik voelde me even goed als alle andere jongens.

Ik was zo goed in het verbergen van mijn geslacht dat bijna iedereen in de buurt en in mijn familie vergeten leek dat ik iets anders was dan ik pretendeerde. Ik was zo dwaas te geloven dat ik deze schertsvertoning kon blijven volhouden. Maar al snel drong de werkelijkheid pijnlijk tot me door, toen mijn zus mijn geheim in haar onnadenkendheid onthulde. De school was een wezenlijk deel van mijn kleine wereld gaan uitmaken, en in dat belangrijke deel van de omgeving waarin ik buiten mijn huis en woonomgeving leefde, zou ik nooit meer als jongen worden geaccepteerd.

Enige tijd eerder hadden mijn ouders Afghanistan verlaten om mijn moeder te laten behandelen. Ik bleef me zorgen maken over mijn moeder en door de gebeurtenissen van die dag miste ik haar des te meer. Mijn ouders waren bijzonder vooruitstrevend, heel anders dan de meeste Afghaanse volwassenen en ik had zo graag gewild dat zij alles op wonderbaarlijke wijze weer hadden kunnen rechtzetten. Allebei hadden ze een goede opleiding gevolgd en hingen ze nieuwe ideeën aan. Ze waren dol op me en stonden bijna altijd achter dat jongste kind van hen dat zich zo excentriek gedroeg. Ik meende dat mijn ouders me voor mijn lot konden behoeden, maar ik was natuurlijk veel te jong om alle consequenties van het vrouw-zijn in Afghanistan te bevatten. Wat ik nog moest leren, was dat zelfs een koningin in een opwelling zou kunnen worden vermoord, door haar echtgenoot de koning, of door haar vader, broer of neef. Als zoiets gebeurde, zou niemand opstaan en voor haar opkomen. Ze zouden elke onbenullige verklaring van de familie accepteren, want als een man vindt dat hij een vrouwelijk lid van zijn familie moet vermoorden, zal iedereen aannemen dat het de eigen schuld van de vrouw was. Ze zouden slechts vragen: 'Wat heeft zij voor zonde begaan dat haar arme mannelijke familieleden haar wel moesten doden?'

Ik versnelde mijn pas toen ik de contouren van ons huis ontwaarde. Ik wilde niets liever dan in een klein hoekje wegkruipen.

In die tijd wist ik niet dat we in het meest sjieke deel van Kabul, de hoofdstad van Afghanistan woonden. Het is een oude stad, meer dan drieduizend jaar oud, gelegen tussen de indrukwekkende bergen van Hindu Kush, aan weerszijden van de Kabul-rivier. In mijn jeugd was de stad het economische en culturele hart van Noordoost-Afghanistan. In die dagen was Kabul een schitterende stad en elk schoolkind leerde gedichten uit zijn hoofd waarin de schoonheid van de stad werd geprezen. Het meest populair was *Kabul*, van de Perzische dichter Saib-e-Tabrizi.

Kabul
De schitterende stad Kabul gaat gehuld in een jurk van bergen,
zelfs de roos is jaloers op haar wimperachtige dorens.
Het stof van de opwaaiende bodem van Kabul prikt zachtjes in mijn ogen,
maar ik hou van Kabul, want haar stof brengt kennis voort en liefde.
Monter bezing ik haar sprankelende wateren,
kleurrijke bloemen en de schoonheid van haar bomen.
Mannen verkiezen Kabul boven het paradijs, omdat haar bergen
hen in de nabijheid van de heerlijkheden van de hemel brengen.
Elke straat in Kabul boeit het oog.
In de bazaars banen Egyptische karavanen zich door de bochtige straten.
Achter haar muren schuilen honderden heerlijke zonnen.
Niemand kan de manen op haar daken tellen.
De ochtendlach van Kabul is even uitbundig als bloemen,
haar donkere nachten glanzen als prachtige haren.
Kabuls melodieuze nachtegalen zingen met gloeiende klanken.
Als brandende bladeren verlaten vurige liederen hun keel.
Zelfs het paradijs is jaloers op Kabul.

In die tijd vond iedereen Kabul een heerlijke stad en niemand voorzag de afschuwelijke, verwoestende oorlogen, die bijna elk gebouw in de stad met de grond gelijk zou maken.

Hoewel we in een welgestelde buurt woonden, viel dat aan ons huis niet af te zien – het was een bescheiden pand van een verdieping hoog, met een kleine woonkamer, een tweede, gemeenschappelijke kamer en een kleine, maar prima keuken. De grootste kamer van het huis was de slaapkamer van mijn ouders, die was zo ruim dat er vier bedden konden staan. Nadia en ik sliepen in twee Amerikaanse bedden van normale afmetingen, die allebei in een hoek stonden opgesteld, terwijl de grote bedden van mijn ouders achter in de kamer stonden. Mijn vaders bed was het mooiste van de vier, het was met al dat massieve, dure hout heel anders dan de andere. Het was een gift van een Britse generaal die ooit in Afghanistan had gewoond. Verder stond er een antieke houten wandtafel naast het bed van mijn vader, met sierlijk houtsnijwerk, een cadeau van een maharadja uit India. In mijn land is hout altijd iets bijzonders, omdat er in grote delen van Afghanistan vrij weinig bomen groeien.

Ik herinner me hoe fijn ik het vond in het bed van mijn moeder te liggen en om, als ik na een paar uur slaap onrustig werd, in het bed van mijn vader te klimmen en daar nog een paar uur verder te slapen. Wat was dat een onschuldige en fijne tijd. Er was nog een tweede slaapkamer, een kleinere, waar grootmoeder Mayana sliep. Ze was droevig en erg op zichzelf, waardoor we haar minder zagen dan we hadden moeten doen.

Net toen Muma en ik op het punt stonden de voortuin in te lopen, ving ik een glimp op van mijn in de tuin rondstruinende grootmoeder, haar hoofd gebogen, een oude vrouw diep in gedachten. Ik minderde vaart, pakte de hand van Muma en trok haar terug. Grootmoeder Mayana was een lieverd, maar ze was de laatste die ik die dag wilde zien, want ik kende niemand met zo'n deprimerende uitstraling als zij. Vader heeft me eens gezegd dat haar gezicht voor altijd tot een droevig masker was vervormd door alle ellende die ze in haar leven had meegemaakt.

Langzaam liep ik verder, in de hoop dat ze zich in haar kleine kamer, haar kleine hemel, zou terugtrekken, een plek die ze zelden verliet. Maar net op dat moment keek ze op en zag me, al bleven haar ogen zonder enige uitdrukking en verscheen op haar lippen geen spoor van een lach. Maar ja, ik lachte ook niet naar haar. Na mijn verschrikkelijke dag was ik niet in de stemming om eraan herinnerd te worden dat haar verleden mijn toekomst zou zijn.

Volgens familieverhalen was grootmoeder Mayana een van de mooiste vrouwen van het land geweest. Toch had zelfs haar beroemde schoonheid haar niet kunnen redden uit de handen van het kwaad dat in Afghanistan op de loer ligt, net zoals dat het geval is bij iedere andere Afghaanse vrouw.

1

Er is een tijd geweest dat de meisjesdromen van grootmoeder een grote belofte inhielden. Ook al bezat haar familie weinig aardse goederen, toch dromen zelfs arme Afghanen van een keurig huisje, de mogelijkheid om nu en dan bij een feest een lamsbout op te dienen en een bevredigend huwelijk waaruit vele zonen voortkomen.

Mayana's vader was een arme boer uit Sayid Karam, een district in de provincie Paktia, een gebied dat een kilometer of honderd ten zuiden van Kabul ligt, bewoond door leden van de Khail-stam. Het is een bergachtige streek, grotendeels zonder bomen en andere begroeiing, die heeft te lijden onder een bijzonder droog klimaat. Een boer kan er nauwelijks genoeg oogst binnenhalen om zijn gezin mee te voeden.

Ondanks het wrede klimaat, dat veel vergde van de boeren, was Mayana's vader niet ontevreden, want hij had een hardwerkende vrouw en kinderen van wie hij zielsveel hield. Het gezin stond bekend om de knappe zonen en aantrekkelijke dochters, maar geen van allen waren ze bekoorlijker dan de boerendochter Mayana. Ze was zo mooi dat zelfs andere vrouwen haar verleidelijk vonden en fluisterden dat Mayana Khail er voortreffelijk uitzag, met een licht golvende mond, volle sensuele lippen en grote donkere ogen die dansten.

Hoewel de geboorte van vrouwelijke kinderen niet werd bijgehouden, vermoedt men in de familie dat grootmoeder Mayana rond 1897 is geboren, in een periode dat het in Afghanistan tamelijk rustig was. Het Afghanistan van de jeugd van mijn grootmoeder was bijna volledig geïsoleerd, wat kwam door de heersers die hun buren wantrouwden, en door de ontoegankelijkheid van het land, vanwege de imposante bergen die het hele land omringden. Er woonden toen ongeveer zes miljoen mensen, waarvan de meesten deel uitmaakten van fanatieke stammen die elkaar bestreden, of die elke vreemdeling aanvielen die zo dom was zich in hun gebied te wagen. De Britten hadden geprobeerd Afghanistan te bezetten, want het was een bufferzone tussen de regionale belangen en de Russen. Maar nadat ze waren verslagen en zich hadden teruggetrokken, lagen de Britse botten in de Afghaanse zon te bleken.

'Niet betreden' was het signaal bij elke, door soldaten bewaakte grensovergang.

Langs de oeroude karavaanroutes stonden stenen uitkijktorens verspreid, dezelfde routes die door Alexander de Grote en Dzjengis Khan waren gebruikt. Er reden geen treinen en de telegraaf bestond niet. Elk product dat werd in- of uitgevoerd, werd op de rug van pakdieren geladen. Karavanen bestonden uit ezels, paarden, kamelen en zelfs olifanten.

Wreedheid maakte deel uit van de cultuur. De straffen die de staat uitdeelde, varieerden van gevangenen die met een kanon werden doodgeschoten, met het zwaard werden onthoofd, levend werden verbrand, expres werden blind gemaakt of gestenigd. Misschien wel de meest meedogenloze straf was het uithongeren, waarbij de dieven in ijzeren kooien werden opgesloten en hoog boven het stadscentrum opgehesen, zodat hun vrienden ze niet van gif of eten konden voorzien. De gelukkigen onder hen vonden snel de dood door een zonnesteek of onderkoeling, afhankelijk van het tijdstip van het jaar.

Een monarch regeerde met onbetwist gezag, maar de leden van de koninklijke families waren even wreed tegen elkaar als tegen hun onderdanen. Vele koninklijke hoogheden werden opzettelijk blind gemaakt, omdat een man met een lichamelijke handicap in Afghanistan geen erefunctie mag vervullen.

In 1913 zal grootmoeder een jaar of vijftien, zestien zijn geweest. De emir van Afghanistan lag overhoop met bandieten, bendes die in het noorden op rooftocht gingen en in de Khostvallei wisten te ontkomen. Dat was ook het jaar dat er in Kabul een samenzwering tegen de emir werd ontdekt. De samenzwering kwam aan het licht en de samenzweerders werden gestenigd of doodgestoken, zodat de opstand op niets uitliep. Het gonsde in het land van de geruchten, maar grootmoeder heeft er waarschijnlijk niks van meegekregen omdat politiek alleen een zaak van mannen was. Haar tienerblik zal stevig op haar aanstaande huwelijk gericht zijn geweest.

De schoonheid van grootmoeder, haar roze wangen en heldere ogen lokten vele huwelijkskandidaten naar het gezin, maar haar huwelijk was al bij haar geboorte vastgelegd. Ze was voorbestemd om de bruid te worden van haar bijzonder aardige eerste neef, de zoon van de broer van haar vader. Iedereen kon zich vinden in de overeenkomst – in de Afghaanse cultuur wordt het trouwen van neven en nichten aangemoedigd. Maar door haar uitzonderlijke schoonheid pakte het allemaal anders uit.

Volgens de landelijke wetten, gesteund door de Afghaanse stammencultuur, moesten vrouwen een sluier dragen, al stond men het in de familie van grootmoeder toe dat de vrouwen zonder gezichtsafdekking van de ene familiewoning naar de andere liepen, want de woningen stonden vlak bij elkaar. Niettemin kleedden de vrouwen zich uiterst bescheiden en dekten hun lichaam af met mantels en hun gezicht met een sluier.

En zo kon het gebeuren dat mijn grootmoeder op een dag in het jaar 1913 het nederige onderkomen van haar vaders familie uit stapte om naar het huis van haar tante te lopen en op hetzelfde ogenblik Ahmed Khail Khan op zijn paard voorbijreed, het hoofd van de Khail-stam.

Ahmed Khail viel als een blok voor de klassieke schoonheid van Mayana. Hij was zo ondersteboven van haar dat hij later beweerde dat hij geen woord had kunnen uitbrengen. Omdat hij een man was die gewend was altijd zijn zin te krijgen, besloot hij ter plekke dat hij de dorpse schoonheid als vierde vrouw zou nemen. Ahmed Khail Khan was al zesmaal getrouwd, maar op dat moment had hij niet meer dan drie vrouwen, zodat hij niet van een van hen hoefde te scheiden om een vierde erbij te nemen. Hij was niet alleen de meest machtige man van de Khail-stam, maar ook een soennitische Pathaanse moslim. En de islamitische religie staat het hebben van vier vrouwen toe.

Hoewel hij op slag verliefd was, wist Ahmed Khail zich te beheersen en zijn mond te houden, al liet hij zijn omgeving wel merken dat hij zijn afgezant zou sturen om een huwelijk te regelen. De volgende dag klopte de vertegenwoordiger van de *khan* aan bij de woning van Mayana, voorzien van vele geschenken. De man toonde de schatten aan Mayana's stomverbaasde vader en vroeg meteen of hij zijn bijzonder knappe dochter aan Ahmed Khail, de leider van de Khail-stam, wilde uithuwelijken.

Mayana's vader was een eerbaar man, en hoewel hij beslist in verleiding werd gebracht door de enorme rijkdom en het grote prestige dat hem en zijn familie ten deel zou vallen, weigerde hij het aanbod van de khan. Hij antwoordde met zachte stem: 'Ons huis is zeer vereerd, maar ik kan deze voortreffelijke geschenken en het huwelijksaanzoek niet aannemen. Mijn dochter treedt binnenkort in het huwelijk met de zoon van mijn broer. Al bij haar geboorte is ze aan hem verzegd.'

De afgezant was verbijsterd. Nog nooit had iemand de machtige Ahmed Khail Khan iets durven weigeren. De arme man kermde en vreesde voor zijn leven toen hij terugkeerde met de afgewezen geschenken, in plaats van met de belofte van een schitterende bruid. Met tegenzin droop hij af en zette zich schrap voor wat hem te wachten stond.

Zoals verwacht barstte de khan uit in een oncontroleerbare woede. Geen van de omstanders durfde een vin te verroeren, omdat ze beducht waren zijn aandacht te trekken. 'Wie is die arme boer dat hij het hoofd van zijn stam durft af te wijzen?' vroeg hij, woest met zijn armen zwaaiend en steeds luider schreeuwend. 'Waar kan ik die armzalige bruidegom vinden die meent met zo'n schoonheid te kunnen trouwen?'

Terwijl Mayana's familie de voorbereidingen van het huwelijk voortzette, werd een begin gemaakt met een weerzinwekkend plan. Mayana zou haar verloofde nooit huwen, de enige man die ze ooit als mogelijke vader voor haar kinderen had gezien.

Twee dagen nadat de afgezant van de khan teleurgesteld hun huis had verlaten, denderde een geoefend ruiter voorbij, die een grote vodderige zak voor de deur van de boer neerkwakte. Mayana's vader opende de zak en deinsde vol afgrijzen achteruit. In de zak zag hij het verminkte lichaam van zijn dode neef. Iedereen begreep dat deze onheilspellende boodschap van de heerser van de Khail-stam afkomstig was, niemand kon de khan iets weigeren. De moord herinnerde wreed aan het feit dat de khan in zijn stam de absolute macht had. Om meer bloedvergieten te voorkomen, liet de ontzette familie aan de kahn weten dat hun jonge dochter Mayana over een paar dagen zou arriveren.

Zoals gewoonlijk kreeg Ahmed Khail Khan zijn zin.

Zo kon het gebeuren dat mijn grootmoeder Mayana een 'roofbruid' werd, zoals zoveel andere, prachtige Afghaanse vrouwen die aan de man met de meeste invloed en rijkdom werden gegeven.

Met mij sprak grootmoeder zelden over haar jeugd of haar leven als jonge bruid. Hoewel ze liet merken veel van mij en mijn zus te houden, was ze akelig stil over haar eigen leven en haar gelatenheid moedigde de nieuwsgierigheid van haar kleindochters bepaald niet aan. Graag had ik haar verzocht over haar jeugd te vertellen, maar ik heb nooit het lef gehad om te vragen of ze verliefd was geweest op haar ongelukkige neef, de man met wie ze dacht te gaan trouwen, en of ze zijn gewelddadige dood betreurde.

Ook degenen die mijn grootmoeder kenden, deden er het zwijgen toe. Pas op tien- of elfjarige leeftijd kwam ik iets meer over haar verleden te weten. Niemand in mijn familie durfde openlijk over haar huwelijk te beginnen, want wie weet zou de khan dat te horen krijgen, waardoor het slecht met ons zou aflopen. Maar in de loop der jaren kreeg ik nu en dan flarden te horen van het leven dat Mayana als vrouw van Ahmed Khan had gehad. Ik herinner me hoe ik huilde om de droeve verhalen. Bij de aanblik van mijn tranen waarschuwde mijn grootmoeder: 'Spreek als dit kind erbij is niet over zulke bedroevende zaken.'

Maar de familie roddelde door.

Ik wist dat het huwen van een meisje aanleiding zou moeten zijn voor een feest, maar in plaats daarvan werd mijn grootmoeder aan iemand geschonken die ze niet kende. De vrouwen van de familie hielpen de angstige Mayana in haar bruidsjurk, waarna ze op de rug van een schitterend uitgedost paard werd geplaatst, dat vrolijk gekleurde linten in de manen en in de staart had. Ze werd naar het grootse onderkomen van de khan geleid, een kilometer of tien verderop.

Terwijl een ongeduldige Ahmed Kahn wachtte tot hij beslag kon leggen op zijn bruid, barstten zijn drie huidige vrouwen van de jaloezie. Via geruchten in het huishouden waren ze erachter gekomen dat hun echtgenoot erg opgewonden was over de buitengewoon knappe dochter van een onwetende boer. Ze voelden zich ver verheven boven zo'n eenvoudig meisje, maar ze waren niet de enigen die in woede ontstaken. De volwassen zoon van Ahmed Khan, Shair, de verklaarde erfgenaam van de titel van Khail Khan en van zijn fortuin, vreesde eveneens het ergste van haar komst, want de mogelijkheid bestond dat een jonge bruid kinderen kreeg, die ook aanspraak zouden maken op het vermogen van zijn vader. Als de nieuwe bruid zijn vader een zoon zou schenken, moest Shair zijn erfenis met hem delen. En aldus kon het gebeuren dat er veel gegriefde mensen op de uitkijk stonden, in de hoop een eerste glimp op te vangen van de dochter van een eenvoudige, ongeschoolde boer.

Tien kilometer per paard was een heel eind over de vol gaten zittende zandwegen van Afghanistan, maar de hele familie van Mayana reisde met haar mee naar de woning van de khan. Sommige familieleden rouwden, maar anderen waren vastbesloten er het beste van te maken. Tenslotte zou een van hen nu tot de meest invloedrijke families van het district behoren. Dat zou misschien de nodige financiële voordelen opleveren voor hen allen.

De woning van de heerser van de stam was in werkelijkheid een opzichzelfstaand, versterkt dorp. Het fort, of *galah*, lag met opzet op een geïsoleerde plek, op een hoog punt, waar het veilig was voor militaire verrassingsaanvallen. Rivaliserende stammen uit aangrenzende provincies vormden altijd een bedreiging. De galah was zelfvoorzienend, omringd door bijna vier vierkante kilometer weidegrond, want een rijk man als de khan bezat vele paarden, schapen en geiten. Ook was er land beschikbaar voor het verbouwen van graan, tarwe en andere producten.

Boven op de berg was de galah opgetrokken op een fundament van Afghanistans eigen grijze steen. Op die steen reikte het metselwerk tot een hoogte van meer dan vijftien meter. Op elk van de vier hoeken bevond zich een borstwering, klaar voor de strijd. De ramen van het fort waren zo geconstrueerd dat ze zowel als uitkijkpost, als ter verdediging konden dienen, met spleten waardoor de strijders met hun pijl-en-bogen en geweren konden schieten.

Omdat ze uit een eenvoudige boerenwoning kwamen, moeten alle vrouwen van de partij van de bruid onder de indruk van een dergelijke aanblik zijn geweest. Ze reisden zelden ver bij hun woning vandaan en hadden nog vrijwel nooit zo'n vertoon van rijkdom en macht gezien: een massief fort dat de prachtige Mayana vanaf die dag haar woning zou kunnen noemen.

Een groep sterke mannen stond te wachten tot ze de enorme houten poort van de galah konden openen. Eenmaal door de poort belandden de huwelijksgasten op een grote centrale binnenplaats, die door nog een beschermende muur werd omgeven. Boven de buitenste muren rezen hoge vertrekken op, speciaal gemaakt voor de mannelijke gasten, die nooit het hoofddeel van het onderkomen van de khan mochten betreden, dat waren de ruimtes waar zijn vrouwen leefden.

Vervolgens werden mijn grootmoeder en haar vrouwelijke familieleden naar de khans privévertrekken geleid. De vleugel van de khan zelf had grote ramen, zodat hij kon toezien op de dagelijkse activiteiten van degenen die voor hem werkten. De ramen van de vrouwenvleugel waren voorzien van het traditionele islamitische houten traliewerk. Door het open lattenframe waaide de wind naar binnen en konden de vrouwen en kinderen kijken naar het leven waaraan ze niet mochten deelnemen, maar nieuwsgierige buitenstaanders konden er niet door naar binnen kijken.

De bedienden en een deel van het vee vonden onderdak in de buurt van de gezinsvertrekken, waar ook de belangrijkste watervoorziening van de galah zich bevond, een diepe put met schoon water, wat in Afghanistan weinig voorhanden was, behalve als men in de buurt van snelstromend water woonde.

Niemand kan zich precies herinneren wat er vervolgens gebeurde, maar vermoed wordt dat de trouwerij plaatsvond zodra Mayana het onderkomen van de khan betrad. De khan was erg traditioneel ingesteld, dus de mannen en vrouwen waren tijdens de ceremonie van elkaar gescheiden.

Grootmoeder Mayana zal tijdens de trouwerij kennis hebben gemaakt met de drie oudere vrouwen van de khan, vrouwen die zich in hun eer gekrenkt gevoeld zullen hebben nu ze zo'n ongeschoold meisje in hun midden moesten dulden. En al was Mayana al voor haar komst beschimpt, de haat nam nog toe toen bleek hoe mooi ze was. Een enkele blik van de oudere vrouwen op het lieflijke gezicht van Mayana deed hen begrijpen waarom hun echtgenoot het jonge meisje aan zijn harem had willen toevoegen. Mayana had niet kunnen bevroeden dat ze in zo'n slangenkuil zou belanden. Ze was gewend aan een zekere kameraadschap tussen de vrouwen in haar familie. Alleen Ahmed Khail keek uit naar de verschijning van Mayana, een man die door lust werd gedreven en droomde van de seksuele geneugten met een jonge, beeldschone en gehoorzame bruid.

Hopeloos van zijn stuk gebracht door Mayana's combinatie van schoonheid en beminnelijkheid, kondigde de khan al snel publiekelijk aan dat Mayana zijn meest favoriete vrouw was. Hoewel de khan nooit het type man was geweest om zich te bekommeren om de gevoelens van zijn vrouwen, koesterde hij zijn jonge bruid. En dus hadden ze het goed met z'n tweeën.

De khan was zo tevreden met zijn jonge bruid, dat hij in woede ontstak toen hij hoorde dat Mayana zoveel te lijden had onder de jaloezie van de oudere vrouwen en bij hen langsging. Hij waarschuwde hen dat hij hun gedrag niet tolereerde. 'Als jullie uit zijn op straf, dan zullen jullie het voelen ook,' dreigde hij. 'Iedereen in mijn huishouden hoort mijn vrouw Mayana als de belangrijkste vrouw van de galah te beschouwen. Gehoorzaam haar bij alles wat ze zegt.' Daarna liep hij stampend de deur uit, zijn woede zichtbaar in al zijn bewegingen.

Omdat ze wisten dat de khan er de man niet naar was om loze dreigementen te uiten, probeerden de drie vrouwen hun jaloezie en woede te onderdrukken. Maar de voorkeur van Ahmed Khail werd met de dag uitgesprokener, met als gevolg dat de vulkaan van haat tegen de nieuwe dame van de galah alsmaar groter werd.

Klaarblijkelijk bleef Ahmed Khail zich seksueel tot zijn jonge vrouw aangetrokken voelen, want binnen drie jaar schonk ze hem drie kinderen, de een na de ander. Het waren drie dochters, genaamd Peekai, Zerlasht en Noor. Dat Mayana drie dochters had gekregen, deed Khans jaloerse vrouwen en oudere zonen goed. In die dagen wist men niet wat we tegenwoordig via de wetenschap weten, namelijk dat mannen verantwoordelijk zijn voor het geslacht van het kind, dus kregen de moeders de schuld. De vrouwen die geen zonen kregen, werden veracht en bespot. In diezelfde periode kreeg een van de oudere vrouwen een zoon, genaamd Shahmast, wat bijdroeg aan de vreugde van de andere vrouwen over het feit dat alleen Mayana bekendstond als de 'moeder van dochters', een vreselijke belastering in een cultuur die alleen waarde hecht aan mannelijk kroost.

In 1917 begonnen Duitse agenten in Afghanistan onrust te stoken, in een poging Afghaanse heersers ertoe te verleiden zich tijdens de Eerste Wereldoorlog aan te sluiten bij de Duitse zaak tegen de Russen. Maar de wijze emir bleef in dat conflict stug vasthouden aan de neutraliteit van zijn land. In datzelfde jaar ging de status van mijn grootmoeder erop vooruit, toen zij als favoriete vrouw van de khan, hem een langverwachte zoon schonk, Ajab Khail. Onder de bedienden en soldaten van de galah barstte een groot feest los. Maar Khails drie oudere vrouwen en erfgenaam Shair brachten hun felicitaties zwijgend aan mijn grootmoeder over.

Gedurende de eerste twee jaar van het leven van mijn vader ging het uitstekend met hem, want zijn vader, moeder, drie zussen en de vele bedienden overlaadden hem met liefde. Maar aan de vreugde van Mayana zou een einde komen.

Langer dan het Afghaanse volk zich kon herinneren, is het geteisterd en gekweld door opstanden en oorlogen. Rivaliserende partijen vochten vaak een onderlinge strijd uit, gevechten die meestal fel waren, maar niet lang duurden. Andere oorlogen, door externe krachten ontketend, schiepen meer chaos. Dat is wat er in 1919 gebeurde, toen nieuwe spanningen uitmondden in een conflict met het Britse Rijk. Mijn vader was twee jaar oud. De problemen begonnen toen de Afghaanse koning Amir Habidullah, een scherpzinnig hervormer die vele jaren voor vrede in Afghanistan had gezorgd, werd vermoord. Na zijn dood volgde zijn zoon Amir Amanullah hem op. Met minder ervaring dan zijn vader raakte de troonopvolger al snel in conflict met de Britten. De jonge koning stuurde spoedig aan op een militaire oplossing. Aan het eind van de vernietigende Eerste Wereldoorlog in Europa, meende hij dat de Britten zo verzwakt waren dat hij sterk genoeg was om Brits-Indië te verslaan.

Er ging een enthousiaste oproep door Afghanistan, en de khan van de Khail-stam, Ahmed Khail, echtgenoot van Mayana en vader van mijn vader, verzamelde honderden van zijn mannen om zich heen. Zijn erfgenaam, Shair, was generaal in het Afghaanse leger en stond aan het hoofd van zijn eigen gevechtseenheid. En zo trokken de leider en de erfgenaam van de Khail-stam allebei ten strijde, hun nerveuze vrouwen en bedienden achterlatend.

Hoewel de Afghaanse strijdkrachten slecht waren bewapend, waren het standvastige strijders. Op 3 mei 1919 vochten Afghaanse troepen zich de Indiase grens over en bezetten het dorp Bagh.

De Britten reageerden met een grotere troepenmacht en er ontspon zich een felle strijd. De goedbewapende en goedgetrainde Britse soldaten kregen algauw de overhand en verdreven de Afghanen van Indiase bodem. Luchtsteun was een nieuwe en nuttige aanwinst, waardoor de Britten hun uitval tot over de grens konden voortzetten, waarbij ze zelfs het kasteel van de emir bedreigden toen ze in de buurt van Kabul hun bommen lieten vallen.

In het strijdgewoel raakte mijn grootvader Ahmed Khail dodelijk gewond, toen hij een schot in zijn linkeroog opliep. Tragisch genoeg kwam hij niet meteen aan zijn einde nadat de kogel in zijn hersens belandde. Hij stierf een langzame, pijnlijke dood. Shair stuurde zijn gewonde vader over de beroemde Khyber Pas, om hem door een Britse arts te laten behandelen, die woonde in wat tegenwoordig Pakistan is. Maar de zware reis op de rug van een paard verergerde de toestand van grootvader. Hij stierf onderweg.

Nadat grootvader Khail zijn laatste adem had uitgeblazen, keerden zijn mannen hun paarden om en begonnen aan een vreugdeloze terugtocht naar de provincie Paktia, naar de galah, waar zijn vrouw en kinderen tot hun ontzetting op de hoogte werden gebracht van zijn dood. Hoewel de oorlog tactisch gezien een overwinning voor de Britten was, slaagde koning Amanullah erin om het vredesverdrag zo uit te onderhandelen dat de Afghanen als onafhankelijke staat hun eigen buitenlandse zaken mochten blijven voeren.

Deze verandering voorspelde weinig goeds voor mijn familie. Grootmoeder Mayana had bij Ahmed Khail onverwacht geluk gevonden. Zijn oprechte liefde voor zijn jongste vrouw en hun vier kinderen was zo opmerkelijk dat de familie die hij al eerder had gekregen erdoor beledigd was. Nu Shair aan het hoofd van de stam stond, zou mijn moeder worden geleid door een stiefzoon die haar had gehaat vanaf haar aankomst op de galah. Haar schoonheid kon haar niet langer behoeden, net zomin als haar voormalige, machtige positie van favoriete vrouw van de khan. Zonder de bescherming van haar man was ze hulpeloos en kon ze slechts bidden en hopen, net als alle vrouwen in Afghanistan.

2

Mijn grootvader was een extreem vermogend man. Als een vader sterft, wordt zijn bezit volgens islamitische wetten, de sharia, verdeeld onder zijn vrouwen en kinderen, waarbij zijn zonen recht hebben op een dubbel aandeel. Maar op het moment van de dood van de khan had alleen Shair de volwassen leeftijd bereikt, zodat hij de geboorterechten van zijn jongere broers ontving. Hoewel volgens de sharia vrouwen op het moment dat hun man sterft, recht hebben op hun deel van de erfenis, negeren mannen in Afghanistan vaak de islamitische wet voor zover die betrekking heeft op vrouwen. Ze staan overlevende weduwen en dochters zelden toe zelf te bepalen wat ze met het vermogen doen. En zo kwam het dat Shair, zodra hij vernam dat hij aan het hoofd stond van de familie, het beheer op zich nam van de bezittingen van zijn vader. Zijn wensen, beslissingen en opdrachten werden wet voor elk lid van de Khail-stam.

Meteen veranderde het leven van mijn grootmoeder en haar vier kinderen. Shair Khan verhief zijn eigen vrouwen tot de positie die de vrouwen van zijn vader eens hadden gehad en in hun nieuwe positie werden deze vrouwen onverzadigbaar begerig. Grootmoeder Mayana en haar dochters werden bij Shair Khan geroepen. Bruut gaf hij hen de opdracht al hun juwelen en goud in te leveren, zodat hij die om de nekken en armen van zijn eigen vrouwen kon hangen. Geheel onverwacht en tot haar grote schrik, gaf hij grootmoeder te kennen: 'Vanaf nu ben je een bediende. Je moet je aansluiten bij de bedienden en hun werk verrichten.'

Van de ene dag op de andere was mijn grootmoeder van de dame van de galah verworden tot een lage bediende, die moest wassen en koken, vloeren moest boenen, koeien moest melken en alles moest doen wat haar stiefzoon en zijn vrouwen haar opdroegen. Ze kreeg met opzet allerlei rotklussen, en Shairs vrouwen en kinderen schiepen er veel plezier in om nieuwe manieren te bedenken om de vrouw te vernederen die voorheen boven hen allen had gestaan.

Mijn vader was nog een klein kind, maar hij werd evenmin gespaard. Hij kreeg te horen dat hij niet meer mocht spelen en vanaf nu zijn kostje moest verdienen. Elke keer als Shair de galah verliet, moest mijn vader Ajab naar het hoogste punt van de stenen toren klimmen om uit te kijken naar het moment waarop zijn oudere broer terugkeerde. Hij moest de weg in de gaten houden, wachten tot hij het stof zag dat opsteeg van de hoeven van de paarden. Zodra hij dat in het oog kreeg, moest hij, zo snel als zijn kleine benen hem konden dragen, over de stenen trap naar beneden rennen, naar de hoofdpoort. Ook had hij de opdracht om het pistool en de hoed van de khan te halen.

Vaak was de khan tot laat op de dag weg. Mijn vader was te jong om tot in de kleine uurtjes wakker te blijven, zodat hij op die eerste nacht diep in slaap viel terwijl hij op wacht stond. Hij schrok wakker toen zijn broer Shair hem aan zijn armen omhoogtrok en in het gezicht sloeg. Hij waarschuwde hem: 'Als je ooit weer in slaap valt, zul je zwaar worden gestraft.'

Vanaf die dag was mijn vader als de dood dat hij weer in slaap zou sukkelen. Behalve van het dreigement van zijn oudere broer, had het jonge kind meer gevaren te duchten. In Afghanistan leven talloze giftige slangen, schorpioenen en tarantula's. Een groot deel van zijn jeugd bracht hij door met het uitkijken voor die dodelijke wezens en pogingen niet in slaap te vallen. Jaren later vertelde hij me dat hij uit pure angst tegen zichzelf was gaan spreken, op en neer sprong of zich met zijn kleine vingers in het vel kneep, om maar wakker te blijven.

Het volgende bevel van Shair was dat de familie moest verhuizen. Kort daarvoor had de koning van Afghanistan Shair een paar honderd morgen grond gegeven in de buitenwijken van Kabul. Op deze grond bouwde Shair een veel grotere galah. Het ontwerp had veel weg van dat van zijn vader, maar het interieur was veel moderner en leek op een extravagant paleis, met alles erop en eraan wat voor het dagelijkse leven nodig was, buiten een stad of dorp. Hoewel de nieuwe galah onmiskenbaar luxe was, misten mijn grootmoeder en haar kinderen de vertrouwde omgeving van het enige huis dat ze hadden gekend. De stemming in het gezin had er sterk onder te lijden, en het werd allemaal nog erger toen grootmoeder en haar dochters nog meer beperkingen kregen opgelegd.

Arme Afghanen hebben geleerd tevreden te zijn met eenvoudig voedsel, zoals grof brood, weinig fruit en groenten, maar de rijken waren gewend aan heerlijke schalen gevogelte, schapenvlees, rijst en bijzondere desserts. De heersende familie Khail at slechts het meest verfijnde voedsel, maar Shair gaf opdracht om mijn grootmoeder en haar kinderen net genoeg eten te geven om ze in leven te houden. Ze mochten thee hebben, maar geen suiker om in de thee te doen. Ze mochten brood eten, maar geen boter of jam om erop te smeren. De hongerige dochters van grootmoeder smeekten om kleine stukjes kaas, alles om hun monotone flauwe dieet te onderbreken, maar hun smeekbeden werden genegeerd. Toen Shair van hun honger en hun roep om eten hoorde, zei hij tegen ze: 'Lik je vingers maar af.'

Mijn grootmoeder had het te kwaad toen ze haar hongerige dochters hoorde huilen en smeken om iets zoets. Ze vreesde dat Shair iets zou doen om haar van haar dochters te scheiden en wist dat ze het niet aan zou kunnen ver weg van hen te zijn, niet in staat hun met haar liefde bij te staan.

Mijn grootmoeder was nog altijd in de twintig, een jonge vrouw die fysiek erg aantrekkelijk was, ondanks de vier kinderen die ze had gekregen en de recente trauma's die ze had opgelopen. Shair riep haar bij zich en bij voorbaat rilde ze bij de gedachte aan de ontmoeting, want hij leek een steeds grotere afkeer van haar te hebben. Toen ze oog in oog kwam te staan met haar stiefzoon, zag ze dat zijn gezicht vertrokken was van haat. Met 'een boosaardige stem kondigde hij aan: 'Mayana, een oude man uit onze galah heeft een grote som geboden voor je bruidsschat. Binnenkort zul je getrouwd zijn.'

Grootmoeder Mayana verbleekte. Ze begreep wat een dergelijk huwelijk voor haar gezin inhield. Volgens de regels van de cultuur bleven haar kinderen als ze trouwde onder het gezag van Shair Khan en zou zij van de galah vertrekken en haar dochters en zoon nooit meer mogen zien. Ze zou het bezit worden van een man die ze niet kende en gedwongen worden zijn kinderen te dragen. Ze wist dat protesteren er alleen maar toe zou leiden dat haar stiefzoon zijn besluit zou verharden, dus bleef ze zwijgen en staarde naar haar voeten, zoals een gehoorzame vrouw betaamt. Ten slotte mocht ze vertrekken.

Na die aankondiging nam Mayana een moeilijk besluit. Ze wilde liever jong sterven, dan de pijn meemaken die ze zou moeten doorstaan als haar kinderen uit haar armen werden getrokken en ze aan een andere man werd gegeven. Een man die volgens de wet vrij was elk deel van haar lichaam seksueel te misbruiken, een man die haar dagelijks mocht slaan en haar beslist bij haar kinderen vandaan zou houden. Ze besloot dat als ze bij haar kinderen vandaan gehaald zou worden, ze de stilte van het graf prefereerde boven de hel van het leven. Een aardige bediende zorgde ervoor dat grootmoeder aan arsenicum kon komen, en ze deed net genoeg van het goedje in een kleine snuifdoos, zodat ze indien nodig snel zelfmoord kon plegen.

Maar er gingen een paar jaren voorbij zonder dat het huwelijk weer ter sprake kwam. Het was 1922 en de emir riep de Afghaanse mannen op om hun burgerplicht te vervullen en zei dat de zonen die er de leeftijd voor hadden naar het buitenland zouden worden gestuurd om daar een opleiding te volgen. Jonge Afghanen zouden de kans krijgen om de wereld buiten ons kleine hoekje van de aarde te bekijken en in de toekomst veranderingen door te voeren. Hoewel ons land langzaam in beweging leek te komen en stapje voor stapje een heel klein beetje moderner werd, bleef alles op de galah even ouderwets als altijd. Dat merkte mijn grootmoeder toen Shair haar enige zoon, mijn vader, probeerde te vermoorden.

Shair had de harde regel bedacht dat mijn vader elke keer als hij hem zag zijn hoed moest afdoen om respect te tonen. Op een dag vergat mijn vader dat hij zijn hoed ophad en hij rende naar buiten om zijn broer te begroeten. Door de aanblik van die verboden hoed ontstak Shair in een van zijn beruchte woede-uitbarstingen en gaf zijn paard het bevel om hem aan te vallen en te vertrappen. Mijn kleine vader beschermde zijn hoofd met zijn handen en wachtte op de onvermijdelijke trappen van de paardenhoeven.

Maar dat paard had een zwak voor mijn vader. Hij danste op zijn achterpoten, trappelde met zijn voorpoten in de lucht en weigerde het jongetje te schoppen. Zodra hij weer bij zinnen was, maakte mijn vader van de gelegenheid gebruik en rende er zo snel als hij kon vandoor, totdat hij ergens een plek vond waar hij zich kon verstoppen tot de woede van Shair was bekoeld.

In 1923, een paar maanden na dit incident, besloot Shair dat mijn vader naar een militair internaat zou worden gestuurd. Mijn grootmoeder was helemaal van streek – haar kleine zoon was nog maar zes jaar oud, veel te jong voor een militaire opleiding. Shair stuurde haar weg en zei: 'Ze moeten een man maken van je zoon.' Het afscheid duurde kort, want Mayana kreeg het pas op het allerlaatste moment te horen. En zo moest ze hulpeloos toezien hoe de kleine gestalte van haar jonge zoon op de rug van een paard werd gehesen en bij de galah werd weggevoerd.

Hoewel de militaire school slechts een kilometer of vijftien bij de galah vandaan stond, was het een lange reis over de hobbelige wegen van Afghanistan. Ajab mocht nu en dan naar huis, maar als hij daar eenmaal was, werd hij beziggehouden door zijn oudere broer, zodat hij zijn moeder zelden zag. Het enige voordeel van zijn vertrek van de galah was dat mijn vader niet meer hoefde te lijden onder de wreedheden van zijn broer. Maar daar kwam al snel een eind aan toen Shair tot diaken van de militaire school werd benoemd. Hij zou niet aan zijn wrede broer kunnen ontsnappen.

In 1929, toen mijn vader twaalf jaar was, vond er een grote omwenteling in Afghanistan plaats. Emir Amanullah was een progressieve leider geworden, had hervormingen doorgevoerd en wilde dat vrouwen een opleiding gingen volgen. Ook had hij Europese kleding ingevoerd en wilde hij dat Afghaanse bedrijven gingen samenwerken met bedrijven uit het buitenland. Hierdoor ontstond er onrust bij de stammen, die zich tegen elke verandering verzetten. Afghaanse geestelijken en stammenleiders waren uiterst ontstemd toen ze erachter kwamen dat Amanullahs enige vrouw, de koningin, tijdens een recente reis naar Europa geen sluier had gedragen. Nog voor het eind van het jaar was de emir genoodzaakt te verkondigen dat hij afzag van de hervormingen. Maar ondertussen kon hij niet langer rekenen op de steun van de geestelijken en de stammenleiders. Toen hij werd gedwongen af te treden verloor Afghanistan een intelligent hervormer die veel broodnodige veranderingen in mijn land had kunnen doorvoeren.

In de loop van dat onrustige jaar merkte mijn vader dat zijn moeder een ernstige griep had opgelopen. Dus deed hij iets wat hij nog niet eerder had gedaan. Hij verzocht om een gesprek onder vier ogen met zijn broer, de diaken van de school. Toen hij het kantoor van Shair betrad, vroeg mijn vader: 'Broer, kan ik toestemming krijgen om mijn moeder te bezoeken? Ik heb gehoord dat ze ernstig ziek is.'

Shair stemde niet toe, maar wees het verzoek ook niet af. In plaats daarvan zei hij bruusk: 'Kom aan het eind van de dag nogmaals terug naar mijn kantoor.'

Mijn vader begon te hopen dat het zou lukken. Misschien was zijn broer van gedachten veranderd en zou hij hem laten gaan. Maar toen hij later die dag naar het kantoor van zijn broer terugkeerde, zat Shair hem op te wachten en sloeg hem talloze malen in het gezicht. Hij drukte mijn vader op de grond en riep: 'Dit is mijn antwoord. Nee! Had je soms gedacht dat ik je een voorkeursbehandeling zou geven omdat je mijn broer bent? Je moet weten dat je niet belangrijker bent dan enige andere student aan deze school. Je mag je moeder pas bezoeken als de lessen zijn afgelopen.'

Shair had zijn broer moeten beschermen, maar in plaats daarvan leek hij van plan hem te kwetsen. Mijn vader was voortdurend op de hoede voor een volgende aanval, want hij kon niet weten wanneer zijn broer hem weer zou belagen. Een paar jaar later deed zich een ernstiger incident voor. Op een dag wandelde mijn vader langs het kantoor van zijn broer en zonder enige aanleiding rende Shair zijn kamer uit en gaf hem een harde duw. Mijn vader stond net boven aan een lange trap. Helemaal onvoorbereid op de uitval, tuimelde hij met het hoofd vooruit naar beneden.

Net op dat moment wandelde prins Daoud, een jong lid van de koninklijke familie, voorbij. Volledig verrast sprong prins Daoud naar voren en wist mijn vader op te vangen, waardoor hij voorkwam dat hij gewond raakte. Shair deed alsof hij niets te maken had met de val van mijn vader, maar de prins had in de gaten dat er iets ernstig mis was. Helaas was hij toentertijd zelf ook nog erg jong en had niet de macht die hij later zou krijgen, hij kon niets tegen de invloedrijke Shair Khan uitrichten.

Terwijl mijn vader uit de buurt van zijn broer probeerde te blijven, trok Mayana zich steeds verder terug en leefde nog slechts voor haar kinderen. Met de dag werden haar dochters knapper en ze begon te vrezen wat dat voor hun toekomst inhield. In Afghanistan trouwen mooie meisjes op jonge leeftijd en met degene die de grootste bruidsschat biedt.

Peekai, de oudste, had hemelsblauwe ogen en gitzwarte haren. Haar gezicht was zo fraai en haar wimpers waren zo lang, dat sommige bedienden haar opzochten terwijl ze sliep om haar te kunnen bewonderen. Zerlasht, de middelste dochter, had levendige groene ogen en blonde haren. Noor, de jongste dochter, had lichtblauwe ogen en lichtbruine haren. Alle meisjes waren exotische schoonheden, al was Peekai de mooiste van het drietal. Het gerucht van haar schoonheid verspreidde zich in het land, met als gevolg dat de Afghaanse koning naar haar leeftijd informeerde en wilde weten of hij zich met haar kon verloven, maar Shair loog en zei tegen de koning: 'Ze heeft de huwbare leeftijd nog niet bereikt.' Shair wilde niet dat een van zijn gehate halfzussen met een lid van een invloedrijke familie trouwde, waar ze in de positie zou verkeren om haar moeder, broer en zussen tegen zijn wreedheid te beschermen.

Jaren verstreken sinds Shair had gedreigd Mayana uit te huwelijken. Ze had zich er bijna van overtuigd dat hij het was vergeten, tot hij haar weer bij zich riep.

Shair zei: 'Het is zover. Je huwelijk is geregeld. Je echtgenoot is oud, maar hij is rijk genoeg en daar gaat het om.'

Vastbesloten om haar plan uit te voeren, reikte Mayana naar het gif dat ze nog altijd in haar snuifdoos bij zich droeg. Maar zodra de bewakers en bedienden doorhadden wat ze van plan was, sprongen ze boven op haar en probeerden het arsenicum uit haar handen te pakken. Mayana was resoluut en bleef het gif vasthouden en draaide zich, krijsend en met al haar kracht, alle kanten op. Toch wisten de mannen haar er uiteindelijk onder te krijgen en het gif uit haar kleine handen te wringen.

Met een rood hoofd van opwinding gilde Shair: 'Sluit haar op in haar kamer!'

Mijn angstige grootmoeder werd weggesleept en in haar kamer opgesloten, waar bewakers haar deur en raam bewaakten.

Grootmoeders poging om zichzelf van het leven te beroven om zo een huwelijk met een oude man te vermijden, werd gezien als een serieuze opstandigheid. Shair zwoer: 'In mijn huishouden zal ik geen enkel verzet tolereren.' In een vlaag van woede verklaarde hij dat Mayana vanwege haar ongehoorzaamheid zou worden gestenigd.

Langzaam kwamen de bedienden bijeen om Shairs bevel uit te voeren. Op de binnenplaats werd een grote berg stenen verzameld.

Een van de oudere bedienden, die nog steeds treurde om zijn voormalige meester Ahmed Khan, keurde de wreedheid van zijn zoon af. In de tijd dat Mayana de dame van de galah was, had hij haar trouw gediend en hij voelde zich verplicht om iets te doen om de goede en onschuldige vrouw van de meester die hij had liefgehad te redden. De bediende meende dat alleen Ajab, ondertussen een tiener, zijn moeder kon redden. Hij spoedde zich de galah uit, reisde vele uren over ruige voetpaden en slechte, onverharde wegen. In het holst van de nacht bereikte hij de militaire school, waar hij Ajab vertelde dat hij snel moest komen en zijn moeder moest redden van een dood door steniging. Verbijsterd door het afschuwelijke bericht van de bediende, sprong mijn vader op een paard en spurtte ervandoor in de richting van de galah. Als mijn vader niet op tijd zou arriveren, wist hij precies hoe ze zou sterven. Tijdens de lange rit stelde hij zich het gruwelijke tafereel voor dat zich, zo vreesde hij, op dat moment zou afspelen.

Niemand bestrijdt dat steniging een van de meest verschrikkelijke vormen van de doodstraf is. In Afghanistan, en onder de islamitische sharia, is het een wettelijk erkende straf voor het plegen van overspel. Het is de enige doodstraf waar vier aanklagers voor nodig zijn, die elk moeten verklaren dat ze de aangeklaagde overspel hebben zien plegen. Maar Shair maakte zijn eigen wetten en was vastbesloten Mayana voor haar ongehoorzaamheid te straffen.

Een gebruikelijke procedure voor een steniging, is het graven van een diep gat in de grond. De handen van de 'schuldige' worden vastgebonden. Vervolgens wordt ze opgetild en in het nauwe gat geplaatst waarna er zoveel aarde in het gat wordt gestort dat ze er niet meer uit kan komen. Slechts vanaf haar middel tot haar hoofd is ze zichtbaar.

Een gezaghebbend man voert de steniging aan. Hij moedigt de groep beulen, meestal gevallen, aan om bij de berg stenen te gaan staan. Het is niet illegaal om een vrouw te stenigen tot ze dood is. Wel is het verboden haar snel te doden. De stenen worden zo gekozen dat ze gewond raakt, niet zozeer om ervoor te zorgen dat ze snel en genadig sterft. De beulen worden gevraagd om haar hoofd niet dodelijk te raken, tenminste niet als het slachtoffer nog onvoldoende pijn heeft gehad en nog te weinig heeft geleden. In het ideale geval moet de doodsstrijd van iemand die zo zondig is minstens een uur duren, liever nog wat langer.

Mensenvlees is niet bestand tegen een voortdurende steniging. Na twee uur met kleine stenen te zijn bekogeld, verandert het vlees in een brij. Door de kleine wonden die de steentjes veroorzaken, zal het slachtoffer al snel door al het bloed worden verblind. Binnen de kortste keren zal het zachte vlees van het gezicht van een vrouw gaan scheuren. Door het gegil van het slachtoffer, het smeken om genade en de aanmoedigingen van de aanvoerder raken de stenen gooiende mannen door het dolle heen. Ze trekken zich niets meer aan van persoonlijke banden met het slachtoffer en reduceren haar tot een object van zonde en haat. Tegen de tijd dat het slachtoffer dreigt te overlijden, is de huid van haar gezicht veranderd in een bloederige massa.

Vaak is ze nog wel bij bewustzijn. Als de stem van de aanvoerder schor wordt en de armen van de beulen vermoeid raken, kiezen de stenigers grotere stenen uit, die de dodelijke klap moeten uitdelen.

Tegen de tijd dat mijn vader de galah in het oog kreeg, stond de zon op het punt om boven de horizon uit te komen.

Hij kon zijn zussen horen huilen en omdat hij meende dat zijn moeder al onder een regen van stenen was bezweken, sprong hij van zijn nog rennende paard. Zodra hij een glimp opving van de stenen, hoog opgestapeld voor de steniging, haalde hij opgelucht adem, maar toen zag hij dat zijn moeder naar het midden van de binnenplaats werd geleid. Als in trance staarde ze naar het gat in de grond waarin haar lichaam zou belanden, en ze merkte de aanwezigheid van haar zoon niet op.

Omdat hij wist dat hij nog maar weinig tijd had, rende mijn vader aan de verzamelde mensenmenigte voorbij, rechtstreeks de galah in, waar hij om zijn broer riep.

Toen hij zijn broer zag, viel hij op zijn knieën en smeekte: 'Broer! Dood mijn moeder niet. Ik zal haar en mijn zussen uit de galah weghalen. U zult ons nooit meer zien. Ik zal niet meer op school komen. Ik geef alle rechten op de erfenis op, broer van me. Maar laat mijn moeder leven. U kunt haar niet ombrengen. Allah heeft u niet het recht gegeven om haar voor zoiets te doden.'

Zonder het antwoord van zijn broer af te wachten, rende mijn vader naar de binnenplaats, wierp zijn armen om zijn moeder en riep naar zijn zussen: 'Kom bij me, zussen! We nemen onze moeder mee en verlaten de galah voor altijd.'

De bedienden en bewakers hielden in, met de stenen al in hun handen. Ze voelden er niets voor om Mayana te executeren. Alle haat voor Mayana en haar kinderen was afkomstig van de regerende familie, niet uit de vertrekken van de bedienden. Nu hij zijn zussen en zijn moeder bij elkaar had, bewoog Ajab zich snel in de richting van de poort. Plotseling rende het hoofd van de bediening uit de vertrekken van Shair naar buiten en riep: 'Khan sahib! Wacht! De khan zegt dat u moet wachten. Hij willigt uw verzoek in om uw moeder te laten leven. En hij geeft u zijn woord dat uw moeder niet gedwongen zal worden met een andere man te trouwen.'

Ajab hield in, want hij wist dat de uitspraak van zijn broer niet meer kon worden genegeerd. Als hij nu uit de galah zou ontsnappen, zouden alle leden van zijn gezin worden omgebracht. Zijn broer zou een dergelijke ongehoorzaamheid niet tolereren, want dan zou hij gezichtsverlies lijden, wat hij nooit zou toestaan. Het enige voordeel voor Ajab was dat Shair zijn woord bij monde van zijn trouwe dienaar had gegeven, die het zo luid had uitgesproken dat iedereen het had gehoord. Als hij zijn woord niet zou houden, zou zijn reputatie zeer veel schade oplopen.

Ajab wachtte op Shair, kuste zijn moeder op haar wang, en sprak haar opbeurend toe: 'Maak je niet ongerust.' Toen Shair uiteindelijk naar buiten kwam om zijn broer te zien, stapte zijn broer Ajab op hem af en kuste zijn handen: 'Dank u voor uw genade, broer van me.'

Om zijn gezicht te redden en vanwege alle getuigen, werd hem alles vergeven, en Shair nodigde zijn broer uit om in zijn vertrekken te komen. Later die dag gaf Shair Khan zijn chauffeur de opdracht om zijn broer per auto naar school terug te brengen.

Mijn vader had geen andere keus en moest zijn moeder en zijn zussen wel achterlaten en naar school terugkeren, mede omdat hij wist dat hij een opleiding nodig had om een goede baan te vinden en voor hen allen te kunnen zorgen. Zijn drie prachtige zussen hadden een huwbare leeftijd bereikt, maar vreemd genoeg had Shair geen pogingen gedaan een echtgenoot voor ze te vinden. Mijn vader kon slechts aannemen dat Shair de controle over zijn zussen niet uit handen wilde geven.

Mijn vader heeft vaak gezegd dat hij op die dag, ondanks zijn angst en jeugdige leeftijd, man is geworden, op de dag dat hij zijn moeder redde van een gruwelijke dood door steniging.

3

De jaren verstreken zonder dat er veel veranderde. Grootmoeder Mayana en haar drie dochters bleven leven onder het wrede bewind van Shair Khan, terwijl mijn vader zijn opleiding volgde. Hij was een buitengewoon ernstige man, zich altijd bewust van de verantwoordelijke taak die hem stond te wachten. Hij was alleen maar gericht op het voltooien van zijn opleiding, het krijgen van een goede baan, om vervolgens naar de galah terug te kunnen keren om zijn moeder en zussen te kunnen beschermen.

Nadat hij cum laude was geslaagd op de militaire school, werd Ajab ingeschreven op een Britse militaire school in Noord-India, het huidige Pakistan. In die tijd was India nog altijd een Britse kolonie en de meeste studenten waren Brits. Er stonden slechts een paar Indiase studenten ingeschreven, afkomstig van invloedrijke families.

De Britse manier van opleiden verschilde sterk van wat mijn vader in Afghanistan gewend was. De lessen waren moeilijker en er heerste een strenge discipline. Toch hield hij van de nieuwe school, want hij besefte dat hij een superieure opleiding volgde, die vele deuren voor hem zou openen.

Hij deed een paar ontdekkingen. Hoewel de Britten India al vele jaren hadden bezet, waren de Britse soldaten ten opzichte van de Indiase jongens achteloos racistisch. Op school gingen de Britten weliswaar vriendelijk met de Indiase jongens om, maar daarbuiten hadden ze geen contact met hen. Mijn vader merkte dat het niet de donkere huidskleur van de Indiase jongens was die voor de kloof zorgde, want dezelfde Britse jongens hadden geen vooroordelen over hem, een donkerhuidige Afghaanse jongen. Mijn vader werd zelfs vaak uitgenodigd voor uitstapjes met de Britse studenten naar een populair Brits park. De Britten weerhielden iedere Indiase burger ervan om met hen mee naar het park te gaan, maar nodigden mijn vader uit zich bij de groep aan te sluiten. Ze moedigden hem zelfs aan met Engelse dames in het park te flirten als ze daar een wandelingetje maakten.

Ondanks zijn serieuze gedrag als student, nam mijn vader deel aan hun sociale activiteiten, en hij had het er zo druk mee dat hij voor het eerst in zijn leven zijn in Afghanistan wonende familie negeerde, vergat naar zijn moeder of broer te schrijven. Vanwege dit gebrek aan communicatie zag Shair Khan zich genoodzaakt de

Afghaanse grens over te steken, naar zijn school te reizen en uit te zoeken hoe het met mijn vader ging. Bij zijn aankomst op school kreeg Shair van het schoolhoofd te horen dat zijn broer naar Kashmir was gegaan, voor een soort vakantie. Shair ontstak in woede en ging op weg naar Kashmir om mijn vader op te sporen. Na een paar dagen vond hij hem, terwijl mijn vader net een dame het hof maakte en met haar op een meertje aan het roeien was.

Shair was een krachtig man met een krachtige stem en hij riep zo luid dat mijn vader hem midden op het meer kon horen: 'Ajab, roei naar de oever! Nu!'

Geschrokken zette mijn vader koers naar zijn broer, die ongeduldig aan de kant stond te wachten. Vaders hart ging als een razende tekeer, want hij vreesde een stevig pak slaag te krijgen. Tegelijkertijd vroeg hij zich af of zijn moeder of een van zijn zussen iets ergs was overkomen. Toen hij hem had bereikt, zei Shair sarcastisch: 'Het gaat goed met je, zie ik.'

Mijn vaders mond was droog van de angst en hij was niet in staat een woord uit te brengen.

Abrupt draaide Shair zich om en beende ervandoor. Hij verliet de plek zonder nog een woord met mijn vader te wisselen.

Vanaf die dag heeft mijn vader altijd trouw doorgegeven waar hij zich bevond, al vroeg hij zich af waarom Shair zo'n lange reis had ondernomen om alleen maar uit te zoeken waar hij was. Zou hij misschien, ondanks al zijn kille gedrag, in de loop der jaren enige sympathie voor hem zijn gaan koesteren?

Hoewel er tijdens de Tweede Wereldoorlog buiten onze grenzen enorm veel gebeurde en de hele wereld veranderde, bleef Afghanistan neutraal. Maar toen de oorlog eindigde, deden zich ook in ons kleine hoekje van de wereld vele veranderingen voor. Ten eerste werd Afghanistan in 1946 officieel lid van de Verenigde Naties. Vervolgens kwam er in 1947 een einde aan de Britse overheersing van India. De Indian Independence Act werd op 18 juli aangenomen en schiep twee landen, Pakistan en India. In Pakistan hadden moslims van het hele subcontinent hun droom van een onafhankelijk land voor moslims gerealiseerd. Al stemde het islamitische Afghanistan – als enige land – tegen de nieuwe islamitische staat, omdat men zich in Afghanistan zorgen maakte over het vraagstuk over het recht op zelfbeschikking voor de Afghanen in de noordwestelijke grensprovincie.

Ondertussen was mijn vader afgestudeerd van de militaire opleiding in India, met zulke indrukwekkende cijfers dat hij een beurs voor een opleiding in de Verenigde Staten leek te kunnen krijgen. Tot zijn grote teleurstelling wilde ook een als playboy levende prins van zijn school de beurs hebben, waarna mijn vader ernaar kon fluiten. Toch kwam er nog een beurs beschikbaar, voor een Britse militaire opleiding in Londen, en daar kwam mijn vader alsnog voor in aanmerking.

Shair toonde zich voor deze ene keer trots op zijn jongere broer en stond toe dat mijn vader naar Londen reisde en daar zijn opleiding voortzette. Van zijn Britse klasgenoten had mijn vader allerlei opwindende verhalen over Engeland gehoord en hij had dan ook veel zin om zich in de Londense metropool te vestigen.

Zodoende nam mijn vader in 1947 emotioneel afscheid van zijn moeder en drie zussen. Zelfs na al die jaren werden de vier vrouwen nog altijd door Shairs vrouwen lastiggevallen en mochten ze niet aan het gewone gezinsleven deelnemen. Mijn vader zwoer dat hij er na zijn terugkeer uit Londen voor zou zorgen dat hun leven erop vooruitging. Hij zou beter opgeleid zijn en meer van de wereld hebben gezien dan de meeste andere mannen in het land, inclusief zijn broer Shair, de leider van de Khail-stam.

Alhoewel de Tweede Wereldoorlog al was afgelopen, was Londen de Duitse Blitzkrieg nog niet te boven gekomen. De lucht was stoffig van de vele bouwwerkzaamheden waarmee de wederopbouw van de stad gepaard ging. Mijn vaders longen konden niet tegen het vochtige klimaat en al het stof dat hij inademde. Binnen de kortste keren kon hij nauwelijks ademhalen.

Het laatste wat hij wilde, was zijn opleiding onderbreken. Hij hield van Londen en van zijn opleiding. Zijn jaargenoten waren vriendelijke jongemannen afkomstig van de bekendste koninklijke families. Mijn vader wist dat de klasgenoten die hij ontmoette de toekomstige leiders van hun eigen land waren.

Maar zijn gezondheid bleef achteruitgaan. Zijn doktoren waarschuwden hem dat zijn longen verzwakten en dat hij op zoek moest naar een beter klimaat om te kunnen herstellen. Ze raadden hem aan naar Zwitserland te gaan en zich daar te laten behandelen, dus liet hij de militaire school tijdelijk voor wat het was. Eenmaal in Zwitserland kreeg hij te horen dat zijn gezondheid ernstig in gevaar was gebracht. Terwijl hij meende dat hij slechts een paar weken in het ziekenhuis hoefde door te brengen, hoorde hij tot zijn schrik dat de behandeling maar liefst vijftien maanden zou duren. Ondanks zijn ziekte moedigden ze hem aan om in de schone berglucht te wandelen, en al snel raakte hij zeer gehecht aan het land en de mensen. Later zei hij dat die vijftien maanden de mooiste van zijn leven waren geweest. Na te zijn hersteld, hervatte hij zijn opleiding in Londen, waar hij cum laude afstudeerde. In die jaren verliep de communicatie echter zo traag dat hij maar sporadisch contact had met zijn familie in Afghanistan, slechts een paar maal per jaar werden er brieven verstuurd.

In 1953 vonden er nog steeds schermutselingen plaats met Pakistan. In september van dat jaar werd Mohammed Daoud Khan, de neef van koninklijken bloede die lang geleden het leven van mijn vader had gered toen Shair hem van de schooltrap had geduwd, tot eerste minister benoemd. In datzelfde jaar rondde mijn vader zijn opleiding af en riep Shair Khan hem naar Afghanistan terug.

Vaders jaren in Europa waren zo idyllisch geweest dat hij ertegen opzag terug te keren naar het zware leven dat hij in Afghanistan had gekend. Hij voelde er veel voor in Engeland te blijven, maar hij wist dat hij zich bij zijn familie moest voegen.

Zelfs toen hij zich opmaakte voor de thuisreis, had hij nog niet het geringste vermoeden dat het Afghaanse kwaad zijn klauwen naar zijn geliefden had uitgestoken. Bij zijn aankomst wachtte hem geen vreugdevol weerzien. In plaats daarvan was de dood alom aanwezig. Zodra zijn voeten de Afghaanse bodem beroerden, kreeg mijn vader te horen dat van zijn vijf broers en zussen er nog maar een in leven was: Shair, zijn oudste broer.

Zijn halfbroer Shahmast, een vriendelijke jongeman, had kort voordien een medische opleiding in Turkije afgerond, maar had enkele dagen later tijdens een epidemie een griep opgelopen en het niet overleefd. Mijn vaders drie prachtige zussen waren eveneens overleden. Alle drie de zussen verkeerden kort voor hun dood nog in goede gezondheid, en in de Afghaanse bergen ging het gerucht rond dat de drie schitterende dochters Khail vergiftigd waren voordat ze de leeftijd hadden bereikt waarop ze recht hadden op een erfenis. Weinig mensen durfden hun dood ter discussie te stellen, want het waren maar onbelangrijke vrouwen, van wie alleen hun moeder en broer hadden gehouden.

Slechts Shair Khan en mijn vader bleven over om de grote rijkdom van hun vader te verdelen. Shair vertelde mijn vader dat zijn drie zussen allemaal aan tuberculose waren gestorven. Mijn vader moest deze verklaring wel accepteren – in 1953 bestonden er in Afghanistan geen wetenschappelijke methoden om daar iets tegen in te brengen. En als hij beschuldigingen had geuit dat er meer aan de hand was, dan zou hem dat slecht zijn bekomen.

Ook was mijn vader bang het volgende slachtoffer van Shair te worden, dus nam hij het initiatief en zei: 'Ik geef niet om geld. Jij mag al het geld en alle bezittingen van onze vader hebben. Ik heb niet veel nodig. Geef mij maar een kleine hoeveelheid maandgeld totdat ik een baan bij de overheid heb gevonden. Ik doe hierbij afstand van mijn aanspraken.'

Vaak heb ik gedacht dat mijn vader met die wijze woorden zijn leven heeft gered. Toch sprak hij de waarheid, want hij was er de man niet naar om naar meer dan enkele basale levensbehoeften te verlangen. Mijn vaders aandacht ging vooral uit naar de geestelijke staat van zijn moeder. Door hun gedeelde ontberingen hadden

Mayana en haar dochters nauwer contact met elkaar gehad dan de meeste moeders en dochters. Hun lage positie in de galah had tot gevolg dat ze alleen onderling troost konden zoeken. Met hun vieren waren ze onafscheidelijk geweest, elke nacht hadden ze zelfs in elkaars armen in hetzelfde bed geslapen.

Als overlevende voelde Mayana zich schuldig. Ze vond het vreselijk nog te leven terwijl haar dochters onder de grond lagen te rotten. Ze treurde om haar drie lieve dochters, die vanaf de dag dat hun vader was gestorven nooit meer een gelukkig moment hadden meegemaakt. De dochters waren in de bloei van hun leven van het leven beroofd, op een leeftijd dat ze tegen hun eigen zonen en dochters hadden moeten aankruipen. Grootmoeder had het gevoel dat ze haar dochters in de steek had gelaten. Nu waren ze voor altijd dood en verkeerde ze in diepe rouw, zo diep dat haar zoon vreesde voor haar geestelijke gezondheid.

4

Na zijn terugkeer belandde mijn vader in de hoogste kringen. Toch interesseerde hij zich daar vreemd genoeg weinig voor en verkoos een rustig leven. Hij ging in de galah wonen, probeerde zijn moeder troost te bieden en wijdde zich aan zijn loopbaan. Zijn combinatie van taalvaardigheden, hoge opleiding en reiservaringen leidde al snel tot een aanstelling als majoor bij de inlichtingendienst van het Afghaanse leger. De tak van de overheid waarin hij werkte, kreeg het in 1953 steeds drukker, omdat Pakistan in de omgeving van Afredi dorpjes van verschillende stammen had gebombardeerd, hetgeen de spanningen tussen Karachi en Kabul deed toenemen. De twee islamitische buren leken nooit in vrede met elkaar te kunnen leven. Er was sprake van een verdrag tussen Afghanistan en Rusland. Beide landen ondertekenden een protocol in Kabul. Onze regering toonde zich daar enthousiast over, omdat de Sovjets daarmee aangaven hun land te verkiezen boven Pakistan.

Er deden zich meer zichtbare veranderingen voor. De Afghaanse overheid ontwaakte langzaam uit een jarenlange periode van isolatie en zette arbeiders aan het werk om de transportmogelijkheden te verbeteren, irrigatieprojecten aan te leggen en naar olie te boren.

Ook persoonlijk veranderde er het een en ander. Zo ging het gerucht dat mijn vader zou trouwen. Over het algemeen trouwen Afghanen op jonge leeftijd, maar mijn vader bleef bijna tot op middelbare leeftijd ongehuwd. In 1953 was mijn vader zesendertig jaar en de hele familie was het erover eens dat het er nu van moest komen. Shair beschouwde het als zijn persoonlijke taak en kondigde aan dat de superieure opleiding van mijn vader bij de onderhandelingen over een bruid afkomstig van een invloedrijke familie in zijn voordeel zou werken. 'Ik zal de beste vrouw voor mijn broer vinden,' beweerde hij zelfvoldaan.

Mijn vader had zo zijn eigen opvattingen over het soort vrouw met wie hij wilde trouwen. Na jaren in Europa te hebben gewoond, had hij gemerkt dat hij graag in het gezelschap van goed opgeleide vrouwen verkeerde, vrouwen die zowel de vriend van een man konden zijn als een romantische partner. Hij had er bewondering voor gehad dat de Engelsen vaak de liefde verkozen boven de verwachtingen van de familie en had geconcludeerd dat hij met een gelijke moest trouwen, een vrouw die in alle opzichten een partner voor hem zou zijn. Uiteraard moest mijn vader, voor hij met een dergelijke vrouw kon trouwen, toestemming krijgen van zijn oudere broer, dus verzamelde hij al zijn moed en zei tegen Shair: 'Broer, ik heb besloten dat ik met een goed opgeleide vrouw wil trouwen, iemand in wie ik een gelijke kan vinden.'

Omdat hij iemand was die vond dat vrouwen nog maar net meer waard waren dan lastdieren, alleen maar dienden voor het vermaak van mannen en als voertuig om zonen te baren, was Shair stomverbaasd. Zijn eigen vader, Ahmed Khan, was in de loop van zijn leven met zeven vrouwen getrouwd, en geen van die vrouwen had een andere rol in zijn leven gehad dan die van bediende en draagster van zijn kinderen. Weliswaar had Shairs vader een opvallende zwakte voor Mayana getoond, maar Shair had de liefde van zijn vader voor zijn jongste vrouw nooit gerespecteerd. In plaats daarvan had hij zijn toewijding gezien als een belediging van het man-zijn.

Shairs opvattingen waren niet ongebruikelijk. De meeste mannen in Afghanistan verachtten en mishandelden vrouwen. En bijna alle Afghaanse vrouwen moesten zich zodanig onderwerpen dat het veel weg had van slavernij. Dat hij zijn bloedeigen broer nu hoorde zeggen dat hij een vrouw als zijn gelijke wilde behandelen, kon Shair bijna niet verdragen. Voor het eerst had hij er spijt van dat hij zijn broer naar Europa had gestuurd.

Shair was zozeer tegenstander van het idee dat hij, nadat hij van de verbijstering was bekomen, begon te schreeuwen: 'Je krijgt geen toestemming om onze bloedlijn te bezoedelen met een geschoolde vrouw! Meen je werkelijk met een vrouw te kunnen trouwen die alleen maar Farsi spreekt? Meen je werkelijk dat je met een vrouw wilt trouwen die buitenshuis wil werken? Breng je een vrouw in de familie die zichzelf aan andere mannen wil vertonen? Nee! Nee! Nee!'

Mijn vader keek hem met een pas gevonden kalmte en vastberadenheid aan. Hoewel hij de diepgewortelde angst voor Shair en de gewoonten van zijn jeugd moeilijk te boven was te komen, had hij door zijn opleiding en ervaring genoeg zelfvertrouwen gekregen om zijn broer bij bepaalde onderwerpen te weerstaan. Hij schraapte zijn keel en zei zachtjes: 'Als jij niet wilt toestaan dat ik met de vrouw van mijn eigen keuze trouw, dan trouw ik niet. Dan zal ik het geslacht Khail niet voortzetten en zullen we uitsterven. Ik heb je mijn hele leven gehoorzaamd. Maar ik trouw niet met een vrouw voor wie ik geen respect heb. Ik trouw niet met een vrouw van wie ik niet hou.'

Shair sputterde tegen, haalde vol ongeloof zijn schouders op en gebaarde met zijn hand dat mijn vader kon vertrekken. Hij meende dat mijn vader gauw van gedachten zou veranderen, want welke man wil er nou geen zonen hebben? Maar Shair wachtte vergeefs. Mijn vader bleef nog eens drie jaar vrijgezel, leek tevreden met zijn militaire loopbaan en het feit dat hij zijn tijd doorbracht met zijn mannelijke vrienden.

Mijn vader werd als een uitmuntende partij beschouwd en de meeste van zijn vrienden wilden hem maar al te graag middels een huwelijk hun eigen familie binnenloodsen. Zijn beste vriend, Rahim, was volhardender dan de meeste anderen. 'Ajab, ik heb een nicht die niet alleen een goede opleiding heeft gevolgd en intelligent is, maar ook erg knap,' zei hij. 'Ze is zo slim dat ze is toegelaten tot een medische opleiding, al heeft ze besloten dat ze liever lerares wil worden. Ze heeft een academische opleiding gevolgd en heeft nu een goede baan als lerares op een meisjesschool.' Maar vervolgens aarzelde Rahim even.

'Het is een erg ongewone vrouw. Ze spreekt geen Pasjtoe. Ze spreekt Farsi. Ze heeft een loopbaan. Als het maar even mogelijk is, doet ze haar sluier af.'

Geïnteresseerd luisterde mijn vader toe. In die tijd hadden erg weinig vrouwen in Afghanistan een opleiding gevolgd die verder ging dan het basisonderwijs. De meeste meisjes werden na de zesde klas van school gehaald om te trouwen. Bij de nicht van Rahim leek dat beslist niet te zijn gebeurd. Hij vroeg zich vooral af waar ze de moed vandaan haalde om haar gezicht te laten zien, want in 1956 was het volgens de Afghaanse wet voor een vrouw nog niet toegestaan om zich ongesluierd op straat te begeven.

Rahim aarzelde opnieuw. Er was nog iets wat hij tegen mijn vader moest zeggen. 'Ze is afkomstig van de stam van de Tadzjieken,' zei hij ten slotte.

Van verbazing viel de mond van mijn vader open. 'Een Tadzjiek?' Vol ongeloof schudde mijn vader zijn hoofd. 'Rahim! Wil je dat ik met blote handen door mijn broer word vermoord? Hij zal nooit toestaan dat ik met een vrouw van de Tadzjiekenstam trouw!'

De Pathanen en de Tadzjieken zijn de twee overheersende stammen in Afghanistan en er bestaat veel oud zeer tussen beide stammen. Gedurende de lange geschiedenis van Afghanistan hebben de twee machtige groepen elkaar regelmatig met wapens bevochten.

Onze Pathaanse stam is de grootste en machtigste etnische groep in Afghanistan. Het is ook de groep die in het verleden de regering heeft gedomineerd. Hoewel het thuisland van de Pathanen ten zuiden van de Hindu Kush ligt, wonen ze overal in het land. De meeste Pathanen zijn boer en een klein deel van hen leeft als nomaden, die met hun geitenharen tenten rondtrekken.

De Tadzjieken vormen de op een na grootste etnische groep. Ze wonen voornamelijk in de Pansjhirvallei ten noorden van Kabul, en ook in de noordoostelijke provincies Parwan en Badakhshan. Weliswaar bewerken sommige Tadzjieken ook het land, maar vaak werken ze als schaapherder of geitenhoeder.

De Pathanen en Tadzjieken hadden een eigen levenswijze, culturen met onge-schreven wetten. Geografische factoren zijn van grote invloed op het in stand hou-den van de verschillen tussen de twee stammen. De beide groepen spreken niet eens dezelfde taal, de Pathanen spreken Pasjtoe en de Tadzjieken Dari Persian of Farsi. Terwijl de Pathanen contact met de Tadzjieken stug mijden, staan de Tadzjieken toleranter tegenover andere groepen. Omdat ze soepel omgaan met diversiteit en veranderingen, verstedelijken de Tadzjieken sneller dan de Pathanen.

Er bestond beslist geen stam die minder intolerant was dan die van mijn vader, en hoe intoleranter een groep is, hoe hechter de eenheid. Pathaanse mannen hebben een overweldigende behoefte om alles wat ze kennen te beheersen en te verdedigen. Als de eer van een Pathaan wordt gekrenkt, wordt van hem verwacht fysiek wraak te nemen of te staan op compensatie in geld of bezit. Soms botst de gedragscode van een Pathaanse man met de strenge interpretatie van de sharia. Als dit gebeurt, zal een Pathaanse man vaak *Pashto* doen, de gewoonte van de stam verkiezen boven de religieuze wet. Voor een Pathaanse man is niets belangrijker dan Pashto te doen, ten koste van wat dan ook.

Naar Afghaanse begrippen was mijn vader een uniek mens, omdat hij zich ver-zette tegen de voorschriften van de stam, mogelijk omdat hij persoonlijk had gezien wat voor vreselijk leed zulke onwetendheid en inflexibiliteit tot gevolg kon hebben. Toch was hij niet van plan tegen zijn broer ten strijde te trekken om met een Tadzjiekse vrouw te kunnen trouwen.

'Laat maar, Rahim,' antwoordde mijn vader. 'Ik heb zo al genoeg problemen. Mijn broer staat me niet eens toe met een goed opgeleide Pathaanse vrouw te trou-wen. Een Tadzjiek zou hij nooit accepteren. Dan zou hij me liever vermoorden.'

Rahim wist dat mijn vader daar een punt had. 'Nou, ze is maar voor de helft Tadzjieks. Haar moeder is een Pathaanse.' Beide mannen wisten echter dat de fami-lie van de man in Afghanistan het belangrijkst is.

'Luister goed naar me! Het gaat niet door, Rahim,' waarschuwde mijn vader.

Maar Rahim bleef er zozeer van overtuigd dat de vrouw de ideale partner voor mijn vader was dat hij bleef proberen hem over te halen. Nadat er lang op hem was ingepraat, zei mijn vader uiteindelijk tegen Rahim: 'Oké. Ik wil haar weleens zien. Maar ik hoef haar niet te ontmoeten. Ik zal een enkele blik op haar werpen, meer niet.' Mijn vader wist dat hij niet met een vrouw van de Tadzjieken-stam kon trou-wen, maar hij wilde zijn vriend niet voor het hoofd stoten en had een oprechte hekel aan raciale of etnische vooroordelen. Hij had niets tegen de Tadzjieken, meerdere van zijn vrienden waren Tadzjieks. Maar vanwege de grote spanningen tussen de twee stammen zat hij eenvoudigweg niet te wachten op de dikke familieruzie waartoe een gemengd huwelijk kon leiden. Maar wat was er tegen een enkele blik?

Jaren laten pestte mijn vader mijn moeder weleens en zei: 'Ik besefte dat Rahim pas met het aanprijzen van zijn nicht zou ophouden als ik ten minste één keer had gekeken. Nadat ik dat eenmaal zou hebben gedaan, wilde ik mijn excuses aanbieden en vertrekken, met als reden dat ze te groot was of te klein, te dik of te dun.' Vervolgens keken mijn ouders elkaar veelzeggend aan, gniffelend om wat ze allebei wisten.

De twee vrienden begonnen aan de rit naar Kabul, om die ene allesbepalende blik te werpen. Onderweg zei Rahim tegen zijn vriend: 'Ajab, ik waarschuw je. Deze nicht van me is uniek. Je zult meteen verliefd op haar zijn.' Mijn vader verweerde zich met vriendelijke verwensingen tegen zijn vriend. Hoe had hij het in zijn hoofd gehaald om helemaal naar Kabul te reizen om een meisje te bekijken met wie hij met geen mogelijkheid kon trouwen?

Eenmaal aangekomen, parkeerde mijn vader zijn wagen buiten de schoolpoort en, nog voordat hij zich een moment had kunnen ontspannen, schreeuwde Rahim opgewonden: 'Daar! Daar! Kijk, daar boven aan de trap. Dat is ze.'

Geërgerd zuchtte mijn vader diep, waarna hij zich vooroverboog om de vrouw die Rahim had aangewezen tersluiks te kunnen bekijken. Mijn vader knipperde met zijn ogen en keek nog eens beter. Eerst viel hem op dat de vrouw gekleed was in een sjieke groene mantel, een ongewoon kledingstuk voor een in Afghanistan wonende vrouw. Vervolgens viel het hem op dat de vrouw groot en slank was. Toen kreeg hij haar welgevormde benen in het oog. Vanaf haar knieën omlaag waren ze zichtbaar, perfecte benen met ranke enkels. De vrouw kleedde zich zo modieus dat ze zijden kousen droeg en hooggehakte schoenen. Dat was uiterst ongebruikelijk in een land waar vrouwen hun lichaam meestal met een boerka verhulden. Nadat de vrouw hem wat meer was genaderd, kon mijn vader haar gezicht onderscheiden, want ze deed haar sluier pas om toen ze het terrein van de school verliet. Ze was prachtig, met een lichte huid en extreem donkere ogen die contrasteerden met haar oplichtende bruine haren.

Plotseling volstond een enkele blik niet meer.

Mijn vader hield zijn adem in, bemerkte tot zijn schrik dat hij gebiologeerd was door de vrouw op de trap. Ze was druk in gesprek met een andere lerares en de twee vrouwen lachten luid. De schoonheid bleek nog gevoel voor humor te hebben ook, dacht hij bij zichzelf.

Mijn vader was een man die weinig geluk in zijn leven had gekend en veel zorgen had gehad. Hij meende dat hij alles al wel een keertje had meegemaakt, maar plotseling leefde hij weer helemaal op, gealarmeerd door de grote aantrekkingskracht die de vrouw die hij nog nooit had ontmoet op hem uitoefende. Hij geloofde niet in liefde op het eerste gezicht, omdat hij daar door zijn opleiding en wereldwijsheid te nuchter was. Toch moest hij zich inhouden om niet rechtstreeks op de nicht van Rahim af te lopen. Nog nooit had hij iets zozeer begeerd. Hij wilde haar recht in het gezicht kijken, achter al haar opvattingen zien te komen.

Mijn vader was een wereldlijke man die in de jaren dat hij in Europa had doorgebracht meerdere vriendinnetjes had gehad. Maar hij bevond zich niet meer in Europa. Hij woonde niet langer in een ontspannen samenleving waar mannen en vrouwen losjes met elkaar omgaan. In Afghanistan zou een informele ontmoeting met een beeldschone lerares regelrecht op een schandaal uitlopen, wat voor haar mannelijke familieleden mogelijk zelfs aanleiding zou zijn voor een gewelddadige vergelding.

Hij raakte er gefrustreerd van. Wat moest hij doen?

Hij was zich ervan bewust dat hij in Afghanistan als een uitstekende partij werd beschouwd, in de gelegenheid om bijna elke vrouw van goede Pathaanse komaf te krijgen. Nu wilde hij een vrouw met wie hij met geen mogelijkheid iets kon beginnen.

Die vrouw was Sharifa Hassen. Ze stamde uit een vermogende familie die in Kabul in hoog aanzien stond. Haar vader had zelfs contact met de koninklijke familie en was eens topadviseur van de voormalige koning geweest. Haar familie deed modern en gelukkig aan vergeleken met de conservatieve familie van mijn vader. Het was een ongewoon ambitieus meisje. Ze was een van de eerste vrouwen geweest die zich voor de opleiding tot arts had ingeschreven, al was ze na verloop van tijd overgestapt naar een opleiding tot lerares. Na haar afstuderen had ze het moment van trouwen voor zich uit geschoven om een baan te krijgen als docent geschiedenis en aardrijkskunde aan de prestigieuze Malalai High School, die begin jaren twintig van de twintigste eeuw in samenwerking met de Fransen speciaal voor meisjes was gebouwd. En daar zag mijn vader haar voor het eerst.

'Regel het huwelijk,' zei mijn vader naar adem snakkend.

Rahim was in de wolken omdat hij het bij het rechte eind had gehad, al hield hij zich tijdens de terugreis in.

Tijdens de lange rit naar de galah onderging mijn vader allerlei gemoedstoestanden, van grote blijdschap tot diepe wanhoop. Hij barstte van de energie omdat hij nu wist wat hem te doen stond, trouwen met Sharifa Hassen. Hij stond doodsangsten uit omdat hij zich ervan bewust was dat zijn onverbiddelijke broer zich uit alle macht zou verzetten tegen een band tussen de Pathaanse familie Khail en een hoogopgeleide Tadzjiekse vrouw – volgens het bekrompen fanatisme van Shair een onmogelijke combinatie. Er bestond zelfs een behoorlijke kans dat Shair Khan zijn broer zou willen vermoorden om een dergelijk schandaal te voorkomen.

In de weken die volgden, bezocht mijn vader Sharifa's vader en broers, al vroeg hij haar niet ten huwelijk. Hij was onder de indruk van de mannen van Hassen, vond ze intelligent en wijs. Hij voelde wel een band met deze mannen, een band die hij met zijn wrede onwetende broer niet had.

Mijn vader wist dat hij de confrontatie met zijn broer niet veel langer voor zich uit kon schuiven. Hij kon het niet maken om contact te blijven houden met de familie van het meisje zonder over zijn voornemens te spreken, dus verzamelde hij de moed om het er met zijn broer over te hebben. Op een van de kleurrijke bij de stam behorende tapijten in de suite stond hij te wachten tot zijn broer klaar was met wat administratief werk. Ten slotte sloeg Shair de ogen op en keek hem met een kille blik aan. 'Wat?' schreeuwde Shair, ongeduldig als altijd.

Mijn vader wist dat de moed hem in de schoenen zou zakken als hij nu aarzelde. 'Broer van me, ik heb een vrouw gevonden met wie ik wil trouwen. Ze is zoals je hebt gezegd. Ze spreekt alleen Farsi. Ze is hoogopgeleid. Ze werkt als docent op een school. Ze toont haar gezicht aan mensen die niet deel uitmaken van haar familie.' Mijn vader pauzeerde om het meest bezwarende deel van de informatie te noemen. 'Ze behoort tot de Tadzjieken-stam. Haar vader heeft nauwe banden met de koninklijke familie.' Toen deed mijn vader iets wat niet bij hem paste; hij loog. 'Ik heb haar vader al om haar hand gevraagd.' Mijn vader zag hoe het gezicht van Shair Khan tot een woedende grimas vertrok. Shairs gezicht verbleekte, kleurde vervolgens rood en verbleekte opnieuw. Zijn donkere ogen spoten vuur. Hij balde zijn vuisten en kwam overeind.

Mijn vader zette zich schrap.

Shair schraapte zijn keel en stapte met afgemeten passen achter zijn massieve bureau vandaan, terwijl het wit van zijn ogen steeds roder werd. Zijn dreigende gezicht bevond zich slechts een paar centimeter van het gezicht van mijn vader. Ze keken elkaar diep in de ogen.

Ze leken elkaar eindeloos aan te kijken, maar tot mijn vaders verrassing was Shair de eerste die het opgaf en over zijn schouder naar zijn persoonlijke bediende schreeuwde dat zijn belangrijkste vrouw Nina en zijn favoriete dochter Seema moesten komen. Shair deed er het zwijgen toe totdat de twee vrouwen de kamer in kwamen rennen.

'Mijn broer Ajab heeft mijn positie als hoofd van de familie ingenomen,' sneerde Shair ziedend. 'Achter mijn rug om heeft hij een ongeschikte vrouw ten huwelijk gevraagd.'

De vrouwen waren als versteend, ze hadden nog nooit zoiets onbeschaamds gehoord. Wie weet namen ze aan dat Shair hen had opgedragen te komen om mee te helpen met de planning van de begrafenis van mijn vader. Er zijn Pathaanse mannen het graf in gestuurd om mindere beledigingen.

Spottend zei Shair: 'Omdat mijn broer zich ergens mee heeft bemoeid waarmee hij niets te maken heeft, heeft hij me met een onmogelijke situatie opgezadeld. Onze eer staat op het spel, dus moet de familie de zaak overnemen. Maar ik weiger erbij betrokken te worden. Daarom moeten jij,' eerst knikte hij naar Nina, toen naar Seema, 'en jij contact opnemen met de familie en de verplichte afspraken regelen.'

Nina en Seema stonden te beven van schrik omdat ze zo'n verantwoordelijke opdracht hadden gekregen. Gewoonlijk was een belangrijk huwelijk de zaak van het stamhoofd, maar nu had Shair de opdracht aan vrouwen doorgegeven. Als hun inspanningen verkeerd afliepen, zouden zij daar de schuld van krijgen, en dat wisten ze.

Met lood in de schoenen verlieten de twee vrouwen de kamer en mijn vader liep hen achterna. Met een lang nagalmende dreun viel de deur achter hen dicht.

Nina's lippen bibberden en haar handen trilden toen ze mijn vader in een hoek duwde en hem vroeg: 'Ajab, wie is die vrouw?'

'Ze heet Sharifa Hassen. Ze is lid van een bekende familie in Kabul.'

Nina's gezicht kleurde rood en haar stem klonk schril: 'Je bent een onruststoker, Ajab! En nu betrek je ons er ook nog bij! Hoe heb je je broer buiten zo'n belangrijke beslissing kunnen houden?'

Mijn vader haalde zijn schouders op. Hoe kun je een verklaring vinden voor de liefde?

Als volwassene was mijn vader zelden ergens bang voor en hij trok zich nauwelijks iets van de dreigementen en daden van zijn broer aan. Maar ditmaal ervoer hij toch enige dreiging, omdat hij gelogen had. Hij had de vader van Sharifa Hassen nog niet om de hand van zijn dochter gevraagd. Mijn vader wist dat de naam Khail bezoedeld zou worden als hij een vrouw ten huwelijk vroeg en werd afgewezen. Shair was een man die zijn eer bijzonder hoog opnam. De list van mijn vader had gewerkt, maar als zijn bedrog zou uitkomen, had dat verstrekkende gevolgen.

Mijn vader stond echter maar één ding voor ogen: hij zou met Sharifa Hassen trouwen. Er werd een bijeenkomst belegd. Zonder het toe te geven, begreep de familie Hassen heel goed dat mijn vader hen niet zonder doel had bezocht. Ze wisten dat de erfgerechtigde van de familie Khail zijn oog op een van de dochters van Hassen had laten vallen, al wisten ze niet welke.

Daar kwamen ze al gauw achter, toen de vrouw en dochter van Shair een bezoek brachten. De familie Hassen onthaalde hen overdreven gastvrij, zette hen schalen met snoep en fruit voor. De beide families wisselden beleefdheden uit, waarna ze over het onderwerp begonnen waar het hen om te doen was. In Afghanistan vindt men een huwelijk te belangrijk om aan alleen de bruid en bruidegom over te laten, voor families met veel geld is het een belangrijke verbintenis.

Nina nam als eerste het woord en zei dat zij en haar dochter als afgevaardigden van de familie Khail waren gekomen, om te vragen of Khans jongere broer Ajab met Sharifa, de dochter van sjeik Hassen kon trouwen.

Sjeik Hassen glimlachte vriendelijk en antwoordde: 'Daar zal ik graag met Shair Khan over spreken.'

Nina had een dergelijk antwoord al gevreesd. Het was voor iedere vader een zware belediging als de man die de familie van de bruid vertegenwoordigde niet in eigen persoon kwam opdraven om het voorgestelde huwelijk te bespreken. Nina schraapte haar keel en vervolgde: 'Om die reden zijn we hier, sjeik Hassen, om over de huwelijksovereenkomst te spreken. Mijn man Shair heeft momenteel zulke belangrijke zaken omhanden dat hij u hier nu niet kan ontmoeten.'

Sjeik Hassen was te verbaasd om een woord uit te brengen. Het was alsof hij een klap in zijn gezicht kreeg. Maar hij maande zichzelf tot kalmte, want Nina was slechts een vrouw, iemand die de wil van haar echtgenoot uitvoerde. 'Mevrouw, zeg tegen uw man dat als hij tijd kan vrijmaken, ik hem met alle genoegen in mijn woning zal ontvangen. Dan zullen we bij die gelegenheid de overeenkomst afronden.' Dat liet weinig aan duidelijkheid te wensen over. Sjeik Hassen wilde pas een huwelijk toestaan als hij met het hoofd van de Khail-familie had gesproken.

Met tegenzin keerden Nina en Seema terug naar de galah, en zagen met angst en beven het moment tegemoet dat ze het slechte nieuws moesten overbrengen.

Mijn vader had de pech dat sjeik Hassen niet alleen uitstekende connecties had en een man was die eraan gewend was met respect te worden behandeld, maar ook iemand was die hechtte aan het protocol. Gelukkig had niemand gezegd dat mijn vader had aangegeven dat hij al om de hand van Sharifa Hassen had gevraagd. Die leugen bleef verborgen en bevatte alle elementen om uit te lopen op een gewelddadig treffen tussen Shair Khan en mijn vader.

Nina en Seema werden niet bestraft voor hun mislukte missie. Ondanks Shairs hooghartige woede bij het aanhoren van het nieuws, was hij stiekem ingenomen met de gang van zaken. Door te weigeren mee te werken aan de meest basale voorwaarden van het huwelijksprotocol, had hij een negatieve reactie van de familie van de verkozen bruid van mijn vader in de hand gewerkt. Nu zou hij zich kunnen wijden aan wat volgens hem een meer passend huwelijk voor zijn broer was.

Shair riep mijn vader bij zich. 'Heb je gehoord dat sjeik Hassen niet instemt met het huwelijk?' vroeg hij mijn vader zacht, op een valselijk bezorgde toon. Hij zuchtte en maakte een berustend gebaar met zijn hand. 'Meer kan ik niet doen. Maar maak je niet druk, broer, ik heb een jong meisje van onze stam voor je uitgezocht. Een huwelijk tussen jullie twee zal voor onze familie vele voordelen opleveren.' Toen Shair de bezorgde frons op mijn vaders gezicht zag, voegde hij daaraan toe: 'Dit meisje is precies zoals je wilt, Ajab. Ze kan lezen. Ze kan zelfs schrijven, een beetje dan. Maar ze heeft niet de behoefte om meer dan een gehoorzame vrouw en een goede moeder te zijn.' Shair Khan was er zo verrukt over dat hij zowaar begon te lachen, iets wat mijn vader zelden bij zijn broer had gezien.

Mijn vader was onaangenaam getroffen. Hij had dagenlang gewacht op het bericht dat er een datum voor de trouwerij was geprikt, dat de prachtige vrouw van wie hij bij de eerste aanblik had gehouden zijn echtgenote zou worden. Langzaam wandelde hij terug naar zijn eigen vertrekken, waar zijn moeder op hem stond te wachten. Met tranen in zijn ogen vertelde hij haar wat er was gebeurd. Mayana kon er niet tegen hem zo van slag te zien. Op deze zoon na had ze al haar kinderen verloren. Ze was niet in staat geweest haar arme dochters te helpen, maar ze besloot haar leven te wagen voor haar enige overgebleven kind. Zijn geluk betekende meer voor haar dan haar eigen leven.

Zonder na te denken over de gevolgen van haar actie, spoedde ze zich naar de khan, de man die haar leven en dat van haar dochters tot een kwelling had gemaakt. Ze had geen afspraak en ze wist dat alleen al de aanblik van haar gezicht Shair Khan in een moorddadige woede kon doen uitbarsten, toch liep ze moedig naar de vertrekken waar ze niet mocht komen. Haar onverwachte verschijning verbijsterde iedereen die haar daar tegenkwam.

Zonder een woord te zeggen, tilde ze haar *chador* op, haar zwarte omhulling, en legde die voor de voeten van de khan neer. Uit alle hoeken klonken kreten van verbazing.

De Afghaanse samenleving kent bepaalde gedragscodes. Als een vrouw haar chador op deze manier toont, geeft ze daarmee aan zich volledig te onderwerpen. In haar heftige streven om haar zoon te beschermen en gelukkig te maken, riep mijn grootmoeder *nang* (solidariteit) op, *namuz* (eer) en *ghairat* (het op alle mogelijke manieren beschermen van de eer).

Door aldus te reageren, drukt een Afghaanse vrouw haar kwetsbaarheid uit. Hoewel een man vrij is om een vrouw te vermoorden, zal alleen een man zonder eer dat ook werkelijk doen. Het staat hem ook vrij de vrouw te negeren, zich om te draaien en haar vredesaanbod af te wijzen, maar in onze cultuur lijdt zo'n man gezichtsverlies. Niemand sprak een woord. Niemand bewoog. De khan had nooit verwacht dat zijn gehate stiefmoeder deze oude code tegen hem zou inzetten als hij haar iets zou aandoen of als hij de wens van haar zoon naast zich neerlegde. Shair Khan bleef zo bewegingloos en zwijgend zitten dat de stilte tastbaar werd.

Later vertelde grootmoeder haar zoon dat ze zich schrap had gezet om de klappen op te vangen die ze verwachtte te krijgen, maar haar stiefzoon deed niets. Ten slotte kwam Shair Khan overeind en boog zich voorover om haar chador terug te geven. Hij stapte naar voren om de zwarte mantel over de schouders en het gebogen hoofd van mijn grootmoeder te hangen.

'Je kunt gaan,' sprak hij zachtjes.

Mijn vader en zijn moeder wachtten samen op wat er ging gebeuren. Ze waren in de zevende hemel toen Shair Khan zijn broer sommeerde hem te vergezellen bij een bezoek aan sjeik Hassen in Kabul. Ze moesten onderhandelen over een huwelijks-overeenkomst waarbij veel op het spel stond.

Toch moest mijn vader nog meer hindernissen nemen. De verschillen tussen de stammen, de Pathanen en de Tadzjieken, leverden problemen op. Voor de Pathanen, en vooral voor de meest vooraanstaande familie van de Pathaanse Khail-stam, moest de bruidsschat die de familie van de bruid werd aangeboden ongeveer even groot zijn als de rijkdom en status van het hoofd van de stam, in dit geval Shair Khan. Hij was een van de belangrijkste stammenleiders van het hele land, dus de bruidsschat die de familie van mijn moeder kreeg aangeboden was erg waardevol.

Het omgekeerde gold voor de Tadzjieken-stam. Zij gingen uit van de leerstelling van de profeet Mohammed dat de bruidsschat een bescheiden bedrag moest zijn. Een grote bruidsschat zou de suggestie wekken dat de vader zijn dochter aan de hoogste bieder verkocht. Sjeik Hassen weigerde meer dan dertig afghani te accepteren, anders zouden hij en zijn dochter zich beledigd voelen.

Even dreigde een patstelling, want beide mannen waren trots en hielden vast aan hun eer, en beiden waren ze eraan gewend te worden gehoorzaamd. Geen van tweeën wilden ze een compromis sluiten voor de bruidsschat.

Net toen de onderhandelingen op een mislukking dreigden uit te lopen, stond Shair Khan op, verontschuldigde zich en gaf zijn vrouw en dochter de opdracht om de bruidsschat af te handelen.

De vrouwen kwamen overeen dertig afghani als bruidsschat te betalen.

Sjeik Hassen had zijn zin gekregen.

Er werd een trouwdatum bepaald. Binnen een paar maanden zou Ajab Khail, een verstokte vrijgezel van negenendertig, eindelijk in het huwelijk treden. Sharifa Hassen, zijn bruid, zou op het moment van trouwen zevenentwintig zijn, naar Afghaanse begrippen ook al aardig op leeftijd.

Terwijl mijn vader zich er zichtbaar over verheugde dat hij met de vrouw van zijn keuze zou trouwen, was mijn moeder minder blij. Ze had haar ideeën over het huwelijk van haar eigen, goed opgeleide moeder overgenomen en dat bevorderde de zaak niet. Als kind was mijn moeder zich bewust van het alom aanwezige kwaad dat vrouwen werd aangedaan door de macht van de mannen. Ze wist dat het huwelijk voor Afghaanse vrouwen een volledige onderwerping inhield. Als Ajab Khail zich na het huwelijksfeest anders ging gedragen, zou niemand haar te hulp schieten. Ze zou het eigendom zijn van haar man.

Het verzet van mijn moeder tegen het huwelijk leverde ruzie op in haar eigen familie. Ze discussieerde met haar drie broers, die het prachtig vonden dat hun familie zo onverwacht een verbintenis aanging met de rijke familie Khail. Volgens haar broers was Ajab Khail een unieke partij voor haar. Ze zou een ander leven leiden dan andere gehuwde vrouwen, zeiden ze. Ajab had een hoge opleiding genoten en was een wijs man, en ze hadden hun neef Rahim horen zeggen dat hij op zoek was geweest naar een hoogopgeleide vrouw om mee te trouwen, iemand met wie hij op gelijke voet kon staan.

Toch aarzelde mijn moeder nog. Haar zussen pestten haar al en waarschuwden haar dat ze zich in zo'n conservatieve Pathaanse familie volgens de traditie moest sluieren, haar baan moest opgeven en Pathaans moest spreken, een taal die mijn moeder zich nooit eigen had gemaakt. Dus toen mijn vader Nina en Seema vergezelde om de laatste afspraken voor het huwelijk te maken, nam de jongere broer van mijn moeder haar bij de arm om door het sleutelgat te gluren, zodat ze haar bruidegom zelf kon bekijken. Maar mijn moeder bleef haar twijfels houden, hoewel ze vond dat de man die haar wilde hebben erg knap was en er in zijn militaire kostuum voornaam uitzag.

Moeder voelde zich hondsberoerd. Voor een vrouw in Afghanistan had ze een heerlijk leven. Achter de muren van de villa van de familie Hassen werden vrouwen beschouwd als mensen, met eigen wensen en verlangens, en ze vreesde dat dit na haar trouwen zou veranderen.

Maar haar vader had de hand van zijn dochter aan Ajab beloofd, dus kon ze er niets tegen inbrengen. Ze mocht dan wel uit een progressieve familie komen, toch werd van haar, net als van alle Afghaanse vrouwen, verwacht dat ze met iemand gingen trouwen. De meeste Afghaanse mannen die op zoek waren naar een bruid vonden mijn moeder al veel te oud. Tegenover alle weerstand die mijn moeder ondervond in haar verlangen om alleenstaand te blijven, voelde ze zich hulpeloos en uiteindelijk had ze zich dan toch gewonnen moeten geven.

Dus was het op een dag eindelijk zover.

Het was 1957, een noodlottig jaar. Afghanistan en de Sovjet-Unie hadden een verdrag gesloten. 'Technici' uit de Sovjet-Unie trokken het land in en de regering van de Sovjets zonden voor 25 miljoen dollar aan militaire apparatuur naar mijn land.

Maar mijn ouders maakten zich geen zorgen over het naderende kwaad van de Sovjets, ze waren te zeer in beslag genomen door het aankomende huwelijksfestijn.

De twee families kwamen overeen dat de bruiloft in de galah van de familie Khail zou plaatsvinden. De familie Khail wachtte op de aankomst van de familie Hassen. In de ene ruimte stonden de mannen en in de andere de vrouwen, want ze vonden dat mannen en vrouwen tijdens trouwerijen niet bij elkaar mochten komen. Toen de langverwachte stoet wagens uiteindelijk bij de galah arriveerde, stroomden de leden van de familie Hassen uit de voertuigen. Plotseling schalde er luide muziek door de poort en over de muren. De vrouwen van de familie Khail drongen bij de vensters van hun verblijven samen, terwijl hun mannen op de binnenplaats elkaar vragend aankeken. Wat nu? Werd er gezongen? Hoorden ze muziek?

Shair Khan meende dat hij alle aspecten in de hand had van het huwelijksfeest dat bij hem thuis werd gehouden. Hoewel er later op de avond muziek zou worden gespeeld en er zou worden gedanst, zouden de mannen met de mannen dansen en de vrouwen met de vrouwen. Hij had er nooit bij stilgestaan dat de familie van de bruid muzikanten, zangers en dansers zou meenemen.

Het feestgedruis van de familie Hassen was zo luid, dat zelfs het vee er onrustig van werd. De poortwachters openden de poort van de galah en enthousiaste leden van de familie dansten de binnenplaats op. Er klonken drums en cimbalen, terwijl vrouwen op het ritme van de muziek met hun sluiers zwaaiden en met hun heupen wiegden.

Vol afgrijzen keken de leden van de familie Khail toe. Ajab trouwde met een lid van een familie waarin vrouwen hun gezicht niet hoefden af te dekken en uitbundig mochten dansen! En voor de ogen van mannen die ze niet kenden met hun heupen mochten wiegen!

Plotseling weerklonken er schoten. De muzikanten wierpen hun instrumenten neer, de zangers staakten hun gezang en de dansers bleven als versteend staan. Er werd gegild, alsof er elektrische vonken door de menigte knetterden en verschillende mensen werden onder de voet gelopen toen men probeerde dekking te zoeken voor wat veel weg had van een hinderlaag.

De bevende gasten zagen een ziedende man over de binnenplaats lopen, zwaaiend met een wapen. Een van Hassens mannen herkende hun aanvaller en schreeuwde: 'Het is Shair Khan, de oudere broer van de bruidegom! Zoek dekking! Hij zal ons allemaal doden!'

Shair was inderdaad des duivels. Zijn gasten toonden geen respect voor zijn familie en hun traditionele gebruiken.

Iemand in de menigte riep dat muziek, dans en gezang in gemengd gezelschap hier verboden waren. Een paar helder denkende gasten begonnen de mannen van de vrouwen te scheiden en gaven de vrouwen de opdracht naar de vrouwenverblijven te gaan. Ze kregen te horen dat ze de huwelijksplechtigheid samen met de vrouwen van de familie Khail zouden vieren en dat de mannen op de binnenplaats plezier zouden maken. De mannen zouden eveneens met dansers worden vermaakt, maar hun dansers waren mannen die als vrouw waren verkleed. In de wereld van Shair Khan was dit de manier om een huwelijk te vieren.

De ceremonie vond plaats zonder verdere incidenten en uiteindelijk was mijn vader getrouwd met de vrouw van zijn keuze. Al gauw kwam mijn moeder erachter dat haar broers gelijk hadden, dat haar echtgenoot anders was dan andere Afghaanse mannen. Hij zag haar werkelijk als een gelijke. Het pasgetrouwde stel bracht vele uren met elkaar door en vond het prettig om in elkaars gezelschap te verkeren. Mijn moeder besefte al snel dat het weinig had gescheeld of ze was een huwelijk misgelopen met de enige Afghaanse man die haar met respect zou behandelen en haar gelukkig kon maken.

De familie van mijn vader was minder ingenomen met de verbintenis.

Van alle vrouwen die tot nu toe met een lid van de familie Khail waren getrouwd, had mijn moeder de beste opleiding genoten, wat tot de nodige problemen zou leiden. Er werd van mijn ouders verwacht dat ze op de galah gingen wonen en dat deden ze dan ook. Ze trokken in een grote woning tegenover de hoofdpoort, een gebouw dat voorheen voor gasten was gereserveerd.

Afghaanse koppels gaan zelden op huwelijksreis en beginnen thuis aan het leven als getrouwd paar. Na tien dagen keerde mijn vader weer terug naar zijn werk en hervatte mijn moeder haar loopbaan aan de Malalai High School.

Shair Khan werd witheet toen hij merkte dat een vrouw in zijn galah hem trotseerde door het huis uit te gaan om te werken en haar eigen inkomen te verdienen. Als hoofd van de stam verbood hij haar om de galah te verlaten zonder een beige boerka te dragen, een afschuwelijk kledingstuk dat mijn moeder haatte. De boerka werd over haar hoofd gedaan en dekte haar af tot haar tenen. Haar enige venster op de wereld was een klein geborduurd gaasje voor haar gezicht. De oude dracht vormde een belediging voor mijn moeder, die eraan gewend was modieuze, westerse kleren te dragen.

Mijn moeders grootste vrees was uitgekomen. Haar verlichte echtgenoot was aardig en liefdevol, maar niet in staat haar volledig tegen zijn meer traditionele broer te beschermen.

Haar gevangenis werd nog kleiner toen Shair Khan ontdekte dat ze zwanger was. Shair was zo beledigd dat een zwangere vrouw nog steeds uit de galah vertrok, dat mijn moeder uiteindelijk werd gedwongen haar baan op de meisjesschool op te geven en achter de muren van het fort te blijven.

Dat ging niet goed.

Mijn moeder was druk bezig met haar zwangerschap, dus aanvankelijk beklaagde ze zich niet. Haar eigen moeder maakte zich zoveel zorgen over het welzijn van haar dochter dat ze kinderjuffrouw Muma stuurde, die bij mijn moeder kwam wonen om tijdens haar zwangerschap voor haar te zorgen en te helpen met de pasgeboren baby. Muma was ideaal gezelschap voor mijn moeder en paste perfect bij onze familie.

Alle Afghaanse families hopen dat de eerstgeborene een jongetje is, dus was men boos en verdrietig toen op 21 maart 1958 mijn zus Nadia werd geboren. Shair, zelf vader van negen zonen en drie dochters, wond zich zo op over het nieuws dat hij weigerde mijn ouders te feliciteren of het kind te erkennen.

De rest van het huishouden van de familie Khail gedroeg zich al even onaangenaam tegen mijn moeder en behandelde haar op dezelfde manier als ze grootmoeder Mayana en haar drie dochters hadden behandeld. Weliswaar werd mijn moeder niet gedwongen huishoudelijk werk te verrichten, maar ze werd wel voortdurend beschimpt. Gelukkig was ze een vrouw met een sterke geest, die de ongevoelige familie van haar man kon negeren. Ze hield zichzelf bezig met de kleine Nadia. Grootmoeder Mayana was zo aardig als een engel en deed alles wat in haar vermogen lag om haar schoondochter bij te staan. De vier vrouwen in het leven van mijn vader, zijn vrouw, moeder, en vriendelijke kinderjuffrouw hielden elkaar altijd goed in de gaten.

Maar na de geboorte van Nadia gedroeg Shair Khan zich nog wreder tegenover mijn vader en liet merken dat de geboorte van een nutteloze dochter hun relatie had bedorven. De vrouwen, dochters en bedienden voelden de verandering van Shair aan, volgden hun leider, en gingen zich nog vijandiger gedragen.

De bedienden van de galah hadden als taak om alle kleren van de familie Khail te wassen. Plotseling kreeg mijn moeder haar kleren beschadigd terug, vol gaten en scheuren. Mijn moeder bezat een uitgebreide Europese garderobe en wilde beslist weten wie er verantwoordelijk was voor de beschadigingen. Op een dag besloot ze zich in een hoek van de binnenplaats te verstoppen. Terwijl de bedienden druk bezig waren met het wassen van de kleren, zag ze twee zonen van Shair naar de manden lopen en aan de bedienden vragen welke kleren van Sharifa waren, waarna ze messen tevoorschijn haalden en haar kleren begonnen te vernielen.

Mijn vader was furieus toen hij hoorde wat er aan de hand was, maar wist ook dat het op een gewelddadige confrontatie zou uitlopen als hij Shair met de daden van zijn zonen zou confronteren. Vanaf dat moment hield mijn moeder haar vieze was bij zich en stuurde die naar haar eigen moeder. Niemand wist het nog, maar de gezondheid van mijn grootmoeder ging achteruit en mijn moeder had nog maar een paar jaar met haar eigen moeder tegoed.

Later ontdekte mijn moeder nog meer verontrustende aanwijzingen dat men het op haar had voorzien. In hoekjes van haar verblijf vond ze verschillende kleine poppen die met spelden waren doorstoken. Hoewel de islam hekserij verbiedt, proberen sommige moslimvrouwen het lot te tarten door duistere krachten in te zetten. Het was zonneklaar dat iemand uit het huishouden van Shair Khan zwarte magie inzette om haar bang te maken.

Mijn ouders waren duidelijk niet welkom in de familiewoning van mijn vader. Al snel werd de gezondheid van mijn ouders door de stress aangetast, en mijn vader viel zoveel af dat hij er uitgemergeld begon uit te zien. Mijn ouders wisten dat dit door hun woonomgeving werd veroorzaakt en dat hun niets anders restte dan uit de galah te vertrekken.

Ondanks de slechte behandeling door Shair, zijn vrouwen en kinderen, toonde hij zich, toen mijn vader hem vertelde dat hij met zijn familie naar een woning in Kabul zou verhuizen, een fel tegenstander van dit idee. 'Je zult een paria zijn! Niemand zal je respecteren! Ik zal een paria nooit laten delen in de rijkdom van mijn vader!' schreeuwde hij.

Maar in zijn hart bevroedde mijn vader dat zijn eigen leven en dat van zijn kind door Shair werden bedreigd. Hij was er heilig van overtuigd dat Shair al zijn zussen had vermoord, zodat hij, Shair, de enige erfgenaam zou zijn van alle rijkdommen van Ahmed Khan. Mijn vader besloot dat hij liever gelukkig en arm wilde zijn dan ellendig en rijk, zelfs als het niet zo was dat zijn broer hem op de een of andere manier wilde vermoorden. Die nacht verliet hij de galah, samen met zijn vrouw, moeder, dochter en de kinderjuffrouw Muma.

De familie Hassen was volledig anders dan de Khail-stam. Het waren intellectuelen, een familie die hun zeven dochters had opgevoed tot goed opgeleide en weerbare mensen, die evenveel waard waren als hun drie zonen. Ook stonden ze elkaar bij als het minder ging, en nadat ze van het dilemma van mijn ouders hadden gehoord, verzamelden ze zich om hen heen en hielpen ze met het vinden van een bescheiden maar comfortabele woning in Kabul. Ook steunden ze hen financieel, omdat mijn ouders met het militaire salaris van mijn vader zuinig aan moesten doen. In hun nieuwe appartement werden mijn ouders een uitzonderlijk intiem paar en ze genoten met volle teugen van het leven buiten de verstikkende atmosfeer van de galah. Vaak zei mijn vader: 'Verbittering wringt het geluk uit de mens.'

Mijn moeder bekende eens dat de dag dat zij en mijn vader uit de galah verhuisden, weg bij de akelige familie van mijn vader, de meest gelukkige dag van haar leven was. Door de dodelijke invloed van Shair Khan te ontvluchten, behaalde mijn moeder een zeldzame overwinning tegen het kwaad van de vrouwenhaat in de galah en van iedereen die daar woonde.

Maryam, haar moeder Sharifa en zus Nadia.

5

Mijn vader zag er voornaam uit, hij was een groot, knap en wijs man, gezegend met de vaardigheid intelligente gesprekken te voeren. Hij had een bleke huid en grote, expressieve bruine ogen met amberkleurige vlekken en een diepe kuil in zijn kin. Ik herinner me dat hij altijd met zijn handen in zijn zakken liep te wandelen en vriendelijk glimlachte. Hij kleedde zich onberispelijk, meestal droeg hij een gesteven wit overhemd en een grijze of beige broek. Vader nam zijn kleding zo serieus dat de vrouwen in de familie ieder hun eigen taak hadden om hem tot een perfect geklede verschijning te maken.

Vanaf jonge leeftijd had ik de taak toebedeeld gekregen om zijn schoenen schoon te houden en te poetsen. Hoewel ik een hekel had aan de meeste taken die ik moest uitvoeren, heb ik dit nooit een vervelend karweitje gevonden. Ik heb vele uren doorgebracht met het met kleine doekjes liefdevol verzorgen en polijsten van zijn schoeisel. Tot mijn handen en armen er pijn van deden bleef ik poetsen tot zijn Europees gestyleerde leren schoenen glommen.

Rond de tijd dat hij van zijn werk thuiskwam, hield ik het pad voor het huis in de gaten. Een andere gekoesterde verantwoordelijkheid bestond eruit hem met een kus te begroeten, zijn schoenen en sokken uit te doen en hem zijn pasgestreken *kurta*-overhemd te overhandigen. Als hij zich ontdeed van zijn werkkleding, hing ik die heel behendig aan een hanger.

Ik werd beloond met een vriendelijke glimlach en aangename liefkozingen. 'Kom, Maryam! Je bent mijn hart!' Hij gaf me een stevige knuffel, pakte vervolgens mijn gezicht tussen twee handen en kuste me op mijn wang. Al knuffelend riep hij mijn zus bij zich: 'Nadia, kom.' Ook haar zou hij knuffelen en zeggen: 'Je bent mijn lever!'

Als ik mijn ogen sluit, zie ik hem nog voor me, terwijl hij met zijn ene arm mij en zijn andere dochter Nadia naar zich toe trekt en trots roept, zodat iedereen die dichtbij genoeg staat het kon horen: 'Dit is mijn hart! Dit is mijn lever!'

Hoewel ik het gevoel had dat mijn vader mij de allerliefste vond, hield hij meer van beide dochters dan van het leven zelf. Ik heb me vaak afgevraagd of hij misschien zoveel van ons hield omdat hij niet heeft kunnen voorkomen dat zijn zussen zo'n akelig leven hadden geleid.

Vader was anders dan alle andere Afghaanse mannen. Hij zorgde voor een vriendelijke sfeer in ons huishouden, leverde nooit kritiek op de vrouwen bij ons thuis, verhief zijn stem geen enkele keer. Het maakte hem niet uit dat hij geen zoon had gekregen. De meeste mannen in Afghanistan verachten hun dochters en zeggen: 'De geboorte van een meisje is een vloek die regelrecht van God afkomstig is!' Daarentegen worden mannelijke nakomelingen als kleine goden onthaald. Waar andere familieleden en vrienden inzitten over de afwezigheid van een zoon, wees vader iedereen af die zo dom was dat te zeggen. Hij zei dan breed lachend dat zijn meisjes zijn hart en zijn lever voor hem waren en hij het zonder ons geen seconde zou redden.

In Afghanistan kende men een dergelijke houding helemaal niet.

Zelfs mijn moeder zat erover in dat zij niet in staat was mijn vader meer kinderen te schenken, en ging daarin zelfs zover dat ze er bij mijn vader op aandrong een tweede vrouw te nemen, waarbij ze volledig tegen haar aard inging. Ik herinner me enkele van dit soort bizarre gesprekken, waarin moeder argumenten aanvoerde om nogmaals te trouwen, hem daartoe probeerde over te halen door erop te wijzen dat een andere vrouw een zoon voor hem zou kunnen baren. Ondanks haar intelligentie en opleiding had mijn moeder zich niet kunnen onttrekken aan de culturele verwachtingen die in Afghanistan zo welig tieren. Ze schaamde zich ervoor dat ze alleen maar dochters had gekregen. In haar naïviteit meende ze bovendien dat als mijn vader een zoon zou krijgen, Shair Khan de liefhebbende broer zou worden die hij nooit was geweest.

In plaats van zich erop te verheugen dat hij met een vrouw was getrouwd die geen bezwaar zou hebben als hij iets zou voelen voor een andere vrouw, hoorde mijn vader moeders voorstel met afgrijzen aan. Hij riep uit: 'Lieveling. Het getuigt van primitiviteit als een geschoold man een harem om zich heen verzamelt.'

Met grote ogen hoorde ik hoe hij mijn moeder duidelijk maakte dat zij niet alleen zijn eerste vrouw was, maar ook zijn laatste. Hij verklaarde dat hij nooit evenveel van een andere vrouw kon houden als van haar. Daarmee had het onderwerp voor hem afgedaan.

Wat hield ik van mijn vader. En wat was ik blij dat hij tevreden was met zijn kleine gezin vol vrouwen. Ik zou stinkend jaloers zijn geweest als ik hem met andere familieleden had moeten delen.

Moeder verschilde in alle opzichten van vader. Als vader lachte, fronste zij haar wenkbrauwen. In de loop der jaren heeft haar gezicht steeds ernstiger trekken gekregen. Mijn jeugdvriendinnetjes waren bang voor haar en als mijn moeder in de buurt was, deden ze altijd hun uiterste best zich netjes te gedragen. Hoewel ze toen het nog kleuters waren mild was geweest voor haar eigenwijze en ondeugende dochtertjes, nam haar tolerantie af toen we de kleuterschool verlieten. Ze hield van haar twee meisjes maar kon streng zijn en snel boos worden.

Als baby werd ik verschrikkelijk verwend, maar toen ik een jongedame was, verwachtte mijn moeder heel wat meer van me. Telkens als ik haar teleurstelde, nagelde ze me aan de grond door me met een ernstige blik aan te kijken. Vanaf dat moment negeerde ze me en weigerde me te erkennen tot ik me oprecht had verontschuldigd, wat ik meestal deed door een lange brief te schrijven waarin ik spijt betuigde van mijn tekortkomingen en de zorgen die ik haar had gegeven. Pas dan zocht ze me op, opende haar armen voor een welkome omhelzing, en zei: 'Ach lieve Maryam toch. Kom! Je moeder houdt van je.'

Moeder was een grote vrouw voor die tijd, met een lengte van een meter vijfenzestig. Haar haren waren bruin met een rode gloed, en zo dun dat ze ze altijd boven op haar hoofd opkamde, zodat haar kruin was bedekt. Als haar familie en vrienden haar met haar uiterlijk complimenteerden en bijvoorbeeld zeiden dat ze leek op de Italiaanse filmster Sophia Loren, ging haar stemming erop vooruit. Moeder weigerde tot diep in de nacht op te blijven omdat ze gelezen had dat Sophia Loren haar schoonheid ontleende aan het feit dat ze veel rust nam. Dus zei moeder elke avond om negen uur: 'Ik wens jullie allemaal een goede nacht. Sophia slaapt veel, dus geldt voor mij hetzelfde.'

Moeder stond altijd vroeg op, zodat ze oefeningen kon doen. 'Sophia heeft een flinke buste, maar weet toch een goed figuur te houden,' zei ze meestal. Ik herinner me dat ze de kop thee die ze 's ochtends dronk op haar buik plaatste, waarna ze zei dat de hitte goed voor haar buik was. Als haar buik eenmaal was opgewarmd, masseerde ze dat deel van haar lichaam met haar handen. Later keek ik toe als ze uiteenlopende soorten fruit en groente uitkoos, in tweeën sneed en het sap over haar gezicht en nek wreef. 'Dochters, luister goed naar je moeder,' zei ze. 'Ook het gezicht van een vrouw moet worden gevoed.' Die gedachte beviel me wel, al heb ik haar nooit gevraagd of Sophia Loren haar gezicht eveneens voedde.

Haar verlangen om op Sophia Loren te lijken, beïnvloedde ook haar make-up en kledingkeuze. Volgens moeder verscheen Sophia Loren nooit in het openbaar zonder volledige make-up en prachtige kleren, dus stelde moeder hoge eisen aan haar uiterlijk en verliet de woning nooit zonder haar gezicht te poederen, met modieus bijgewerkte wenkbrauwen en haar lippen voorzien van een perfect laagje van haar favoriete donkerroze lippenstift. Ze weigerde schoenen zonder hakken te dragen, ging altijd hooggehakt de straat op, met zijden kousen aan.

Mijn grootmoeder van moeders kant stierf een jaar of twee voor mijn geboorte, zodat ik niet kan zeggen of ze haar manier van doen van haar eigen moeder had geërfd, al vermoed ik dat dit het geval is. In de loop der jaren ben ik erachter gekomen dat mijn grootmoeder van moeders kant een hekel had aan haar echtgenoot, ondanks de vele jaren dat ze getrouwd waren en zijn aanhoudende pogingen om haar liefde te winnen. Het was duidelijk dat grootvader Hassen zijn intelligente krachtige vrouw aanbad, met zoveel passie dat ik ervan schrok toen ik over hun ongebruikelijke haat-liefdeverhouding hoorde. Ik was opgegroeid met het idee dat in mijn vaders familie veel ongelukkige verhoudingen voorkwamen en in mijn moeders familie iedereen tevreden was. Maar nu weet ik dat er onder het dak van elke woning vele familiegeheimen schuilgaan.

Moeder heeft me eens verteld dat de haat van haar moeder het gevolg was van het feit dat zij al op dertienjarige leeftijd werd gedwongen te trouwen met een man die ze niet kende. Het grootste deel van haar jeugd was ze zwanger geweest. Uiteindelijk kreeg ze tien kinderen – zeven dochters en drie zonen. Tijdens de aaneenschakeling van zwangerschappen bleef ze zich interesseren voor de wereld buiten haar woning en was ze een enthousiast voorstander van leren en studeren. Met haar grote intelligentie en door gretig te lezen was ze anders dan andere vrouwen in Afghanistan. Ze wilde vooral dat haar dochters een opleiding genoten, en als ze door het huis liep, sprak ze de volgende woorden als een mantra uit: 'Boeken zijn de beste vrienden in je leven. Boeken zijn de beste vrienden in je leven.' Maar haar grote intelligentie was een zwaard met twee zijden. Als vrouw in Afghanistan word je extreem beperkt en ondanks het feit dat haar familie moderner was dan de meeste andere, besefte ze door haar verstand des te meer hoeveel onrecht er bestond.

Haar echtgenoot, mijn grootvader van moeders kant, was een grote, knappe man die enkele van de hoogste posten in de Afghaanse regering bekleedde. Hij had nauwe banden met een van Afghanistans meest succesvolle koningen, Habidullah Khan, en er deden vele verhalen de ronde over het opwindende leven van grootvader Hassen, als vertrouweling van de machtigste man van het land.

Grootvader Hassen was goed bevriend met de jonge prins Habidullah, voordat die koning werd. Toen Habidullah na de dood van zijn vader Rahman Khan, die in 1901 in vrede stierf, koning werd, stapte grootvader probleemloos over op de rol van zijn rechterhand. Het was een van de weinige keren in de geschiedenis van Afghanistan dat een koning zonder chaotische toestanden werd opgevolgd, en de bevolking van Afghanistan bofte dat hun land, eindelijk, werd geregeerd door iemand die heel geschikt was voor die functie. Zijn vader had hem goed opgeleid, in alle takken van het landsbestuur, zodat hij helemaal voorbereid was tegen de tijd dat hij de troon besteeg.

Tijdens het bewind van koning Habidullah werd grootvader Hassen aangesteld als Afghaanse ambassadeur in Rusland. Hij moest vanwege zijn hoge positie naar Rusland verhuizen, maar tot ieders verbazing weigerde hij Kabul te verlaten. Op de een of andere manier wist grootvader Hassen zijn koning ervan te overtuigen dat hij Afghanistan beter van dienst kon zijn als hij in eigen land bleef, en hij vervulde zijn taak als Afghaans ambassadeur voor Rusland zonder daar ooit te wonen.

Onder het bewind van koning Habidullah bleef Afghanistan achttien jaar lang verstoken van grote politieke ellende, maar de goede tijden hielden niet aan. In februari 1919 was koning Habidullah samen met enkele van zijn mannen, onder wie mijn grootvader, in het Ghala-ul-Seraj paleis in Jalalabad, om op korhoenders te gaan jagen. Die nacht werd de koning in zijn slaap doodgeschoten.

Overal ter wereld werd gespeculeerd over wie de koning kon hebben vermoord. In Londen suggereerden de kranten dat Lenin vanuit Rusland de opdracht tot de moord had gegeven: 'Van Lenin en zijn vrienden is bekend dat ze het grootste belang hechten aan propaganda in Brits-India. Hun inspanningen hebben tot dusver nergens toe geleid, omdat de emir van Afghanistan hun afgezanten heeft tegengehouden, net zoals hij tijdens de oorlog Duitse afgezanten heeft tegengehouden.'

De gebeurtenis werd met grote interesse gevolgd door politici elders, vooral vanuit Engeland, Rusland en India, maar voor mijn grootvader en de rest van Afghanistan had het verlies verwoestende gevolgen. De grootste nachtmerrie van het land werd bewaarheid toen de nieuwe leider in moeilijkheden kwam. De nieuwe koning werd van alle kanten bekritiseerd. Omdat er niets is waar een regering meer door wordt versterkt dan door een oorlogsverklaring, was Afghanistan binnen vier maanden in een strijd met Groot-Brittannië verwikkeld. Deze oorlog heeft mijn familie veel leed bezorgd, want het was in deze oorlog dat mijn grootvader Ahmed Khan het leven verloor.

Tegen de tijd dat ik werd geboren, begon het geheugen van grootvader Hassen achteruit te gaan, zodat hij me niet volledig meer uit de doeken kon doen hoe het was om een koning te dienen. Ik herinner me dat ik samen met mijn neven en nichten zijn kamer in glipte en hij ons hartelijk ontving, in de veronderstelling dat we enkele oude bekenden waren. Met veel genoegen beschreef hij de rode uniformen van de gendarmes en zei dat hij een belangrijke rol had gespeeld bij de keuze van het gewaad. Hij babbelde wat over de verwikkelingen die tijdens de regeerperiode van koning Habidullah van belang waren. Tot onze grote vreugde riep hij soms bevelen naar ingebeelde bedienden: 'Zadel mijn paard! Ik ga op jacht met de koning!' Dan speelden we mee, en deden alsof we een zadel op een stoel hesen en hielpen hem overeind. Meermaals overviel hij ons met instructies om hem bij te staan met het voorbereiden van een geheim bezoek: 'Schiet op, schiet op! Laila het danseresje wacht op me.' Hij smakte zelfs met zijn lippen om aan te geven dat hij er veel zin in had.

Later heb ik mijn moeder naar het danseresje gevraagd: 'Wie is die Laila die voor grootvader Hassen gaat dansen?' Maar dan legde moeder haar vingers op haar lippen: 'Sst.' Later ben ik erachter gekomen dat Laila een exotische danseres was voor wie mijn grootvader veel belangstelling had getoond. Misschien was Laila een van de redenen dat mijn grootmoeder zo'n hekel aan haar echtgenoot had.

Maar toen mijn neven en nichten en ik nog jong waren, vonden we zijn verhalen heel spannend. We lachten met hem en als een van onze ouders of kindermeisjes de opschudding hoorde, werden we weggeroepen, waarna onze grootvader weer op zijn kussen werd gezet.

Wat vind ik het jammer dat ik hem niet heb gekend toen hij nog helder van geest was.

Ook spijt het me dat ik mijn grootvader van vaders zijde nooit heb ontmoet. Als hij nog had geleefd, had ik met mijn drie prachtige tantes kunnen kennismaken en met een blije grootmoeder, in plaats van met een door talloze zorgen gebroken vrouw.

De vrouw die bij ons woonde leek oud en verdord, zag er zelfs akelig uit in de ogen van het jonge meisje dat ik was. Ik ging weleens zitten en probeerde me, terwijl ik voor me uit staarde, haar legendarische schoonheid voor te stellen en hoe eens een machtig man sprakeloos was geweest bij de aanblik van haar gezicht.

Grootmoeder was zo timide en stil dat ze nauwelijks opviel als ze in de buurt was, hoewel ze vanaf de dag dat hij de galah had verlaten in de woning van mijn vader had gewoond. Als kind meende ik dat ze haar kleine slaapkamer zelden verliet vanwege haar verdriet en dat ze nooit echt deel uitmaakte van de familie. Ze at niet eens op hetzelfde moment als wij, dat deed ze alleen als er gasten aanzaten. Ik heb me nooit afgevraagd waarom ze altijd afwezig was, maar na de dood van mijn moeder heb ik mijn vader gevraagd waarom grootmoeder zich zo van ons afzijdig hield. Tot mijn schrik vertelde hij dat mijn moeder niet had toegestaan dat grootmoeder met ons gezin meedeed.

Toen ik dat hoorde, schoot me te binnen dat ik weleens enige blijdschap op haar gezicht had gezien, als ik haar kamer binnenglipte en bij haar ging zitten om met haar te praten. Maar dat had nooit lang geduurd, omdat ze me al gauw een kus op mijn wang gaf en zei: 'Ga maar weer naar je moeder. We moeten haar niet ongelukkig maken.' Nu weet ik waarom mijn bezoeken aan haar zo kort duurden. Het doet me pijn dat ik me geen enkele keer kan herinneren dat ze iets voor zichzelf vroeg, dat ze niet eens een lekker maaltje hoefde te hebben.

Het leven van mijn grootmoeder is ongelukkig geweest vanaf de dag dat de khan haar schoonheid zag en haar wilde hebben. Het trieste is dat haar leven zoveel gelukkiger zou zijn verlopen als ze er gewoner had uitgezien, of lelijk was geweest.

Mijn zus Nadia had het mooie uiterlijk van grootmoeder Mayana geërfd en stond bekend als een van de knapste meisjes van Kabul. Het was een groot meisje met schitterend lang haar dat langs haar perfect gevormde gezicht viel, met prachtige sensuele ogen en een fraai gevormde neus. Iedereen uitte zijn verbazing over haar ongewone schoonheid. Nadia was niet alleen erg mooi, maar ook nog eens zeer intelligent, altijd haalde ze de hoogste cijfers van de klas.

Nadia was bijna vier toen ik werd geboren. Ze had ervan genoten enig kind te zijn en alle aandacht van de familie te krijgen. Met mijn komst kreeg ze last van concurrentie van een zus. Toen ze tegen mijn moeder zei: 'Doe die baby weg!' moest mijn moeder lachen en stond ze niet stil bij de jaloerse woorden van haar oudste dochter. Ze was tenslotte nog maar vier jaar oud. Maar toen mijn moeder op een dag naar het toilet moest, vroeg ze Nadia op haar slapende zus te letten. Nadat ze was teruggekeerd, verheugde mijn moeder zich erover dat ik niet huilde, want ik was een drukke baby. Wel viel het haar op dat Nadia zo uitgelaten was, op en neer danste en uitbundig lachte.

Moeder zei dat ze rustig moest zijn: 'Je zusje slaapt.'

Nadia lachte en antwoordde opgewekt: 'De baby slaapt niet. De baby is dood.'

In paniek rende mijn moeder naar de slaapkamer en ontdekte dat Nadia kussens en dekens over mijn hoofd en lichaam had gelegd. Ze haalde de kussens en dekens van me af en zag hoe ik naar adem hapte. Tot ik de leeftijd had bereikt dat ik mezelf kon verdedigen, heeft mijn moeder me scherp in het oog gehouden.

Toen ik een kleuter was, begon Nadia me gelukkig te beschermen, maar in de puberteit bleek de jaloezie weer de kop op te steken en was de zusterlijke liefde van ondergeschikt belang. Ze wilde het voor het zeggen hebben en was erg streng. Als ze zich aan mij stoorde, aarzelde ze niet om me in mijn gezicht te krabben of me te slaan. Dat bleef doorgaan tot ze achttien werd. Waarna we een paar jaar uitstekend met elkaar op konden schieten, om vervolgens op volwassen leeftijd weer onenigheid te krijgen.

Ons gezinsleven was erg ingewikkeld.

Vaak heb ik me afgevraagd of mijn ouders er spijt van hebben gehad dat ze een tweede dochter kregen. Ik was zo'n opstandig kind dat het bij ons thuis altijd onrustig was. Al op heel jonge leeftijd bleek ik erg eigenwijs. Om de een of andere reden weigerde ik melk en vruchtensap te drinken als dat niet in een glazen flesje zat. Iets anders ging niet. Mijn moeder vertelde dat ik mijn lippen op elkaar kneep, mijn voorhoofd fronste, mijn ledematen stijf hield en me verzette tegen alle pogingen om me te voeden, totdat de rubberen speen op een glazen fles werd bevestigd. Mijn wanhopige moeder, grootmoeder en kinderjuffrouw Muma probeerden van alles, maar ik liet duidelijk blijken liever van de honger om te komen dan uit een andere fles te drinken, dus moesten ze zich wel overgeven.

Op mijn eerste verjaardag verergerde de situatie. Nadat ik de laatste drup melk of sap uit de fles had gezogen, pakte ik de fles, leunde achterover en sloeg hem tegen de muur, waarop hij in scherven uiteenspatte. Ik leek het geluid van brekend glas heel mooi te vinden, terwijl mijn zus en moeder gilden en de arme Muma toeschoot om het glas van de vloer op te ruimen. Ondanks reprimandes en een pak voor de billen, liet ik me niet ontmoedigen. Ten einde raad smeerde moeder hete chilipeper op de speen en zag vol ongeloof dat ik met een rood aangelopen hoofd liever brandend hete peper op mijn lippen had dan dat ik het opgaf om melk uit een glazen fles te drinken.

Toen ging de prijs van glazen babyflessen omhoog. Ze moesten worden geïmporteerd en al snel besteedde mijn moeder het grootste deel van het huishoudgeld aan dit soort dure spullen. Ten slotte greep een van de zes zussen van mijn moeder in. Met een ernstige blik op haar gezicht arriveerde ze bij ons thuis en hield een glazen fles voor mijn neus: 'Maryam, dit is het laatste glazen babyflesje in heel Afghanistan. De koning heeft besloten dat baby's niet langer uit glazen flesjes mogen drinken, dus als je dit exemplaar breekt, is het afgelopen.'

De hele familie kwam erbij staan om te zien hoe ik reageerde. Alle Afghanen luisterden naar de koning, zelfs de allerkleinste kinderen. Misschien zou mijn ergerlijke probleem eindelijk worden opgelost. Ik greep de fles, dronk de melk tot de laatste druppel op en keek mijn publiek voldaan aan, om vervolgens de fles tegen de grote stenen haard kapot te smijten.

Het verbaast me dat mijn ouders me toen niet hebben geslagen. Op de een of andere manier hebben ze me toch steeds weer nieuwe flesjes gegeven, tot ik ze op een dag niet meer nodig had.

Ik had nog een andere vervelende gewoonte. In Afghanistan komen de leden van het gezin in de woonkamer bijeen om hun avondmaaltijd te nuttigen. Die paar uren vormen het sociale hoogtepunt van het Afghaanse gezinsleven. Op de vloer lag een groot en schoon kleed, omringd met kussens. De maaltijd werd door onze mannelijke bediende opgediend en met de rechterhand genuttigd, zoals dat in onze cultuur gebruikelijk is. Als iedereen genoeg had, bracht dezelfde bediende een kan water, een kom en zeep. Op zijn arm lagen schone handdoeken, een exemplaar voor iedereen die zijn handen waste. De bediende liep rond en begon met de oudste van het gezin, en kwam als laatste bij de jongste, bij mij.

Dat handen wassen na afloop van het diner duurt slechts enkele minuten, maar ik had er altijd het grootste genoegen in om de ceremonie op te rekken, waardoor ik de andere gezinsleden en gasten gijzelde, want je hoort pas op te staan als iedereen klaar is. Ik hield vol dat mijn handen nog niet schoon waren of dat ik nog niet genoeg zeep had. Mijn arme familieleden moesten ongeduldig blijven wachten, terwijl de bediende heen en weer liep om de kan met water te vullen of de kom te legen.

Deze verwende gril van mij duurde tot op de dag dat mijn vader ons voor een familiebijeenkomst had meegenomen naar het huis van Shair Khan. Hoewel mijn ouders niet langer buiten de stad in Shairs galah woonden, had mijn vader de banden met zijn oudere broer niet volledig doorgesneden. Bij allerlei familiegelegenheden reisde ons kleine gezin nog naar de galah. Ik herinner me dat we aanzaten aan een grote maaltijd. Na afloop begon ik aan mijn gebruikelijke wasritueel, waste mijn handen en waste ze opnieuw. Mijn eigen gezin bleef zoals gewoonlijk wachten tot ik klaar was. Maar de familie van mijn vader had minder geduld. Men keek me geërgerd aan. Iedereen begon luid te zuchten, en tantes, neven en nichten begonnen opzichtig hun keel te schrapen.

De opvliegende broer van mijn vader, Shair Khan, verloor als eerste zijn geduld. Hij was er de man niet naar om rekening te houden met een kind, zeker niet met een vrouwelijk kind. Terwijl ik rustig met mijn kleine ritueel bezig was, verscheen plotseling zijn grote gestalte voor me en keek hij op me neer. Met mijn kleine handen onder de zeep verstijfde ik en keek omhoog naar wat ik meende dat de meest onheilspellende, monsterlijke man was. Hij had hypnotiserende ogen, een lange rechte neus en dunne lippen. Met luide stem klonk het dreunend: 'Jij! Satansdochter! Je bent klaar! Vanaf nu was je je handen maar één keer. Anders...' en hij boog zich voorover om het duidelijk te maken en zei bars dreigend: '... zal ik je vingers afhakken, meisje.'

Hij was erg overtuigend. Ik meende dat hij werkelijk in staat was om mijn vingers met zijn ceremoniële zwaard eraf te hakken. Hij maakte me zo bang dat ik meteen genezen was van mijn uiterst irritante handenwasverslaving. Hoewel mijn ouders niets zagen in het bedreigen van hun kinderen, ben ik ervan overtuigd dat ze Shair Khan voor deze ene keer dankbaar waren. Door zijn met angst vervulde kindertijd, vol dreigementen en straffen, vond mijn vader het moeilijk om zijn dochters te bestraffen, ook al wist hij dat het soms nodig was. Mijn gevoelige ouders waren beslist te tolerant als het aankwam op het bijbrengen van discipline aan hun twee eigenwijze dochters, in elk geval toen we klein waren.

En dan was er natuurlijk nog dat punt dat ik beslist als jongen wilde worden beschouwd, wat het ene drama na het andere opleverde, tot ik werd gedwongen om met de hele maskerade te stoppen. Ik weet werkelijk niet hoe mijn ouders ermee om konden gaan. Terugkijkend besef ik dat ik een van de gelukkigste meisjes van Afghanistan was, een land waar men vrouwen leert dat ze ongewenst zijn. Al deden zich in onze familie ook horrorverhalen met vrouwen voor, toch ben ik zo gelukkig geweest hier tot mijn tienerjaren niets van te weten.

Slechts weinig Afghaanse meisjes hadden het zo getroffen.

Ik ben in 1960 geboren, nog geen jaar nadat de emancipatie van vrouwen op gang kwam door de afschaffing van de sluier en de chador. Drie jaar eerder waren voor het eerst vrouwelijke omroepers voor Radio Afghanistan gaan werken. In de week van de onafhankelijkheid in 1959 verschenen de vrouwen en dochters van de koninklijke familie zonder sluiers, wat een nieuw tijdperk voor de Afghaanse vrouw inluidde. Hoewel de moellahs in een furieus protest uitbarstten, wierp onze premier Mohammed Daoud, vaders oude vriend van school, hen in de gevangenis.

De jaren zestig van de vorige eeuw vormden een bijzondere periode, toen men zich overal op aarde ging inzetten voor de mensenrechten en burgerrechten, en vrouwen vrijer werden dan voorheen. Maar mijn land was zo achtergebleven dat het op het gebied van vrouwenzaken eeuwen achterlag op vrijwel alle andere landen. Afghanistan bleef voornamelijk feodaal. Ondanks de introductie van industrie bleven de meeste families leven zoals ze dat al eeuwen hadden gedaan, waarbij de meeste Afghanen onder leiding stonden van stamhoofden of lokale krijgsheren.

Door het gezag van de stammen is het voor bijna geen enkele overheid mogelijk om veranderingen voor te schrijven, want het stammenrecht gaat voor het burgerrecht en dat geldt ook voor geloofswetten. Het recht van de sharia en de islamitische politie hebben het gezag om bepaalde wetten af te dwingen, merendeels familiewetten. Maar als stammenwetten met de sharia botsen, zullen de meeste Afghanen de stammenwetten volgen.

Volgens de islam zijn mannen en vrouwen voor God aan elkaar gelijk en hebben vrouwen verschillende rechten, zoals het recht om te erven, het recht om hun eigen huwelijkspartner te kiezen en het recht om te werken. Maar Afghaanse mannen hebben deze wetten altijd genegeerd, en zich in plaats daarvan gericht op die delen van de islamitische sharia waarin vrouwen door mannen worden overheerst. Zo telt volgens de sharia de getuigenis van twee vrouwen even zwaar als de getuigenis van één man. In scheidingszaken wint de man altijd.

Als er zoveel wetten zijn en zoveel groepen die zich weigeren te schikken naar de wetten van de regering, heeft elke regering in Afghanistan het erg moeilijk om de bevolking goed te besturen en worden vrouwen niet gehoord.

Ondanks alle misère hebben zich ook enkele positieve ontwikkelingen voorgedaan. Zo hebben meerdere Afghaanse koningen zich opgeworpen als hervormers, dappere lieden die hebben geprobeerd de beperkingen voor vrouwen te verminderen. Niemand wilde dat liever dan de zoon van koning Habidullah, de vorst waar mijn grootvader Hassen zo van hield. Terwijl zijn eigen vader honderd vrouwen had, nam koning Amanullah slechts één vrouw en toonde hij respect voor de vrouw met wie hij het bed deelde. Zodra de korte Engels-Afghaanse oorlog van 1919 voorbij was, wist hij wat hem als koning te doen stond en begon hij buitenlandse investeringen en de ontwikkeling van industrie te bevorderen. Later ondernam hij een poging om Afghanistan te moderniseren en moedigde hij de bevolking aan om de traditionele dracht te verwerpen en zich volgens de Europese mode te kleden. Hij wilde graag een uniform burgerrecht instellen, en was tot ieders verrassing uiterst modern als het aankwam op het leven van vrouwen. Hij streefde wetten na die 'de muren van de *purdah*' (de volledige afzondering van vrouwen) slechtten, de sluier afschaften, vrouwen recht op onderwijs gaven aan de zijde van mannen en meisjes verbood voor hun achttiende te trouwen. Volgens een andere opvallende wet mochten medewerkers van de overheid niet meer dan één vrouw hebben.

De dappere hervormingen van de koning vormden de eerste serieuze aanval op het kwaad van de vooroordelen waaronder Afghanistan, en vooral de vrouwen, had geleden zolang als men zich kon herinneren.

Er gloorde hoop voor vrouwen en de goed opgeleide vrouwelijke elite in de steden nam de moderne ideeën van de koning over. Maar op het platteland liep het anders. Daar stelde men zich al voor dat lichtzinnige vrouwen hun onbedekte gezichten aan vreemdelingen zouden tonen. Opgejut door stamoudsten en geestelijken werden de mannen zo kwaad door wat ze vreesden dat er zou gebeuren, dat ze in opstand kwamen. Uiteindelijk was koning Amanullah gedwongen Afghanistan te ontvluchten en naar Europa uit te wijken. Hij was te vooruitstrevend en werd om die reden onttroond. De hoop vervloog en diepbedroefd kropen de vrouwen van Afghanistan weer hun huizen in en trokken ze hun boerka's strakker.

De jaren die volgden leken erg op elkaar: de verwarring was verlammend en de stammen hadden het onderling met elkaar aan de stok. De ene koning volgde na de andere. Een van de koningen joeg alle Afghaanse burgers de stuipen op het lijf toen hij zijn vijanden vermoordde door ze met kanonnen te beschieten. Een andere koning was een onvolwassen negentienjarige jongen, die aanvankelijk te jong was, zodat zijn ooms in zijn plaats regeerden, al zou hij zich later bewijzen. Zonder krachtige koning was het een angstaanjagende puinhoop in Afghanistan, waarbij de onderlinge haat plotseling tot uitbarsting kwam in tientallen interne conflicten.

Maar wat bofte ik! Tegen de tijd dat ik ter wereld kwam en het leven van een jong Afghaans meisje leefde, stond er weer een verstandig man aan het roer. Vrouwen konden weer hopen op meer vrijheid. Onder beschutting van mijn vader had ik me nooit kunnen voorstellen dat de vrijheid die ik als vanzelfsprekend aannam niet meer was dan een luchtspiegeling, en dat elke Afghaanse vrouw weer onvoorstelbare onderdrukking en misbruik te wachten stond.

Er leefde nog altijd een oude vijand onder ons.

6

In vele opzichten heb ik een heerlijke jeugd gehad. Mijn liefhebbende ouders respecteerden elkaar, mijn eenvoudige grootmoeder was vriendelijk, zij het droevig, en ik werd door vele beschermende tantes, ooms, nichten en neven van de familie van moederskant afgeschermd van de harde werkelijkheid van onze buitenwereld. Tot mijn tiende levensjaar dartelde ik vrolijk rond in mijn familiecocon. Het belangrijkste was bovendien dat er vage aanwijzingen bestonden dat Afghanistans koning het land in een gematigder richting leidde als het op vrouwen aankwam, in elk geval in de hoofdstad Kabul. Hoewel mijn moeder niet de eerste vrouw was die haar sluier afdeed, kon ze een dergelijke moedige daad alleen op veilige plekken en bij veilige gebeurtenissen verrichten, zoals op de school waar ze werkte en thuis bij familie en vrienden. Nu, voor het eerst in haar leven, overtrad ze geen wet als ze in de stad ongesluierd over straat ging.

Vaak vertelde moeder over hoe blij haar familieleden waren toen het verlossende woord had geklonken dat de wet sluiers niet langer verplicht stelde. De jongens van Hassen startten hun scooters en de meisjes sprongen achterop, en ze reden zwaaiend met hun sluiers in een stoet door het centrum van de stad.

Mijn vader herhaalde het vaak: 'Dochters van me, jullie maken deel uit van een gelukkige Afghaanse generatie. Jullie krijgen een opleiding. De samenleving zal jullie waarderen voor wat je hebt bereikt.' Mijn ouders waren zo modern dat ze erop stonden dat onze opleiding voor alles ging. Nadia en ik kregen te horen dat we pas mochten trouwen als we waren afgestudeerd. Zelfs in onze tijd hadden maar weinig ouders zulke progressieve opvattingen over hun dochters.

We voelden ons zo veilig dat we zo dom waren te geloven dat er geen aandacht meer besteed hoefde te worden aan de vrijheid van vrouwen. Tragisch genoeg zou de toekomst van Afghanistan, mijn toekomst, anders uitwijzen.

Tot ik een jaar of vijf, zes was, dacht ik dat ik het vijfde kind van mijn ouders was en dat ik een oudere broer had, Farid, en behalve Nadia nog twee andere zussen, Zarmina en Zeby. Ik had me hen niet ingebeeld, maar het waren een neef en twee nichten van me, die bij ons woonden. Farid noemde mijn moeder zelfs 'moeder'. Dat ze zo nauw met ons gezin verbonden waren, had een hartverscheurende voorgeschiedenis.

Kort nadat mijn ouders en Nadia vanuit de galah naar de stad verhuisden, is Hakim, de oudste broer van mijn moeder, iets vreselijks overkomen.

Hakim was een idealistische man die werkte als afgevaardigde van Afghanistan. In de jaren voor en tijdens de Tweede Wereldoorlog was hij werkzaam op de Afghaanse ambassade in Berlijn. Toen Hakim in Berlijn arriveerde om zijn diplomatieke werk aan te vangen, zag hij tot zijn ontzetting wat er met de Duitse Joden gebeurde. Hoewel mijn oom Hakim zich er niet in het openbaar over uitsprak, maakte hij in stilte gebruik van zijn positie om visa te verstrekken aan Joden die het land wilden ontvluchten. Duitse Joden waren zo wanhopig op zoek naar veiligheid dat ze in Afghanistan wilden wonen, een primitief land vergeleken met Europa. Hoewel hulp aan Joden met de dood kon worden bestraft, voorzag Hakim de radeloze Joden van valse Afghaanse papieren. Hij hielp zelfs bij het vervoeren van Joden vanuit Berlijn door Duitsland naar de Zwitserse grens.

Ik was altijd onder de indruk van het feit dat oom Hakim zich nooit op de borst heeft willen slaan voor zijn menslievende daden. In feite vertelde hij nooit iets over het onderwerp, dat doet hij nog steeds niet. Hij wordt in verlegenheid gebracht als iemand hem prijst, zegt dat er veel meer mensen zijn die met de Joden sympathiseerden en dat hij niet de enige was die risico heeft gelopen. Toch gaf hij eens aan familieleden toe dat hij zich erover verheugde dat hij enkele Joodse wetenschappers had gered die zich later hebben onderscheiden in hun vakgebied.

Hakim bleef in Berlijn tot de oorlog was afgelopen, maar toen het eenmaal veilig was om te reizen, is hij naar Afghanistan teruggekeerd. Hij had zo lang geen contact met zijn familie in Afghanistan gehad dat men meende dat hij was omgekomen tijdens de vreselijke strijd om Berlijn, toen in 1945 de Russen de stad in trokken, waarbij duizenden burgerslachtoffers vielen. Het was zo'n dodelijke strijd dat het nieuws zelfs tot in Afghanistan doordrong. Na zijn onverwachte terugkeer in Afghanistan was de familie helemaal door het dolle heen van blijdschap, alsof Hakim van de dood terugkeerde.

Na te zijn opgegroeid in een familie waar de scholing van vrouwen werd aangemoedigd en na jaren in Europa te hebben gewoond, waar vrouwen vele rechten hadden, trouwde mijn oom, toen hij weer in Afghanistan ging wonen, met een hoogopgeleide Afghaanse vrouw, een directrice van een meisjesschool. Ze heette Zarine.

Tot hun grote vreugde kregen Hakim en Zarine twee kinderen, zoon Farid en dochter Zarmina. Toen Farid nog net geen zes was en Zarmina drie, kreeg Zarine ernstige hartproblemen. Ze kon niet in Afghanistan behandeld worden, waarop Hakims vrienden in Duitsland ervoor zorgden dat ze in dat land terechtkon voor de nieuwste behandelmethode.

Doordat de kleine Farid en Zarmina hun moeder misten, werden ze lusteloos en bedroefd. Mijn moeder bood aan om te helpen. Elke dag ging ze samen met Nadia en de kinderjuffrouw Muma naar het huis van haar broer, waar ze op de drie kinderen paste.

Uiteindelijk, na vier maanden, bereikte hen het welkome bericht dat Zarine op tijd zou terugkeren om Farids zesde verjaardag te vieren. Wat de familie niet wist, was dat de Duitse doktoren Zarine hadden gewaarschuwd dat ze niet moest reizen, dat haar hart zo zwaar was beschadigd dat haar leven gevaar liep als ze rechtstreeks vanuit het ziekenhuis een inspannende reis zou maken. In die tijd was een reis vanuit Europa naar Afghanistan zwaar en moesten reizigers verschillende malen op een ander vliegtuig overstappen. Maar Zarine was vastbesloten om de verjaardag van Farid niet te missen, dus negeerde ze de adviezen van de doktoren.

Alle leden van de familie Hassen vergezelden Hakim en zijn kinderen naar het vliegveld. Niemand wilde de gelukkige hereniging van het gezin missen.

Toen een gekrompen en vermoeide Zarine in zicht kwam, drong Farid tussen de mensen door en rende in de open armen van zijn moeder. Meteen daarna volgde Zarmina zijn voorbeeld. Moeder en kinderen lachten en huilden tegelijk, ook de toekijkende familieleden pinkten een traantje weg.

Plotseling hield Zarine op met lachen. Van het ene op het andere moment veranderde haar gezichtsuitdrukking van een lach in een onzekere blik. Er ging iets grondig mis. Het volgende ogenblik wankelde Zarine, terwijl ze haar kleine zoon nog in de armen had, en stortte neer op de harde vloer.

Buiten zichzelf van schrik rende Hakim op zijn vrouw af en riep: 'Ze is dood! Zarine is dood!'

Zarmina was te jong om te begrijpen wat er gebeurde, maar mijn neef Farid was helemaal over zijn toeren, huilde en riep om zijn moeder. Vanaf die tijd brachten Farid en zijn zus evenveel tijd bij ons thuis door als in hun eigen woning en deed mijn moeder haar best om de grote leegte op te vullen die de dood van Zarine had achtergelaten.

Door de tegenspoed in hun familie kreeg ik een 'oudere broer'. De moederliefde van mijn moeder creëerde een veilige plek voor de kinderen van haar broer. Zelfs toen oom Hakim later hertrouwde, met een lieve vrouw genaamd Rabeha, bleef Farid mijn moeder als zijn moeder zien. Zes maanden nadat ik werd geboren, kregen oom Hakim en tante Rabeha een dochtertje, Zeby. Zelfs toen ik uiteindelijk begreep dat Farid, Zarmina en kleine Zeby neef en nichten waren, bleven het voor mij broer en zussen.

Het bleek voordelig voor me om een oudere broer te hebben. In Afghanistan bieden broers bescherming en ik zou alle bescherming nodig hebben die ik kon krijgen.

Al vanaf heel jonge leeftijd was Farid mijn mentor. Hij was acht jaar ouder, onstuimig en knap, en in mijn beleving wist hij alles. Als gevolg daarvan noemden zijn zus Zeby en ik hem onze *Agha*, wat 'baas' betekent. We volgden elk bevel van Farid op.

Ik herinner me dat Farid besloot dat ik, als ik dan toch zo graag een jongetje wilde zijn, er dan ook maar een moest worden. Er was geen enkele aanleiding voor Zeby om daar niet van mee te genieten, dus deed ze mee. Farid zei dat we stil moesten blijven zitten terwijl hij de lijm op onze wangen smeerde. Waarna hij schapenwol op ons gezicht aanbracht. Vervolgens gaf hij ons twee van zijn oude jongenspakken waar hij uit was gegroeid en commandeerde ons die aan te trekken. Hij keek toe hoe we heen en weer liepen en kondigde ten slotte aan dat we de test voor 'mannelijkheid' hadden doorstaan. Toen kreeg hij weer een idee en zei: 'Omdat ik jullie in mannen heb veranderd, wil ik dat jullie bij mijn grootvader van moederskant op bezoek gaan. Hij is zo oud dat de meeste van zijn vrienden dood zijn. Hij zit meestal heel eenzaam in zijn kamer.' Farid meende dat Zeby en ik voor enkele van zijn oude vrienden konden doorgaan en de oude man zouden opvrolijken. 'Speel maar gewoon met hem mee,' zei Farid.

Toen Zeby en ik de kamer van de oude man in werden geleid, klaarde zijn gezicht op en hij riep: 'Hé, Fazal Khan!' Hij leek zich even te verbazen en bestudeerde onze kleine gestaltes, en vroeg: 'Fazal, waarom ben je zo klein geworden? Krijg je geen eten meer van je vrouw?'

De oude man liep op ons af, en Zeby en ik gilden het uit van angst en renden, tot ontzetting van Farid, de kamer uit.

Toen ik een jaar of negen was, werd Farid achttien. Hij was erg groot geworden en had dik bruin haar, sprankelende bruine ogen en een glimlach op zijn gezicht. Er werd beweerd dat hij knapper was dan de Amerikaanse filmster Rock Hudson. Belangrijker voor mij was dat Farid kon gaan en staan waar hij maar wilde. Hij kon alle kleren dragen die hij mooi vond, zelf zijn vrienden uitkiezen, zo snel rijden als hij wilde en zelfs sigaretten roken, allemaal dingen waarnaar ik eveneens verlangde.

Farid voelde mijn ontevredenheid aan en speelde het spel dat ik een jongen was mee. Bij mijn vrienden introduceerde hij me als zijn 'broertje' en hij stond me toe om hem te vergezellen bij zijn opwindende avonturen. Zo pretendeerde hij Batman te zijn en reed met een zo hoog mogelijke snelheid door de straten van Kabul. Op een keer zaten we in de tuin. Ik begon weer te klagen: 'Farid, waarom kan ik niet net als jij een jongen zijn? Jongens kunnen alles doen wat ze willen.' Ik pauzeerde. 'Jongens kunnen iedereen blij maken, alleen door te leven.'

Farid keek even nadenkend voor zich uit en antwoordde vervolgens: 'Maryam, ik zal je iets verklappen. Het is mogelijk dat meisjes jongens worden.'

Ik spitste mijn oren.

'Er is een Amerikaanse dokter die een heel bijzondere operatie heeft uitgevoerd,' fluisterde hij. 'Je kunt als meisje het ziekenhuis ingaan en er als jongen weer uitkomen. Zomaar! Pure tovenarij!'

Ik was meteen bereid om de operatie te ondergaan. 'Komt die Amerikaanse arts ooit naar Kabul?'

'Ja, ik heb gehoord van wel. Maar voor het begin van de operatie moet je een penis kopen.'

Meteen voelde ik me wanhopig. Ik wist zeker dat geen enkele man me zijn penis zou willen verkopen, hoeveel ik ook betaalde. Toch vroeg ik: 'Waar kan ik als meisje een penis kopen?'

Hij zei: 'Dit is vertrouwelijk, Maryam. Je kunt je voorstellen dat er veel vraag is naar penissen. Daarom worden ze alleen ingeslagen in de binnenstad van Kabul, in het warenhuis Hamaid Zada. Als je daarnaartoe gaat, kun je er gewoon naar vragen.'

Meestal vroeg ik mijn vader om met me mee te gaan als ik wilde winkelen, maar hij was net enige tijd het land uit, om te worden geholpen aan een geheimzinnige ziekte. Nu mijn vader weg was, moest ik mijn moeder ervan zien te overtuigen om me mee te nemen naar het warenhuis Hamaid Zada. Mijn moeder had uiteraard geen idee waar het mij om te doen was, dus stond ze met haar oren te klapperen toen ik de winkelmedewerker, zo waardig mogelijk, vroeg: 'Een penis, graag.'

De grote, bleke ogen van de bediende puilden uit zijn hoofd en zijn onderlip zakte omlaag. De arme man was sprakeloos.

Ik drong zozeer aan dat de manager van de winkel werd gebeld. Die gechoqueerde man begon nerveus te lachen: 'Zoiets verkopen we hier niet,' zei hij afkeurend. 'Wie zou zoiets willen kopen?'

Ik barstte in tranen uit toen uiteindelijk tot me doordrong dat mijn laatste hoop om een jongen te worden de bodem in werd geslagen. Het was slechts een van de practical jokes van Farid. Toch kon niets mijn relatie met Farid bekoelen.

Al snel zou mijn zorgeloze kindertijd voorbij zijn. Tot grote ontzetting van mijn familie kregen we te horen dat mijn vader kanker had. Mijn gelukkige leventje eindigde op slag toen in Rusland bij het onderzoeken van zijn gezondheidsproblemen werd vastgesteld dat het blaaskanker was.

Onze hele familie was lamgeslagen van ellende. Niets zou ooit nog hetzelfde zijn. Vader nam ontslag van zijn hoge post in het leger. Hij kreeg geen loon meer, al zou hij nog wel een kleine toelage van het Rijk blijven ontvangen. Mijn moeder zou de enige zijn die ons gezin onderhield. Het ergste was nog wel dat mijn vader vele maanden bij zijn familie weg zou zijn, op zoek naar een behandeling, in Rusland, want in Afghanistan kon men er niets tegen uitrichten.

Mijn vader was gedurende het grootste gedeelte van zijn leven ziek geweest en ik ben ervan overtuigd dat stress een van de oorzaken van zijn ziekte is geweest, want ik heb gehoord dat stress een gezond immuunsysteem kan ondergraven, met kanker en andere ernstige ziekten als gevolg. Al vanaf heel jonge leeftijd had mijn arme vader onder enorme druk gestaan.

Nadia en ik kwamen zonder ouders te zitten toen werd besloten dat mijn moeder hem naar Rusland zou vergezellen. Hij zou er voor de eerste keer worden geopereerd en vervolgens worden behandeld. Niemand kon aangeven hoelang ze weg zouden blijven en zelfs niet of mijn vader het zou overleven, want in die dagen werd de diagnose kanker beschouwd als een doodvonnis. Ik hoorde volwassenen tegen elkaar zeggen: 'Ajab keert gehuld in een doodskleed weer terug.'

Ik rilde als ik eraan dacht en stond vele angsten uit.

Nadia en ik werden overgelaten aan de goede zorgen van onze grootmoeder, kinderjuffrouw Muma en Askar, de mannelijke bediende van ons gezin. Askar had voor ons gezin gewerkt vanaf het moment dat mijn vader een legerofficier was. Askar was een kleine man met een volle baard en zwarte ogen. Hij was erg aardig en had een ongewoon gevoel voor humor. Net als Farid kon hij me aan het lachen maken als ik me droevig voelde. Na een paar jaar in Kabul te hebben gewoond, had hij afstand gedaan van zijn traditionele kleren en was zich erg stijlvol gaan kleden.

Verder woonden de broers van mijn moeder, Hakim en Aziz, met hun vrouwen dicht in de buurt en konden ze waar nodig bijspringen, maar ondanks de warmte van onze familie kon niets onze verlatingsangst wegnemen. Zelfs Farid was er niet meer om me met zijn charme te betoveren, want in onze familie worden de kinderen naar het buitenland gestuurd voor een universitaire opleiding en Farid was voor zijn studie naar India vertrokken.

Ik voelde me zo ellendig dat ik onophoudelijk huilde en tot God bad om mijn ouders terug te brengen. Als enige troost droomde ik van een telefoontje uit Rusland. Dan belde mijn vader op en zei me dat hij genezen was en ik hem op woensdag zou weerzien op het vliegveld van Kabul. Op die dag van de week landde altijd het enige vliegtuig uit de Sovjet-Unie.

Omdat ik meende dat God me een bericht had gestuurd, bereidde ik me elke woensdag voor op een trip naar het vliegveld.

Tot mijn grote teleurstelling duurde de afwezigheid van mijn ouders negen maanden. Toen keerde moeder terug naar Kabul. Met ons hart kloppend in de keel vreesden we dat ze ons zou vertellen dat vader was gestorven en ver weg in Rusland begraven. Maar moeder verzekerde ons van het tegendeel: 'Niet zo droevig kijken meisjes! Jullie vader is springlevend. Hij sterkt aan. Ik ben alleen maar teruggekeerd omdat ik niet langer zonder mijn familie kan. Binnenkort zal jullie vader ook thuis-komen.'

Net toen ik de hoop had opgegeven en meende dat mijn moeder de waarheid voor ons verborgen had gehouden en mijn vader dood en begraven was, verscheen hij als bij toverslag weer in Kabul. Tot verrassing van iedereen stond mijn vader recht-overeind. Hij vertelde ons dat de Russen de beste medische zorg hadden geleverd die er bestond, en dat door hun wonderbaarlijke kuren de kanker was teruggedrongen.

Nog nooit was ik zo blij geweest!

Maar mijn vreugde was van korte duur, want de dood hing als een donkere scha-duw over ons huis. Mijn vader bleef kwakkelen. Hij keerde niet terug naar zijn werk maar wandelde in plaats daarvan traag door onze buurt en ging op bezoek bij fami-lieleden en oude vrienden.

Vanaf de dag dat de levensbedreigende ziekte was vastgesteld, was er een einde gekomen aan mijn kinderlijke gedrag. Hoewel ik me op school nog opstandig gedroeg, werd ik thuis een goede dochter. Ik was toegewijd aan mijn ouders, kook-te en deed allerlei ander huishoudelijk werk. Maar iedereen in mijn familie rea-geerde op een andere manier op de veranderingen in ons gezin, en nu begon mijn zus Nadia moeilijk te doen. Ze klaagde onophoudelijk over moeder en maakte sten-nis om niets, bijvoorbeeld om wat we gingen eten.

Mijn arme moeder werd er prikkelbaar van, moe als ze was van haar volledige baan voor de klas, een man met een twijfelachtige gezondheid en een dochter die er vreugde in schiep om haar lastig te vallen. Vaak hoorde ik haar bij het naar bed gaan verzuchten: 'Wat heb ik gedaan, God? Wat heb ik gedaan dat ik zo'n dochter heb verdiend?'

Al het zachte aan mijn moeder begon scherpe kanten te krijgen. Terwijl ze meer en meer te doen kreeg en haar zorgen toenamen, krulden haar lippen en nam haar gewicht in hoog tempo af, waardoor haar neus en kin steeds hoekiger werden. Zelfs haar eens diepe sensuele stem begon schril te klinken.

Onze vader was nog maar een paar maanden thuis toen de ziekte weer de kop opstak en hij voor een behandeling naar Rusland terugkeerde. Dit gebeurde telkens opnieuw en al snel was hij vaker in het buitenland dan thuis.

Als vader weg was, ontbrak de kern van ons gezin.

Vervolgens kregen we een tweede shock te verwerken, want grootmoeder Mayana overleed. We dankten Allah dat vader tussen twee medische behandelingen door net thuis was, toen grootmoeder ziek werd. Nooit had grootmoeder Mayana geklaagd en om problemen tussen mijn vader en mijn moeder te voorkomen, hield ze zich spookachtig stil. Ik was gewend om elke dag bij haar langs te gaan om haar even gezelschap te houden. Op de dag dat ze ziek werd, kuierde ik haar kamer in en ontdekte dat ze nog in bed lag. Het was halverwege de middag.

Ik was stomverbaasd. 'Grootmoeder, is alles goed?'

Ze schudde haar hoofd en fluisterde zwakjes: 'Maryam, ik kan heel moeilijk naar het toilet. En het lukt me niet meer om me ceremonieel te wassen en te bidden.'

Mijn grootmoeder was uiterst gelovig en sloeg nooit een van de vijf dagelijkse gebeden over. Maar ik was nog maar een jong meisje en wist niet wat te doen. Om de een of andere reden heb ik mijn moeder niet gewaarschuwd en gewacht tot mijn vader thuiskwam. Toen hij binnenkwam, rende ik huilend op hem af: 'Er is iets helemaal mis met grootmoeder.'

Hij spoedde zich naar haar kamer, kwam weer naar buiten en bereidde een licht maaltje voor haar. Hij probeerde haar wat eten te geven, maar had weinig succes.

Mijn vader belde bij het huis naast ons aan, waar een vrouwelijke, Russische dokter woonde die wel bij ons wilde langskomen.

Ik stond in de deuropening terwijl zij haar medische instrumenten tevoorschijn haalde en de bloeddruk van grootmoeder mat. 'De bloeddruk is erg laag,' zei ze met een blik op haar instrument. 'Te laag,' zei ze op een onheilspellende toon. Ze keek mijn vader veelbetekenend aan. 'Ze moet eten. Ze is erg zwak.'

Mijn vader knikte. 'Ja. Ik zal haar te eten geven.'

De rest van de avond zaten mijn vader en ik om en om bij grootmoeder. Omwille van ons probeerde ze te eten, maar ze kon nauwelijks slikken. Ik ging naar de keuken en maakte haar favoriete drankje klaar, zoete limonade, en ze nipte er een beetje van.

De volgende ochtend rende ik naar haar kamer om te zien hoe ze eraan toe was.

De wanhopige blik op haar gezicht maakte me bang. 'Maryam,' fluisterde ze, 'haal je moeder.' Nog nooit had grootmoeder om mijn moeder gevraagd.

'Moeder,' riep ik op haar af rennend. 'Grootmoeder vraagt om je.'

Mijn moeder stond op, staarde me zwijgend aan en liep vervolgens langzaam naar de kleine kamer van grootmoeder. Ik keek toe hoe moeder haar naar het toilet hielp, waar grootmoeder zich waste, zodat ze kon bidden. Toen kroop ze terug in haar bed en sloot haar ogen. Ze zag eruit als een lijk.

Moeder en ik keken elkaar zwijgend aan, waarna moeder de dokter belde. Dezelfde Russische dokter kwam en na een kort onderzoek zei ze: 'Haar hart houdt ermee op. Ze heeft nog maar een paar uur te leven.'

Ik was buiten mezelf van angst en had plotseling spijt dat ik niet veel vaker bij mijn lieve grootmoeder was geweest. Ik rende op haar af en pakte haar verschrompelde hand.

Grootmoeder opende haar droeve ogen. 'Maryam,' fluisterde ze, 'ga naar school, meisje.'

'Ik wil bij je blijven,' zei ik met brekende stem.

Ze knikte even en zei: 'Meisje, wil je mijn speciale kist voor me halen?'

Ik wist dat ze een grote kist in haar kamer bewaarde, maar had nooit geweten wat voor schatten erin zaten. Eerbiedig sleepte ik de kist naar haar bed.

Ondertussen was mijn moeder teruggekeerd.

Grootmoeder keek veelbetekenend naar haar schoondochter en zei: 'Sharifa, kijk in de kist als ik dood ben. Er zit genoeg geld in om me te begraven. Ik heb lang gespaard, zodat mijn zoon niet voor mijn begrafenis hoeft te betalen. Begraaf me alsjeblieft in Paktia. Sharifa, breng me alsjeblieft naar huis terug.'

Jong als ik was, kon ik er niet tegen dat er over de dood en een begrafenis werd gesproken. Ik herinner me dat ik de kamer ben uit gerend en me in de gang heb omgedraaid en weer de kamer ben in gerend. Ik keek naar de klok. Het was halfelf 's ochtends toen mijn grootmoeder haar laatste adem uitblies.

Even later kwam mijn vader thuis en hoorde dat zijn geliefde moeder was overleden. Hij holde naar binnen, staarde naar haar lichaam en begon te huilen, hij huilde als een klein kind. Ik had mijn vader nog nooit zien huilen. Ik rende op hem af en keek in zijn treurende gezicht. Hij schudde hevig en zei: 'Dochter, ik treur om het droevige leven van mijn moeder.'

Mijn moeder was minder emotioneel, maar zei: 'Je grootmoeder was een engel, Maryam.'

Moslims moeten binnen vierentwintig uur na hun dood worden begraven, dus reden we enkele uren later naar de provincie Paktia, naar het dorpje waar mijn grootmoeder was geboren en de eerste zestien jaar van haar leven had gewoond. Daar deed mijn moeder haar lichaam in bad, samen met de vrouwen en dochters van Shair, en ze wikkelden haar in een schone witte lijkwade. Vervolgens werd ze door de mannen van de familie meegenomen, die haar lichaam aan de aarde toevertrouwden.

Ik kon nauwelijks geloven dat mijn grootmoeder dood was. Ze was er mijn hele leven geweest, rustig en vriendelijk. Zonder mijn grootmoeder was onze woning leeg, ondanks het feit dat ze nauwelijks aan ons gezinsleven had deelgenomen. Al was ik nog een kind, toch wist ik diep vanbinnen dat mijn grootmoeder bij ons thuis niet goed was behandeld. Binnen twee weken waren de persoonlijke bezittingen van grootmoeder verdwenen en was haar kleine toevluchtsoord veranderd in een formele eetkamer.

Ik werd geplaagd door schuldgevoel, want ik vond dat ik haar had verwaarloosd, en ik had er nooit aan gedacht om mijn eenzame grootmoeder mee te nemen voor een wandelingetje of haar wat extra aandacht te schenken. Toen ik een tiener werd, bleef dat aan me knagen. Op een dag verzamelde ik de moed om mijn vader ernaar te vragen: 'Waarom zat grootmoeder altijd in haar kamer? Waarom deed ze niet mee met ons gezin? Waarom zat ze niet bij ons en at ze niet met ons mee? Waarom moest ze zo'n eenzaam leven leiden, zelfs in het huis van haar zoon?'

Mijn vader bekende: 'Je grootmoeder heeft bij ons gegeten, aanvankelijk. Maar je moeder drong erop aan dat iedereen aan tafel ging zitten en met mes en vork at, en dat vond je grootmoeder niet prettig. Ze zat liever op de grond en at met haar vingers, zoals ze dat vanouds gewend was. Daarom heb ik je moeder gevraagd om het bij het oude te laten. Toen jij en je zus nog klein waren, hebben je moeder en ik hierover een knallende ruzie gehad. Je moeder pakte haar koffers en zei dat ze vertrok. Ze wilde scheiden en zei dat ik mijn moeder maar moest meenemen en dat zij de dochters zou krijgen.'

Mijn vader keek me aan en zuchtte diep: 'Ik vertelde haar dat ze dan maar moest vertrekken, als ze dat wilde. Je grootmoeder hoorde het tumult en kwam haar kamer uit. Toen ze merkte dat we over haar ruzieden, zei ze: "Laat je vrouw niet gaan, zoon. Ik heb mijn leven achter me. Vanaf nu zal ik in mijn kamer blijven en me nooit meer tussen jou en je vrouw begeven."'

Er ging een golf van misselijkheid door me heen en ik haatte mijn moeder om wat ze had gedaan. Haar houding had de liefste vrouw die ik had gekend veel ellende bezorgd.

Met neerhangende schouders liep mijn vader weg, het was duidelijk hoe hij zich eronder voelde.

Al snel werd mijn vader weer ziek. Bij die gelegenheid reisde mijn moeder niet met hem mee. Na mijn grootmoeder te hebben verloren en in de wetenschap dat mijn vader ernstig ziek was, klampte ik me vast aan mijn moeder. Ik raakte in paniek als ik merkte dat mijn moeder weg was. Als ze voor wat boodschappen het huis verliet, ging ik op het balkon staan wachten en bad dat ze onderweg niet door een snel rijdende auto zou worden overreden of ziek zou worden. Als ik ten slotte haar gestalte in de verte waarnam, rende ik op haar af en verwelkomde haar alsof ze weken was weggeweest.

Ter vergroting van mijn angst ontwikkelde mijn moeder de onnadenkende gewoonte om me allerlei nare voorspellingen te doen: 'Je vader gaat dood, Maryam. Hij gaat dood. Als hij sterft, zal zijn broer Shair komen en jou en Nadia meenemen naar zijn galah. Shair zal je met een van zijn zonen laten trouwen als je boft en als je pech hebt met een oude man. Bereid je er alvast maar op voor, Maryam. Je zult met een wrede man trouwen. En je zult je moeder nooit meer mogen zien.'

Door het beeld dat moeder me voorhield, werd ik helemaal panisch. In Afghanistan heeft de broer van een dode man vanaf het moment van overlijden het volle gezag over de vrouw en kinderen van zijn broer. We wisten niet zeker of Shair Khan zijn mannen werkelijk naar Kabul zou sturen om de vrouw en dochters van mijn vader op te halen en met hen te doen wat hij wilde, maar vanwege zijn wrede gewoonten en zijn gedrag in het verleden bereidden we ons op het ergste voor.

Moeder was doodsbenauwd dat ze haar dochters zou verliezen en slaagde er niet in die vrees voor zich te houden. Haar onnadenkende veronderstellingen verontrustten haar jongste dochter zozeer dat ik hele nachten lag te bidden: 'Allah, wilt u vader alstublieft naar huis sturen! Alstublieft God, genees hem van zijn kanker. Alstublieft Allah, zorg ervoor dat Shair Khan me niet in handen krijgt. Ik ben nog maar een kind, God, te jong om een vrouw te zijn.'

Mijn moeder werd zo paranoïde dat ze geloofde dat Nadia en ik nog voor de dood van onze vader zouden worden gekidnapt. Ze waarschuwde Nadia en mij: 'Als ik niet in staat ben naar school te komen om jullie op te halen, stap dan nooit in een andere auto dan in die van onze chauffeur of van jullie vader. In dit land worden dagelijks jonge meisjes ontvoerd. Jullie zullen worden weggevoerd en aan een oude man uitgehuwelijkt, of aan een theehuis om als danseres aan de slag te gaan.'

Wat waren we bang.

Op een dag verlieten Nadia en ik de school in de veronderstelling dat moeder ons op de gebruikelijke plek zou staan op te wachten om ons naar huis te brengen. Maar moeder was nergens te bekennen. Al snel zagen we Askar, die in een taxi zat. Hij gebaarde naar ons dat we bij hem moesten komen en riep: 'Jullie moeder is met het eten bezig. Ze heeft me gestuurd om jullie thuis te brengen.'

Hoewel Askar al zolang we het ons konden herinneren bij onze familie was, voelden we ons niet prettig dat de dagelijkse routine werd doorbroken. Nog niet eerder was Askar ons per taxi komen ophalen. Nadia en ik keken elkaar waarschuwend aan. Zou Askar door Shair Khan zijn omgekocht? Was onze trouwe bediende ons niet langer trouw? Wilde hij ons ontvoeren om ons op de galah af te leveren? Was dit de ontvoering waarvoor onze moeder ons had gewaarschuwd?

We wiebelden van de ene voet op de andere, om maar te voorkomen dat we in die taxi moesten, met mogelijke ontvoerders.

Het geduld van Askar begon op te raken en hij riep: 'Kom in de taxi, nu! Wat treuzelen jullie nou?'

Omdat we niet wisten wat we anders moesten doen, klauterden Nadia en ik voorzichtig op de achterbank van de taxi. Onze grootste angst werd bewaarheid toen de taxichauffeur in de tegenovergestelde richting reed van ons huis.

Askar keerde zich om en legde het uit: 'Jullie moeder heeft me gevraagd nog wat fruit op de markt te kopen.'

Nadia wist dat de fruitmarkt zich in het oude deel van Kabul bevond, een flink eind weg van onze buurt. Ze begon te huilen. Ik voelde pijnscheuten door mijn maag trekken. De angstgevoelens van onze moeder had ons in de greep gekregen. We werden ontvoerd!

In koor begonnen we te gillen. Askar en de taxichauffeur keken naar ons alsof we ons verstand hadden verloren.

Askar riep: 'Hou je kop, stomme meiden!' Maar dat leidde er alleen maar toe dat we nog luider begonnen te huilen.

Al snel arriveerden we op de fruitmarkt en Askar, die baalde van ons gedrag, sprong de taxi uit en liet ons aan ons lot over. Ik wierp een blik op de taxichauffeur. Het was een man met een harde kop die gemeen uit zijn ogen keek. Ook hij sprong uit de wagen en liep naar enkele vreemde mannen die in de bazaar stonden. Terwijl hij met hen sprak, keerden deze mannen zich naar ons en keken ons aan, woedend. We waren ervan overtuigd dat ze tot het complot behoorden.

'Ik moet naar het toilet, Nadia,' zei ik tegen mijn zus. 'Vlug.' We wisten dat er op de bazaar geen toilet voor vrouwen was. Ik had me voorovergebogen van de pijn en de niet te controleren waterige diarree.

Nadia pakte een plastic zak uit de auto en zei: 'Hier, doe het hierin.'

Ik deed mijn uiterste best, maar besmeurde mijn kleren en de taxi. Hoewel Nadia de zak uit het raam op straat wierp, stonk het geweldig in de taxi.

Toen de chauffeur Nadia de zak zag weggooien, stampte hij naar de taxi en deinsde vervolgens terug, en er klonk een vreemd geluid in zijn keel. 'Wat ruik ik nu?'

Nadia en ik begonnen weer te huilen.

Ondertussen was ik overgegaan op hysterisch gehik, maar met de moed van de angst schreeuwde ik: 'Ga je ons ontvoeren? Alsjeblieft, doe het niet! Ik wil niet met een oude man trouwen! Ik ben nog maar een kind!'

De chauffeur deinsde verontwaardigd achteruit. Hij brieste van de ingehouden woede en gluurde naar me terwijl hij ongeduldig met zijn voet op de stoep tikte. Nadat Askar met zijn fruit terugkeerde, opende de chauffeur de deur en beval ons uit zijn taxi te stappen.

'Wat is er aan de hand?' vroeg Askar met een verwilderde stem.

De woede van de taxichauffeur was ondertussen tot het kookpunt gestegen. Hij schreeuwde: 'Haal die schijtende kinderen van je uit mijn taxi! Kijk wat ze hebben gedaan!' Gillend wees hij op de plastic zak: 'Ze hebben mijn taxi verpest! Haal ze hier weg!'

Ook Askar was in woede ontstoken toen hij merkte dat we in de bazaar waren gestrand zonder een taxi in de buurt. Pas na een uur te hebben rondgelopen, vonden we weer een taxi. Tegen die tijd had Askar alles van ons gehoord.

Askar was een bediende, maar hij had wel degelijk zijn trots en waakte voor zijn reputatie. We hadden hem in de bazaar vernederd, een plaats die hij vaak bezocht. Nadat we waren thuisgekomen, schreeuwde hij naar onze moeder, legde uit wat er was voorgevallen en beschuldigde haar: 'Met die gestoorde voorspellingen van u hebt u twee krankzinnige kinderen geschapen.'

Ter verdediging van mijn moeder moet gezegd worden dat Afghanistan een land was waar meisjes en jongens vaak worden ontvoerd om gebruikt te worden als seksspeeltjes of als slaven. In mijn land hadden kinderen geen wettelijke en humanitaire rechten. Haar angsten waren niet volledig ongegrond.

Eén keer ben ik werkelijk bijna ontvoerd. Dat was in 1973, een paar maanden nadat mijn vader was teruggekeerd van zijn laatste behandeling. De heilige maand ramadan was afgelopen, de maand waarin moslims van zonsopgang tot zonsondergang vasten om in overdrachtelijke zin hun zonden weg te branden. Op de eerste dag van de maand na de ramadan wordt er feest gevierd, het feest van het breken van het vasten of Eid ul-Fitr.

Als ik het goed heb, vond Eid dat jaar in de winter plaats, de beste periode, omdat de scholen in Afghanistan in de winter drie maanden dicht zijn, anders dan in de meeste landen, waar dat in de zomer gebeurt. Door onze harde winters is het bijna onmogelijk om 's winters naar school te gaan. De Afghanen uit de midden- en hogere klasse trekken 's winters naar Jalalabad, een van de mooiste steden van Afghanistan en mijn favoriete stad. Alle familieleden van mijn moeder kwamen voor de ramadan naar het huis van haar broer in Jalalabad en het Eid-feest.

Mijn kleine wereld stond helemaal op de kop omdat mijn vader thuis was en ik met mijn neven en nichten Eid vierde. Ik sprak weliswaar niet langer over mijn wens om een jongen te worden, maar had nog altijd kort haar en bekommerde me weinig om de vrouwelijke kleren waarvan mijn zus en nichten zo hielden.

Mijn nicht Zeby en ik waren druk aan het vliegeren. We waren nog jong genoeg om te kunnen ontsnappen aan terechtwijzingen over het feit dat we samen met de jongens jongensspelletjes speelden. Ik hoorde verschillende familieleden zeggen dat ik meer mannelijk was dan vrouwelijk en ik geef toe dat hun waarneming me van plezier deed blozen.

Tijdens ons verblijf in Jalalabad besloten mijn ouders een vijftig kilometer ten noorden van de stad gelegen islamitisch heiligdom te bezoeken, in de buurt van de Pakistaanse grens. Mijn moeder zei dat we daarnaartoe moesten om voor al onze problemen te bidden. Het land was in grote nood, zei ze, net als ons gezin.

Vanaf 1969 had het in Afghanistan drie jaar achtereen niet geregend, waarna het in de winter zwaar was gaan sneeuwen en er in de lente grote overstromingen volgden. De droogte en de daaropvolgende overstromingen maakten het voor Afghaanse boeren onmogelijk om te oogsten. Op het platteland heerste dan ook een vreselijke hongersnood. Omdat we in Kabul woonden en onze regering dergelijke calamiteiten geheimhield, hoorden we pas van de perikelen met de droogte nadat er een grote groep merkwaardig uitziende Amerikaanse hippies in de stad belandde, waarna het nieuws de ronde deed dat de plattelandsbevolking, op wortelgewassen na, niets te eten had. We hoorden verschrikkelijke verhalen over kleine kinderen die stierven van de honger.

Hoewel er Russische en Amerikaanse hulp in het land arriveerde, ging het gerucht dat beambten van de overheid het meel en de andere voorraden confisqueerden en achteroverdrukten, om deze aan de hoogste bieder te verkopen. Met de dag namen de wanhoop en woede toe.

Hoewel onze economische situatie door de langdurige ziekte van mijn vader er niet op vooruitging, leden we geen honger. Moeder zei dat we bij het heilige graf voor de hongerige bevolking moesten bidden. Bovendien had ze bedacht dat ons gezin een meisje moest adopteren uit het gebied waar honger heerste. Ze had namelijk gehoord dat ouders vaak eerst stierven en dat jonge kinderen, zuigelingen soms, in de modder achterbleven en eveneens verhongerden.

Nadia en ik waren erg opgewonden door het vooruitzicht een meisje te redden dat ons zusje zou worden. Moeders plannen namen steeds grotere vormen aan en ze zei dat het meisje een zaak van het hele gezin zou worden en dat we haar, als ze eenmaal was aangesterkt, moesten leren lezen en schrijven.

Moeder fluisterde bovendien dat ze bij het heiligdom zou bidden voor de gezondheid van mijn vader, zodat hij van zijn kanker zou genezen.

Ik vond het allemaal geweldig. Volgens mij zou ons reisje naar het heilige graf al onze problemen oplossen. De hongersnood zou aflopen, de hongerende kinderen zouden worden gevoed en de kanker van mijn vader zou genezen.

Bij het heiligdom was het overvol. Na vele uren te hebben gebeden, waren mijn ouders tevreden met hun bezoek. Volgens hen was het tijd om te gaan en dus vertrokken we.

Na al die gebeden en de hooggespannen verwachtingen was het een zware teleurstelling voor me dat we meteen pech kregen, onderweg terug van het heilige graf. Een van de banden van onze auto raakte lek en we hadden geen reserveband bij ons. Daar stonden we, *in the middle of nowhere*, op een onverharde weg, dus vroeg mijn vader aan de chauffeur om bij de auto te blijven wachten, terwijl ons gezin de lekke band meenam naar de stad waar we even daarvoor doorheen waren gereden. We kregen een lift en kwamen enkele uren later bij een zaak aan waar ze banden repareerden. Daar begon men met de reparatie, terwijl wij alvast om ons heen keken voor een lift terug. Mijn vader, verzwakt van de behandelingen, vond een vrachtwagenchauffeur die de band wel wilde meenemen naar onze langs de weg gestrande wagen. De chauffeur keek me aan en zei dat een van ons hem zou moeten vergezellen om aan te wijzen waar de auto stond.

De chauffeur bleef me aanstaren en zei tegen mijn vader: 'Oké, u blijft hier samen met uw vrouw uitrusten, dan neem ik uw zoon mee om me naar het voertuig te brengen.'

Mijn borst zwol van trots. De man hield me voor een jongen, wat me gelukkiger maakte dan ik me in lange tijd had gevoeld. Mijn vader had geen greintje kwaad in zich, dus was hij zeer goed van vertrouwen. Hij dankte de man en zei tegen mij: 'Ga met deze man mee. Je weet hoe onze auto eruitziet. Als de band eenmaal weer is gemonteerd, kun je samen met onze chauffeur naar deze stad terugrijden.'

Gretig greep de vrachtwagenchauffeur mijn hand en trok me bij mijn familie vandaan. Ik meende dat hij haast had.

Om de een of andere reden had mijn zus Nadia, bijna vijftien, er een slecht gevoel bij. Ze greep mijn vader bij zijn arm. 'Stuur Maryam niet met die smerig kijkende chauffeur mee. Dat loopt niet goed af.'

Mijn vader haalde zijn schouders op en meende dat Nadia overdreef.

Ondertussen drong tot een winkelier die had staan toekijken door dat ik op het punt stond ontvoerd te worden. Kort geleden hadden zich enkele incidenten voorgedaan met jongens die omwille van seksueel misbruik werden verhandeld en het was een lucratieve handel. De winkelier rende naar mijn vader, die al samen met mijn moeder en zus in een taxi zat om naar het centrum van de stad terug te keren. De winkelier gebaarde dat de taxi moest stoppen en riep naar mijn vader: 'Als u uw zoon bij die vrachtwagenchauffeur achterlaat, zult u hem nooit weer zien! Ik denk dat de chauffeur uw zoon zal ontvoeren en in Pakistan zal verkopen.'

Nadia raakte in paniek en riep: 'Vader! Haal Maryam meteen uit die vrachtwagen!'

Mijn arme moeder verstijfde van schrik, want haar langgekoesterde vrees voor een ontvoering leek uit te komen.

Mijn vader sprong de wagen uit, rende naar de vrachtwagenchauffeur en riep: 'Wacht! Ik heb me bedacht. Ik los het anders op.'

De vrachtwagenchauffeur reageerde geprikkeld: 'Als u wilt dat die band bij uw auto terechtkomt, laat dat dan aan mij over!' Hij pauzeerde. 'Als u uw zoon niet met me meestuurt, breng ik de band niet weg.'

Mijn vader riep me toe: 'Stap uit die vrachtwagen!'

De vrachtwagenchauffeur stapte uit zijn truck en begon tegen mijn vader aan te duwen, drukte hem zijn vuisten in het gezicht. Ik was verbijsterd, maar gevleid dat een man mij zo graag als metgezel op reis wilde meenemen. Er verzamelde zich een hele menigte om de twee mannen. Mijn vader riep iemand om de politie erbij te halen. Nadia en moeder gilden me toe dat ik uit de vrachtwagen moest komen en weg moest rennen.

Ik was helemaal in verwarring gebracht en vroeg me af wat er met mijn familie aan de hand was. Ik was zo blij dat ik als jongen werd beschouwd en de verantwoordelijkheid van een jongen had gekregen dat ik boos begon te worden. Mijn familie verknalde alles! 'Laat mij nu gaan! Ik wil mee!'

Toen schreeuwde Nadia naar het opstootje: 'Maryam is een meisje! Het is geen jongen!'

De vrachtwagenchauffeur hield zich ineens in, was verward en bekeek mijn kleine gestalte met een andere blik. Net op dat moment arriveerde de politie en de vrachtwagenchauffeur ontworstelde zich aan de greep van mijn vader en ging er als een haas vandoor. Al snel was hij nergens meer te bekennen.

De opgewonden winkelier sprak mijn vader toe: 'U moet uw kinderen niet aan vreemden toevertrouwen. Die vrachtwagenchauffeur was uit op een pleziertje met die kleine jongen van u. Hij zou al snel hebben gemerkt dat uw kind een meisje was. Dan zou hij haar gedood hebben of als danseres verkocht.'

Voor veel geld bestelde mijn vader een taxi die ons naar onze auto terugbracht.

Het bezoek aan het heilige graf had ons niet het geluk gebracht waar we op uit waren geweest.

Ik was maar net ontkomen aan een akelige toekomst. De hongersnood hield aan, kostte vele mensen het leven en veroorzaakte veel onrust in het land. Het arme kleine weeskind dat mijn moeder had willen adopteren, was zo getraumatiseerd dat ze doodsbenauwd was voor elke vreemdeling. Toen mijn moeder haar in de armen wilde nemen, rende het bange kind weg en weigerde met haar mee te gaan. Later hoorden we dat ze in een slecht geleid weeshuis was beland, waar duizenden andere wanhopige kinderen woonden die net als zij hun ouders waren kwijtgeraakt.

In dat jaar, 1973, gebeurden er in Afghanistan veel akelige dingen. Niet lang na onze reis kregen we bericht van een instituut voor geestelijke gezondheidszorg waar een van Shairs dochters was ondergebracht, mijn nicht Amina. Amina was maar een paar jaar ouder dan ik, maar was al getrouwd en had twee kinderen. Kort geleden was ze in het ziekenhuis beland en van daaruit hadden ze met ons contact opgenomen om haar te komen ophalen.

Ik kende Amina al van kinds af aan. Ze was een levenslustig en knap meisje. Ik heb haar levendige persoonlijkheid en schitterende groene ogen altijd bewonderd. Amina had pech met haar vader. Shair wilde niet dat zijn dochters een opleiding kregen. Ze werden beschouwd als bezit en gebruikt als troef in onderhandelingen voor huwelijksovereenkomsten, en al op jonge leeftijd had hij haar verkocht. Amina was met even weinig consideratie behandeld als grootmoeder Mayana.

Wat meisjes betreft, had de tijd in Afghanistan stilgestaan.

Ik herinner me dat we een deprimerende ruimte in liepen, waar Amina zat te wachten. Het arme kind was niet langer mooi, al herkende ik wel de schitterende groene ogen, waarmee ze nu verwilderd om zich heen keek. Nog voordat ze me met een glimlach kon begroeten, sprong ze op me af, kuste me op mijn wangen en begon te huilen.

Ik voelde me niet op mijn gemak omdat ze zo openlijk haar emoties toonde en zich ook nog eens onsamenhangend uitdrukte. Ik vroeg mijn moeder: 'Wat is er aan de hand? Ik kan haar niet verstaan.'

Met een bezorgd gezicht zei mijn moeder: 'Maryam, de echtgenoot van Amina heeft met zijn vuisten tegen haar oren geslagen en heeft haar daarmee zo verwond dat ze niets meer hoort. Ze is doof.'

In naam van de arme Amina ontstak ik in woede en verklaarde vol zelfvertrouwen: 'Als hij aan mijn oren had durven komen, had ik hem een klap voor zijn oren verkocht!' Ik wist dat vele Afghaanse mannen bruut waren, maar in mijn naïviteit meende ik dat alles goed zou aflopen als je terugvocht. Ik vermoed dat deze houding het gevolg is van een opvoeding door een aardige vader, die zijn dochters nooit had geslagen.

'Dus Amina is niet gek?' vroeg ik en verbaasde mij erover dat ze haar hadden opgesloten bij geestelijk gestoorden. Sommige van de patiënten gilden zo hard dat we ze dwars door de muren heen konden horen.

'Nee, Maryam, Amina is niet gek,' zei mijn moeder met een droevige glimlach op haar gezicht, 'al was ze wel helemaal van haar stuk toen haar echtgenoot met een tweede vrouw trouwde. Toen ze protesteerde, sloeg hij op haar in. Ze is hiernaartoe gebracht zodat niemand van haar familie voor haar hoeft te zorgen.'

Ik hoorde meer wanhopige vrouwen om hulp roepen en rilde. Hoeveel van deze vrouwen waren helemaal goed bij hun hoofd en hier door hun ontevreden echtgenoten geplaatst, zoals dat bij Amina was gebeurd? Het verbaasde me niks dat mijn arme nichtje hier graag weg wilde.

We plaatsten Amina voorzichtig op de plek naast me, achter in onze auto. Ik probeerde niet naar het eens zo prachtige en sprankelende nichtje te staren om te zien wat voor droevig hoopje mens ervan was overgebleven, maar dat viel niet mee. Ze was zes maanden in het gesticht geweest en in die hele eindeloze periode hadden de medewerkers haar geen enkele keer toegestaan een bad te nemen of haar haren te wassen. Ze was zo ranzig dat de hele auto ernaar stonk, zo smerig dat haar olijfkleurige huid veel donkerder dan de onze was. Haar haren waren vervilt en zaten vol klitten. Haar kleren waren vies en gescheurd.

Toen we thuiskwamen, leidde mijn moeder Amina naar een badkamer en liet een grote badkuip vollopen. Moeder stond het toe dat ik aanwezig was terwijl ze mijn nicht uitkleedde en in bad hielp.

Amina heeft een maand bij ons gewoond, maar het ging alsmaar slechter met haar, omdat ze zich zorgen maakte over haar zoontje en dochtertje. Ze vreesde dat de tweede vrouw van haar echtgenoot haar kinderen wreed zou behandelen. Amina's kinderen zouden het slachtoffer worden van het lot van hun moeder, die nu gezien werd als een vrouw die nog slechts geschikt was voor een gesticht. Niemand zou haar kinderen beschermen, zelfs haar rijke vader niet, die zich hield aan de traditie dat als een dochter eenmaal was getrouwd, haar man met haar kon doen wat hij wilde. En gezien de houding van Shair Khan ten opzichte van vrouwen, had hij na het vertrek van Amina geen seconde meer aan haar gedacht.

Na een maand stemden mijn ouders er met tegenzin mee in Amina naar de woning van haar echtgenoot en nieuwe vrouw terug te brengen. Zijn houding tegenover haar was er niet beter op geworden. Zodra hij haar zag, begon hij te grommen en balde hij zijn vuist. Hij zou haar ter plekke hebben geslagen als mijn ouders hem niet gewaarschuwd hadden.

Wat vond ik het verschrikkelijk dat we Amina in het huis van haar hufterige echtgenoot moesten achterlaten. Maar het lieve meisje kon niet onder de liefde voor haar kinderen uit. Later hoorden we dat haar leven uit een lange reeks misbruiken en mishandelingen bestond, maar dat ze zich niet bij haar hulpeloze kinderen wilde laten wegjagen.

Terwijl dit drama zich ontvouwde, werd de familie van mijn moeder uitgenodigd om in de woning van de schoonvader van Amina een grote barbecue bij te wonen. Hij was een rijke landeigenaar en iedereen kende zijn prachtige boerderij in de buurt van Kabul.

Het was een schitterende boerderij, met overal beekjes en grote bomen die voor schaduw op het terrein zorgden. Hij was trots op zijn bloeiende boomgaard en stond erop dat we onder zijn fruitbomen rondwandelden en manden met perziken en abrikozen vulden.

Hij verklaarde dat de barbecue werd gehouden ter ere van de Hassens, de familie van mijn moeder. Al snel viel me op dat we alleen door de mannen van het huis werden begroet, en toen ik vroeg waar de vrouwen en meisjes waren, keek iedereen me verbaasd aan. Iemand fluisterde dat 'zijn vrouwen' in een grote met hoge muren omgeven woning verbleven. Toen ik vroeg waarom de vrouwen niet aan het feest deelnamen, mompelde iemand: 'Welkom in het echte Afghanistan, meisje.' Ik wist waarop ze doelden, dat de vrouwen die buiten de steden wonen, zelden door buitenstaanders worden gezien, zelfs niet door verre familieleden.

Mijn moeder en haar zussen besloten dat ze met de vrouwen van de familie wilden praten, dus na de maaltijd liepen we bij de mannen vandaan om hen in het grote huis op te zoeken. Daar wachtte ons een grote verrassing. Bij het betreden van de compound ontmoetten we de oudste dochter van de man, die opvallend gedecideerd was. Ze zei: 'Nadat ik had gezien hoe mijn moeder en de andere vrouwen van mijn vader werden mishandeld, heb ik besloten voor mijn rechten op te komen en nooit te trouwen.'

Mijn moeder en tantes leken te schrikken van deze opstandige uitspraak, maar ik begreep haar volledig, omdat ik voelde dat ik in haar omstandigheden ook zo zou hebben gereageerd. Maar toen kwamen haar moeder en haar twee zussen bij ons in de zitkamer.

Deze arme vrouwen zagen er ouder uit dan mijn grootmoeder Mayana op de dag van haar dood, terwijl ze even oud als mijn moeder waren. Het ergste was nog dat alle drie de vrouwen zo voorovergebogen liepen dat ze zich tastend en struikelend een weg door de kamer moesten zien te vinden.

Eerst dacht ik dat het een drieling was die met dezelfde afwijking was geboren. Maar de oudste dochter vroeg: 'Weet u wat er met deze lieve vrouwen is gebeurd?'

Niemand sprak een woord.

Ze zei: 'Dit is het werk van mijn vader. Als een van zijn vrouwen van een kind beviel, ontstak hij in woede omdat zijn rust door hun gegil werd verstoord. Dan rende hij hun kamer binnen en schreeuwde, zonder zich iets van hun pijn aan te trekken, dat ze hun mond moesten houden. Als ze hun kreten van pijn niet meer konden verbijten, schopte hij net zo lang tegen hun rug tot ze stil waren.'

Ik was verbijsterd.

De dochter vervolgde: 'Wisten jullie dat hij zo vier of vijf van zijn vrouwen heeft vermoord?'

Moeder slikte iets weg. Ik schudde mijn hoofd en wist geen geluid uit te brengen. Nu was ik er zeker van dat Amina geen enkele kans had, want haar echtgenoot was de zoon van een monster. Zo vader, zo zoon, dacht ik bij mezelf.

'Mijn moeder en deze twee hebben bij de geboorte van hun kinderen zulke zware verwondingen opgelopen dat ze nooit meer rechtop kunnen lopen.' Ze barstte in een sarcastisch gelach uit. 'Nu slaat hij ze in hun gezicht omdat ze kreupel zijn! Hij zegt dat hij misselijk wordt als hij ze ziet.'

Ze keek ons aan alsof wij de vijand waren. 'Ik zal nooit trouwen.'

Toen werd ik er weer aan herinnerd dat er een hemelsbreed verschil was tussen het leven in de stad Kabul en het leven van vrouwen in een stam op het platteland. Terugkijkend, denk ik dat ik vanaf die dag van een jong meisje die van haar land hield, ben veranderd in een vrouw die haar cultuur haatte.

Het lot van deze onschuldige vrouwen heeft me nog lang achtervolgd. Maar geen van ons kon er ook maar iets tegen uitrichten. In onze cultuur hebben mannen alle macht in handen. In onze cultuur worden wrede mannen niet gestraft. In onze cultuur krijgen vrouwen de schuld van alle negatieve gebeurtenissen in het leven van de mannen.

Terwijl ik mezelf in slaap huilde omdat mijn vader weer in Rusland was, voor weer een volgende behandeling, wist ik niet dat ik eigenlijk dolblij had moeten zijn, omdat hij zich ergens veilig in een ander land bevond, want Afghanistan stond aan de vooravond van een gevaarlijke en onrustige tijd. Een combinatie van oud zeer binnen de koninklijke familie en verontwaardiging over de rampzalige hongersnood pakte voor koning Zahir Shah verkeerd uit. De regering dreigde omvergeworpen te worden. Als voormalig hoofd van de inlichtingendienst had het zomaar kunnen zijn geweest dat een of andere groepering het op mijn vader had voorzien, als hij in het land was geweest.

Ik was nog maar een klein meisje en had dus niet het geringste vermoeden wat voor dreiging Afghanistan boven het hoofd hing. Er zou een hele reeks ellendige gebeurtenissen in gang worden gezet, die de toekomst van Afghanistan op gruwelijke wijze zou beïnvloeden.

7

Emir Mohammed Zahir Shah kwam op 8 november 1933 aan de macht, op dezelfde dag dat zijn vader emir Nadir Shah was vermoord op een school waar hij prijzen uitreikte. Zahir was pas negentien jaar oud, maar nadat drie van zijn ooms en invloedrijke stamoudsten zich loyaal hadden verklaard, werd hij meteen tot koning uitgeroepen. Koning Zahir regeerde wijs en bleef veertig jaar lang leidinggeven aan het land. Toen ik werd geboren, was Zahir koning en verantwoordelijk voor de langste periode in de Afghaanse geschiedenis dat er min of meer vrede en voorspoed heerste in het land. Maar op 17 juli 1973, toen ik pas twaalf was, kwam er een einde aan alle harmonie.

De dag staat me nog helder voor de geest. Mijn vader was het land uit om zich opnieuw voor zijn kanker te laten behandelen. Vroeg in de ochtend maakte ik me klaar om naar school te gaan. Er werd aangebeld aan de voordeur en toen moeder de deur opende om te zien wie ons een bezoek bracht, zag ze mijn privéleraar staan.

Hij had een trotse houding, zijn hoofd rechtop en schouders naar achteren, en zag er groter uit dan gewoonlijk. Hij stapte het huis binnen en kondigde aan: 'Vandaag is het een gelukkige dag voor Afghanistan. Het tijdperk van de monarchie is voorbij. We hebben nu een president. Zijn naam is president Daoud Khan.'

Moeder was nauwelijks onder de indruk. Haar lip krulde en ze zei botweg: 'Wat zal Daoud nou veranderen? Hij is een koninklijke prins en de eerste neef van de koning. Van hetzelfde smerige laken een pak.'

Mijn privéleraar gruwde van het gebrek aan respect van mijn moeder voor het nieuwe Afghaanse gezag. Hij stamelde: 'Ik ben geen leraar meer. Ik heb me aangemeld bij het leger.'

Moeder wierp onze leraar een blik toe waarmee ze anders naar een bord met rot vlees keek: 'De mens wikt, Allah beschikt,' zei ze.

De pas militair geworden privéleraar mompelde iets wat ik niet kon verstaan en maakte zich vervolgens uit de voeten.

In de hoop dat de school niet door zou gaan, stoof ik het huis in en schreeuwde met mijn domme hoofd: 'Geen school! Het is oorlog!'

Maar het lag niet in het karakter van mijn moeder om het meteen op te geven als het op de opleiding van haar kinderen aankwam. Ze liet zich nog niet door een omvergeworpen regering van haar stuk brengen: 'Jij gaat naar school, of je het nu leuk vindt of niet, Maryam, coup of geen coup.'

En dus deden we hetzelfde als alle andere dagen. Nadat ik was aangekleed en mijn schoolboeken had gepakt, stapten we in onze auto om naar school te rijden. De route liep langs het koninklijke paleis en daar zagen we president Daoud, die mensen begroette die hem geluk kwamen wensen. Moeder gaf de chauffeur de opdracht om te stoppen, zodat we beter naar de prins konden kijken die het voor elkaar had gekregen om de koning te vernietigen. Terwijl haar nieuwsgierigheid werd bevredigd, hing ik uit het raam om onze president vrolijk toe te wuiven. Hij zwaaide terug en meende waarschijnlijk dat mijn moeder hem bewonderde. Maar ik wenste hem het beste: ik kon me vaag herinneren dat heel lang geleden, toen mijn vader nog op school zat, dezelfde prins Daoud het leven van mijn vader had gered na een van de niet-uitgelokte aanvallen van Shair Khan. En mijn herinnering klopte – het was inderdaad prins Daoud die het leven van mijn vader had gered toen hij door zijn kwade broer Shair van de schooltrap was geduwd. Na dat incident waren prins Daoud en mijn vader op vriendschappelijke basis met elkaar blijven omgaan.

Ondanks mijn kinderlijke enthousiasme zou de tijd komen dat ik de werkelijkheid onder ogen zou zien dat de brutale maar roekeloze actie van prins Daoud ons lot had bezegeld, en het begin inhield van het einde van de vrede in Afghanistan.

Daoud had zijn neef koning Zahir gedurende grote delen van de jaren vijftig en zestig van de vorige eeuw gediend als eerste minister van Afghanistan. Maar nadat hij een meningsverschil kreeg met de regering van Pakistan over een aan beide kanten van de Afghaans-Pakistaanse grens gelegen Pathaanse stammenregio, werd hij door koning Zahir van zijn functie ontheven, wat hij hem nooit had vergeven.

De staatsgreep had misschien voorkomen kunnen worden als koning Zahir in het land was geweest om zich te wijden aan het oplossen van de verschillende problemen in het land, maar hij had zijn vrouw en enkele familieleden meegenomen naar Europa, waar hij aan zijn ogen kon worden geopereerd en andere behandelingen onderging. De koning zat in Italië, zodat Daoud in de gelegenheid was om een coup te plegen, de Republiek Afghanistan uit te roepen en zichzelf tot president te benoemen. Hij meldde het zo: 'De tijd van de koningen is voorbij.'

Inderdaad zou in Afghanistan na het afzetten van koning Zahir geen koning de troon meer bestijgen. In plaats van terug te keren naar Afghanistan en voor de troon te vechten, koos koning Zahir ervoor om in Europa te blijven. Misschien besefte hij dat de wereld veranderde en dat monarchieën uit de mode raakten.

Hoewel er bij de staatsgreep van 1973 bijna geen bloed vloeide, waren de meeste Afghanen ongerust, want een uiteenvallende regering heeft ernstige gevolgen voor een land dat niet alleen door bergen en rivieren wordt verdeeld, maar ook door zulke krachtige, religieuze en aan stammen gebonden loyaliteiten dat mensen al bereid zijn zich dood te vechten voor een kleine belediging. Toch waren de Afghaanse stammen zozeer in beslag genomen door de rampspoed van hongersnoden, corruptie en onrust onder de stammen nabij de Pakistaanse grens, dat ze vredig reageerden op de veranderingen op staatsniveau en afwachtten welke voordelen de nieuwe regering zou opleveren.

Behalve de opwinding van de eerste dagen had de coup van 1973 weinig invloed op ons dagelijkse leven. Al korte tijd later was vader na afloop van zijn behandeling teruggekeerd. En voor het eerst in vele jaren voelde hij zich goed genoeg om aan het werk te gaan. In plaats van weer een militaire baan te nemen, richtte hij samen met een Fransman, die hij op een van zijn buitenlandse reizen had ontmoet, een bedrijf op voor het exporteren van handwerk en tapijten. Mijn vader zei dat hij modellen nodig had en dus poseerden Nadia en ik voor zijn kledinglijn, wat twee tienermeisjes prachtig vinden.

Het ging ons kleine gezin weer voor de wind en we hadden geld over. Ik was in de zevende hemel toen mijn vader aankondigde dat we met ons gezin uit Kabul zouden vertrekken en voor een twee maanden durende vakantie naar India zouden gaan. Het was de eerste keer dat Nadia en ik naar het buitenland gingen.

Vanaf dat moment heb ik veel van de wereld gezien, maar die eerste keer in het buitenland was zo betoverend, dat ik me nog de exacte datum van ons vertrek uit Kabul kan herinneren: 2 januari 1974, het jaar na de coup.

Ik was zo opgewonden dat ik de nacht voor het begin van onze reis niet in slaap kon komen. Ik lag met mijn hoofd op mijn kussen en had mijn paspoort rechtop neergezet, zodanig dat ik de visumstempels voor Pakistan en India kon zien. Starend naar de stempels ging mijn verbeelding met me op de loop en meende ik toestemming te hebben om naar Amerika te reizen. Om de een of andere reden dacht ik dat ik in de staat New York zou gaan wonen.

Ik was nog maar een kind en wist absoluut niets over New York of Amerika, behalve wat ik volwassenen erover had horen vertellen. Ik had bedacht dat New York City de hemel op aarde was en dat iedereen die er woonde zo mooi was dat je het niet kon aanzien en zo rijk als een koning, op schitterende zijden tapijten zat en de meest exotische maaltijden at van porseleinen servies.

Dat leek me een ideale plek.

Ik stond zozeer te trappelen om op reis te gaan dat ik als de dood was dat er nog iets tussen zou komen. Ik bad de hele nacht tot Allah dat er niets zou gebeuren wat ons vertrek uit Afghanistan verhinderde.

Het was berekoud, hetgeen in januari in Afghanistan meestal het geval is. Mijn moeder stond erop dat ik een weinig modieuze jas aantrok en ik vond het vreselijk me in iets te kleden waarin ik er niet schitterend uitzag. Maar toen de neef van mijn vader in een taxi arriveerde om ons naar het busstation van Kabul te brengen, gingen mijn gedachten uit naar belangrijker zaken. Op het busstation werden we omringd door een grote groep opgewonden pratende vrienden en familieleden. Het leek wel alsof een hele stam afscheid van ons wilde nemen. Tantes en nichten gaven ons manden eten mee om onderweg te kunnen nuttigen. Zelfs onze voormalige privéleraar had moeder de harde woorden vergeven die ze hem op de dag van de staatsgreep had toegevoegd en stond toe te kijken met een lach zo breed als de Kabulrivier.

Mijn vader en ik hadden kaartjes gekocht voor een reis in een luxebus, dus klauterde ik aan boord om de beste plekken uit te zoeken. De buschauffeur kwam binnen, sloot de grote deuren en we vertrokken. Een heel blok lang hoorde ik onze vrienden en familieleden ons nog een goede reis toeroepen.

Gelukkig was de weg van Kabul naar Jalalabad beter dan de meeste snelwegen in mijn land. Bij het verlaten van de stad rammelde de bus maar een beetje, waarna we tussen de verraderlijke, met sneeuw overdekte rotsen belandden. Ik bestudeerde de door het droge land slingerende stroompjes en de in een felgekleurd verenkleed gehulde vogels die in groene struiken zaten.

Ik staarde naar de plooiende heuvels die al snel overgingen in bergen en vroeg me af hoeveel reizigers van hetzelfde uitzicht hadden genoten, al die duizenden jaren dat ons land werd bewoond. Binnen korte tijd hadden we zo'n grote hoogte bereikt dat we bijna in de wolken reden. Moeder was zo bang voor de gevaarlijke bochten dat ze haar ogen sloot om te voorkomen dat ze zag hoe de weg als een slingerend lint in de diepe ravijnen onder ons verdween.

Toen ik nog jong was, leefden er nog wilde dieren in Afghanistan. We zagen gazelles, die met hun ranke lichamen hoge sprongen maakten en ik zag vanaf de weg enkele wilde hazewindhonden. De snelweg liep vaak langs de rivier, die steeds breder en blauwer werd, en werd omzoomd door allerlei overdadig groeiende oude bomen en dramatisch gevormde rotsen. Het meest interessant vond ik de lemen forten die her en der in het landschap stonden. Op het platteland levende stammen waren kwetsbaar voor verrassingsaanvallen en dus hadden ze hun huizen vaak uitgerust met vier torens voorzien van schietsleuven.

Tot mijn grote ontsteltenis zagen we een kreupele ezel die langs de weg was achtergelaten om te sterven. Het was een deerniswekkend gezicht. In mijn land worden dieren die onderweg kreupel raken achtergelaten en aan hun lot overgelaten. Afghanen doden geen dieren om ze uit hun ellende te verlossen, dat laten ze over aan Allah, die moet besluiten of ze het zullen overleven of niet. Ik zuchtte en keek de andere kant op. Hier kon ik niets uitrichten.

Even later zakte de zon laag boven de bergen, waardoor de witte sneeuw roze oplichtte en de schaduwen indigoblauw kleurden. Op dat moment verklaarde papa dat we de Afghaanse grens waren gepasseerd en Pakistan hadden bereikt. Vlug verlieten we onze luxebus en propten we ons vieren met onze bagage in zo'n aftandse taxi dat ik vreesde dat hij er onderweg naar Peshawar de brui aan zou geven.

Plotseling barstte het op de wegen van de mensen. Nog nooit had ik zoveel mensen bij elkaar gezien. Gewend aan een land dat slechts dunbevolkt was, werd ik er onrustig van. Maar nadat we onze taxi hadden verlaten, raakte ik gefascineerd door de trein waarmee we naar New Delhi zouden reizen. Ik had nog niet eerder in een trein gezeten.

Ik vroeg mijn vader: 'Hoe kan het dat Pakistan zoveel vooruitstrevender is dan Afghanistan?'

Geduldig legde mijn vader het uit: 'De Britten ontwikkelen elk land dat ze bezetten. Ze leggen wegen en spoorwegen aan en bouwen overheidsgebouwen, scholen en vele commerciële instellingen.'

'Hadden de Britten Afghanistan maar bezet,' verzuchtte ik, in de wetenschap dat de Britten meerdere mislukte pogingen hadden ondernomen om mijn land te bezetten. Tot mijn schaamte moest ik vaststellen dat mijn land vele jaren achterlag op ons buurland.

'Dochter van me,' zei mijn vader bedroefd, 'had je onder de heerschappij van een ander land willen leven?'

'Nee,' gaf ik toe. Ik was er trots op dat geen enkel land Afghanistan in de greep had kunnen krijgen. Onze mannen waren dapper, zetten zich schrap en stonden klaar om indringers te verdrijven. Zelfs de grootste en best getrainde legers van de wereld konden Afghanistan niet veroveren.

Hij knikte tevreden. 'Heel goed. Dat is je beloning. Je bent Afghaan. Je bent vrij. Je woont in je eigen land.'

Vrij om arm en achtergesteld te zijn, dacht ik bij mezelf, maar ik zei verder niks, want het was duidelijk dat mijn vader er buitengewoon trots op was dat Afghanistan alle indringers had verslagen.

De treinrit naar Delhi was indrukwekkend. We hadden een coupé voor onszelf, met een stapelbed en een ruime zitplaats. Urenlang staarde ik naar buiten en zag een nieuwe wereld waarvan ik me geen voorstelling had kunnen maken. Onderweg deelde moeder heerlijke sandwiches uit en kopjes thee, die onze aardige familieleden hadden meegegeven.

Die nacht sliepen we in de trein en toen ik wakker werd, moest ik nodig naar het toilet. Op dat moment ontdekte ik dat niet alles in Pakistan perfect in orde was. Het toilet in de trein was zo smerig dat we er geen van allen gebruik van wilden maken. Zodra de trein in Lahore stopte, sprong ik er met een pijnlijke blaas uit. Volgens vader duurde de reis naar het hotel maar even, maar het duurde toch nog een half-uur. Tegen de tijd dat we er aankwamen, kon ik het geen minuut langer ophouden en rende hinkelend van de ene voet op de andere de lobby in. De manager checkte mijn vader zo snel mogelijk in en ik stoof naar onze kamer om van het toilet gebruik te maken. Eindelijk kon ik me ontspannen.

De volgende dag stapten we in een volgende trein die ons naar onze uiteindelijke bestemming, New Delhi, zou vervoeren. Nadat we waren gearriveerd, vroeg ik papa om een eindje met me uit wandelen te gaan. Maar hij was uitgeput van de reis en ging een dutje doen. Ik bleef aandringen, waarna mijn moeder ermee instemde om een ommetje door de stad te maken.

Nadat we een klein eindje bij ons hotel vandaan waren, schrokken mijn moeder en ik hevig. We hoorden mensen in paniek gillen en rennende voetstappen. Te laat zagen we de grote menigte recht op ons af rennen.

Om niet vertrapt te worden, sprongen moeder en ik snel opzij. De geschrokken menigte stoof met zo'n snelheid langs dat er een verkwikkende wind voelbaar was. Gelukkig werden we niet onder de voet gelopen. Opgelucht keken moeder en ik elkaar aan, in de veronderstelling dat het voorbij was. Pas toen kregen we door dat de menigte op de vlucht was voor een op hol geslagen stier. Nu stampte het dier recht op mij af! Hij richtte zijn ogen op mij en boog zijn kop om me op de horens te kunnen nemen.

Ik was niet op de hoogte van het Indiase gebruik om koeien en stieren vrij in steden te laten rondlopen. Maar toen ik in de gaten had dat ik op het punt stond om gespietst te worden, sprong ik de drukke straat op.

De stier raakte me niet, een auto wel. Een rijdend voertuig slaagde er niet in om op tijd te stoppen. Het ene ogenblik maakte ik me voor een stier uit de voeten en het volgende vloog ik hoog door de lucht. Ik meende dat de stier me op de horens had genomen. Met een dreun smakte mijn lichaam tegen het straatoppervlak. Over-al deed het me pijn, maar de lucht was uit mijn longen geslagen, dus kon ik het niet op een gillen zetten.

Er verzamelde zich een opgewonden horde mensen om me heen, enkele getuigen schreeuwden, wezen en duwden. Hoewel ik me in het centrum van de belangstelling bevond, speelde het zich allemaal buiten mezelf af, want alles om me heen was gehuld in een waas en leek op een afstand. Alsof je naar een zwart-wittelevisie kijkt met slechte ontvangst. Stemmen galmden en ik bleek niet in staat te horen wat er om me heen gebeurde. Ik had het vage idee dat enkele mensen de inhoud van mijn handtas verzamelden, omdat die uit mijn hand was gevlogen en op straat beland.

Waar was mijn moeder? Ik probeerde mijn hoofd op te tillen maar bleek me niet te kunnen bewegen. Ik zag haar niet.

Plotseling wurmde een man op een motorfiets zich tussen de mensenmenigte door. Ik voelde hoe ik van de straat werd opgetild. De man hield een auto aan en schreeuwde naar de chauffeur. Even dacht ik dat ik werd ontvoerd, maar ik kon niets doen. Ik was gewond en hulpeloos en ver bij mijn ouders vandaan.

Pas nadat we bij een ziekenhuis waren aangekomen, begreep ik dat ik gered was door een barmhartige samaritaan. Ik werd uit de auto gehaald en naar binnen gebracht, waar doktoren zich om mij heen verzamelden. Ik keek omlaag en zag tot mijn ontzetting dat mijn rechterbeen zodanig opgezwollen was dat het wel een boomstam leek. Daarna werd alles wazig. Later ben ik erachter gekomen dat ze me haastig naar een operatiekamer hebben gebracht.

Toen ik bijkwam van de verdoving, zag ik mijn moeder boven me. Moeder was uit pure angst van haar stokje gegaan toen ze had gezien dat haar dochter door een stier was aangevallen en uiteindelijk door een auto was overreden. Vriendelijke omstanders hadden haar voldoende bij kennis gebracht om haar naar het dichtstbijzijnde ziekenhuis te kunnen vervoeren, naar de plaats waar mijn barmhartige samaritaan mij volgens een omstander naartoe had gebracht.

Ik was ernstig gewond. Bij aankomst in het ziekenhuis bleek ik inwendige bloedingen te hebben. Mijn rechterenkel en -been waren verbrijzeld. Kundige Indiase artsen wisten de interne bloedingen te stoppen en mijn been en enkel met stalen pinnen weer in elkaar te zetten. Tot mijn grote verdriet kreeg ik te horen dat het gips twee maanden lang moest blijven zitten, de hele periode dat we van plan waren in India vakantie te vieren. Ik bracht een week door in het ziekenhuis en herstelde verder in een hotelkamer.

Ik had toen moeten inzien dat ik een pechvogel was.

De barmhartige samaritaan verdween nadat hij zich ervan had vergewist dat ik in veiligheid was. Ik heb hem nooit meer gezien en mijn familie heeft nooit de kans gehad hem voor zijn vriendelijkheid te bedanken.

De vakantie was niet wat ik me ervan had voorgesteld, maar ik werd verliefd op India, een complex maar schitterend en exotisch land, waar mijn familie om vele redenen zou komen en waar we op een dag onze toevlucht zouden zoeken. Toen mijn zus in 1975 haar Afghaanse middelbareschoolopleiding afrondde, reisde ze, net als zovele familieleden voor haar, naar India om daar aan een universitaire opleiding te beginnen. Vanaf die tijd reisden mijn ouders en ik meerdere keren per jaar naar dat land om haar een bezoek te brengen. Gelukkig kreeg ik niet weer een levensbedreigend ongeluk.

Toen ik zestien was, stierf Shair, de kwade broer van mijn vader. Vanaf de dag dat hij de leider van de stam was geworden, was hij een machtig man geweest, die als een boosaardige geest over mijn vader en grootmoeder waakte, en later over mijn eigen leven. Hoewel mijn ouders toen Nadia nog een baby was uit de galah waren gevlucht en zich aan zijn directe invloed hadden onttrokken, bleef mijn familie last houden van zijn dreigende aanwezigheid. Ondanks de wandaden van Shair in het verleden, had mijn vader altijd geprobeerd om vriendelijk met hem om te gaan. Mijn moeder sprak weinig met haar echtgenoot over Shair, al slaagde ze er wel in hem bij Nadia en mij als een boeman af te schilderen. Grootmoeder Mayana weigerde zijn naam uit te spreken en stierf in de vaste overtuiging dat hij haar drie lieve dochters bewust had omgebracht.

Shairs aanwezigheid was zo intens dat zijn familie meende dat de dood geen vat op hem had. Maar op een dag, toen hij de zeventig was gepasseerd, kreeg hij een forse hartaanval waaraan hij meteen overleed.

Ik kan niet ontkennen dat zijn dood voor mij een opluchting betekende. Ik hoefde niet langer te vrezen dat ik ontvoerd zou worden of onder zijn hoede zou komen als mijn vader aan blaaskanker overleed, want de zonen en kleinzonen van Shair waren anders dan hun wrede vader.

Nadat het hart van Shair voor de laatste maal had geslagen, erfde mijn vader de positie van khan van de Khail-stam. Maar in de loop der jaren en na het formeren van de regering van president Daoud, hadden stamoudsten veel minder macht gekregen. Zo had Shair Khan enkele jaren voor zijn dood zelfs te horen gekregen dat hij afstand moest doen van het land dat tot zijn stam behoorde, en hij via zijn voorouders had verkregen, en dat hij in een ander deel van Afghanistan een galah moest bouwen. President Daoud ondernam heel slim pogingen om de khans van hun stam te scheiden en hun macht te verzwakken.

Mijn vader, in alle opzichten heel bescheiden, probeerde niet om het fortuin te claimen dat de zonen van Shair in handen hadden gekregen. Het restant van de nalatenschap van grootvader Ahmed Khan bleef in bezit van de zonen van Shair. Papa werd weliswaar khan van de Khail, maar hij zag dat louter als een eretitel, dus ons leven veranderde nauwelijks.

President Daoud gaf opdracht om Shair Khan van de Khail-stam met militaire eer te begraven. Er werd een grote processie gehouden en het lichaam van Shair werd teruggebracht naar het land van de Khail-stam, waar hij werd begraven.

Opgelucht bevrijd te zijn van de dreiging van het wrede bewind van Shair Khan, kreeg ik korte tijd later te maken met een volgend onheil. Dit onheil kwam als een ochtendmist over ons heen. En ditmaal waren de vrouwen niet de enigen die eronder leden. Ook mannen zouden een hand op hun keel voelen en er zouden vele levens verloren gaan bij pogingen om zich aan die greep te ontworstelen.

8

De Russen kwamen. Binnen de kortste keren zaten ze overal in Kabul. Ze werden naar ons toe gestuurd onder het mom van het bieden van technische, medische of educatieve hulp. In deze periode verhuisde ons gezin naar een appartement in Mekrorayan, een moderne, door de Russen gebouwde voorstad van Kabul. Papa dacht dat ons leven erop vooruit zou gaan, omdat we de beschikking kregen over stromend water en moderne toiletten. Er zat zelfs centrale verwarming in de huizen, een heerlijke luxe voor het bitterkoude Afghanistan. Ook waren er zwembaden, basketbalvelden en tennisbanen.

Ons appartement was veel ruimer dan ons vorige huis, met drie grote slaapkamers, een moderne keuken en twee toiletten.

Ik vond dat ik met mijn eigen kamer geweldig had geboft en al snel sierde ik hem op met posters van Elvis Presley en Tom Jones. Ik had ook genoeg ruimte om mijn verzameling oude munten en postzegels te tonen.

Veel Afghanen met connecties in de politiek verhuisden naar de voorstad, maar er woonden ook veel overgeplaatste Russen, vaklieden uit de Sovjet-Unie en zelfs handelaren. We vonden onze Russische buren zo aardig dat we nauwelijks nadachten over de dreiging die ze vormden. Net als de meeste Afghanen stonden mijn familieleden open voor de modernisering die ze meebrachten, zonder dat we al te veel aandacht besteedden aan het kwijtraken van onze cultuur en het verliezen van onze onafhankelijkheid. Al gauw begrepen we dat de Russische overheid weinig geld uitgaf en weinig tijd en energie verspilde aan een land dat ze niet van plan waren te bezetten. De grens tussen de Sovjet-Unie en Afghanistan is 1.600 kilometer lang en net als de Britten in het verleden vonden ze het nodig dat Afghanistan binnen hun invloedssfeer lag.

Maar voor mij persoonlijk had het jaar 1978 veel te bieden. Ik zat in het laatste jaar van de Malalai High School in Kabul, dezelfde school waar ook mijn moeder lesgaf. Het was een van de beste meisjesscholen in Afghanistan. Hij was vernoemd naar een Afghaanse heldin, Malalai, een legende in mijn land.

Malalai was een eenvoudig plattelandsmeisje dat, net als veel Afghaanse vrouwen, achter de mannen van haar familie aan reisde als die ten oorlog trokken, en eten klaarmaakte, voor water zorgde en gewonden verzorgde. Haar heldendaad verricht-te ze op 27 juli 1880, toen het Britse leger de Afghaanse soldaten aanviel tijdens een van hun vele pogingen ons land in te trekken en te bezetten. Hoewel het Afghaanse leger in aantal groter was dan het Britse, bezaten de Britten superieure wapens. Nadat vele Afghanen het leven hadden gelaten, werd duidelijk dat de strijd zou worden verloren. Malalai riep haar vader en broers toe dat ze moesten standhouden en blijven vechten. Toen de vlaggendrager viel in de strijd, snelde Malalai toe om de vlag overeind te houden. Later werd ze zelf neergeschoten en gedood, maar haar moed inspireerde de strijders. Vanaf die tijd is ze voor alle Afghaanse schoolkinderen een grote heldin geweest.

Ik heb vele heerlijke herinneringen aan die lang verstreken schooldagen, waarop we in ruime lokalen zaten waar de zon door de grote ramen naar binnen scheen. Hoewel het een school voor meisjes was, behandelden we dezelfde stof als de jongens. Vanwege het uitstekende lesprogramma van de school stuurden de meeste invloedrijke Afghanen hun dochters naar de Malalai High School. In mijn klas zaten onder anderen de dochters van president Daoud en de dochters van meerdere koninklijke prinsen.

Ik hield me weliswaar bezig met de gebruikelijke activiteiten op school, maar droomde vaak van de dag dat ik uit Afghanistan zou vertrekken en naar India zou reizen om daar aan een universiteit te studeren. Mijn ouders drongen erop aan dat ik een opleiding tot arts zou volgen en in de voetsporen van mijn zus Nadia zou treden. Maar mijn voorkeur ging uit naar de studie Politieke Wetenschappen, omdat ik meende dat ik meer geschikt was voor een diplomatieke loopbaan.

Om uiteenlopende redenen was ik een van de populairste meisjes van de school. Wellicht had ik die populariteit te danken aan het feit dat ik lef had en opstandig was, en tieners hebben bewondering voor leeftijdsgenoten met dergelijke eigen-schappen. Als onbetwist leidster van mijn vriendengroep heb ik voor vele vermake-lijke momenten gezorgd.

Dat jaar was Frans mijn favoriete vak, misschien omdat talen me eenvoudigweg kwamen aanwaaien. Dat talent voor talen heb ik wellicht van mijn vader geërfd, die Farsi sprak, Pathaans, Frans, Hindoestaans, Russisch, Engels en Turks. Moeder sprak slechts Farsi en een beetje Engels, en moest tot op de dag van haar dood niets hebben van het Pathaans van mijn vader. En dus spraken mijn zus Nadia en ik altijd alleen Farsi met moeder en Pathaans met vader. Ook spraken we een beetje Engels, Russisch, Hindoestaans en Frans. Het meest hield ik van het Frans, de mooiste taal die er is.

Heimelijk bewonderde ik onze lerares Frans, die cool was en enigszins opstandig.

Al aan het begin van het schooljaar had ze een nieuwe en opwindende regel ingesteld. Iedereen moest tijdens haar lessen Frans spreken en geen enkele andere taal. Als ze een van ons Farsi of Pathaans hoorde spreken, kregen we een boete van vijf afghani. Met het aldus ingezamelde geld zouden we een tochtje naar Paghman betalen, een prachtige bestemming voor een zomers verblijf op een kilometer of dertig van Kabul. We zouden daar in een fijn hotel overnachten en van de omgeving genieten en heerlijk eten. In de loop van het jaar vergisten vele leerlingen zich en vergaten Frans te spreken. Tegen het eind van het eerste semester had de lerares ruimschoots voldoende geld ingezameld om het uitstapje te betalen, dat gepland stond op 27 april 1978.

De dag voordat we zouden vertrekken, heerste er een opgewonden stemming in de klas. Onze lerares liet doorschemeren dat ze van plan was de schoolregels losjes te hanteren en muziek, dans en roken toe te staan. Ze bood zelfs aan om sigaretten voor ons mee te nemen. Hoewel de meeste meisjes aan het roken verslaafd waren, omdat Afghaanse tieners roken nou eenmaal cool vonden, waren ze geen van allen zo dapper dit aan hun ouders toe te geven. Nooit eerder had een volwassene ons geheim gedeeld. We hadden er veel zin in.

Toen we die dag de school verlieten, drong het tot mijn vriendinnen en mij door dat er iets niet in de haak was. Gewoonlijk staan er vele auto's om het schoolterrein, van rijke ouders die hun dochters komen ophalen. Maar die middag stond er alleen een militair voertuig op het schoolterrein. Bovendien werd de school door twee gewapende soldaten bewaakt. Er vlogen meerdere helikopters door de lucht.

Door de opwinding van onze reis de volgende dag, merkten we de dreigende signalen niet op. In plaats daarvan doken we met een hele groep een taxi in en gaven de chauffeur de opdracht om naar onze favoriete cafetaria in het centrum van de stad te rijden.

Elke cafetaria in Kabul had een man in dienst die de dienbladen en glazen vaardig als een circusartiest kon hanteren, iemand die de lekkernijen uitdeelde. De ober in onze favoriete zaak was een getalenteerd entertainer, die heen en weer sprong terwijl hij met schalen jongleerde, iets wat tienermeiden prachtig vinden. Vol spanning keken we toe hoe hij onze bordjes vol bevroren sneeuw schepte die vanaf hoge bergtoppen naar beneden was gehaald, waarna hij siroop over de sneeuw liet druppelen. Met een soeplepel goot hij vervolgens een scheut roomsaus met rozenwater bij elkaar, schudde even en schonk het uit over onze lekkernij.

Wat waren we gelukkig toen, misschien was het de laatste gelukkige dag van mijn leven in Afghanistan. We kletsten over het reisje van de volgende dag, over hoe we in het koude water zouden gaan zwemmen en waar we zouden picknicken in de weelderige tuinen van het verblijf. Ik was extra opgewonden omdat mijn vader ermee had ingestemd dat ik mijn vriendinnen de volgende ochtend met onze auto zou oppikken. Samen zouden we naar het schoolterrein gaan, waar de bus zou staan. Later die ochtend zou mijn vader naar de school gaan om de auto op te halen.

Hoewel in Kabul maar weinig vrouwen konden rijden, namen er nog minder achter het stuur plaats zonder de supervisie van een man. Ik was een van de weinige Afghaanse meisjes die van haar vader toestemming had gekregen om in een auto te rijden zonder dat een mannelijke passagier daartoe de opdracht had gegeven.

Nadat de taxi me aan het eind van de dag thuis had afgezet, zag ik tot mijn stomme verbazing mijn moeder, zus en kinderjuffrouw Muma vanuit de deuropening op mij af rennen. Kinderjuffrouw Muma had haar handen in de lucht alsof ze verwachtte een kogel te moeten afweren. Mijn moeder huilde. Mijn zus Nadia, die thuis was vanwege een vakantie van haar Indiase universiteit, had een bezorgde uitdrukking op haar gezicht en trok me de taxi uit, waarna ze me knuffelde en stamelde: 'Je bent veilig! Je bent veilig!'

Hun doodsbange gedrag joeg me de stuipen op het lijf. Ik riep: 'Wat is er aan de hand? Is papa iets overkomen?'

Moeder gilde: 'Kom meteen naar binnen!'

'Goddank leef je nog,' schreeuwde Muma, die haar rode, gezwollen ogen afveegde.

Tegen die tijd was ik zo van slag door de onbekende gebeurtenis dat ik helemaal begon te trillen. Mijn vader was vast en zeker dood! Waar zou mijn familie anders zo van ondersteboven zijn? Net toen we de voorkamer binnen liepen, klonk er een oorverdovende dreun. Het hele gebouw stond te schudden op zijn grondvesten.

Moeder gilde het uit.

De anderen renden de kamer uit.

Terwijl ik de hysterie in mij voelde opkomen, riep ik: 'Wat gebeurt er allemaal?'

Moeder praatte verward, dus rende ik naar de telefoon en belde vaders kantoor. De lijn was in bezet.

Op dat moment hoorde ik vlakbij het geluid van machinegeweren, gevolgd door een daverende explosie waarvan het gebouw stond te schudden.

De telefoon ging over. Papa aan de lijn: 'Maryam, godzijdank dat je thuis bent.'

Mijn maag keerde zich om toen ik door de telefoon het geluid van geweervuur hoorde. Was het leven van mijn vader in gevaar?

Ik gilde: 'Wie schiet daar?'

Moeder griste de telefoon uit mijn handen: 'Kom meteen naar huis!' blafte ze.

De verbinding viel weg.

Ik verstijfde van schrik.

Mijn moeder rende de gang door naar haar slaapkamer en krijste: 'O mijn god! O mijn god! Red hem! Red hem!'

Binnen een paar uur tijd was onze veilige wereld helemaal op zijn kop gezet. Ik probeerde het nummer van mijn vader nog eens en hoorde tot mijn verrassing dat de telefoon werd opgenomen, maar schrok me vervolgens een ongeluk toen in zijn kantoor een luide explosie klonk. Ik was ervan overtuigd dat mijn vader dood was.

Ik rende naar mijn moeder en schudde haar door elkaar om haar te laten stoppen met huilen: 'Moeder! Wat gebeurt er? Door wie worden we aangevallen?'

'Maryam, dochter van me, er is een coup. Een gewelddadige coup,' snikte ze.

'Waar? Wat?'

'We weten alleen dat het paleis wordt aangevallen.' Mijn moeder en ik staarden elkaar aan. Papa's kantoor lag slechts een huizenblok bij het presidentiële paleis vandaan.

Ik was nog nooit zo bang geweest. Gezien het geluid dat we buiten hoorden, wist ik dat er mensen doodgingen. Maar ik dacht alleen maar aan mijn lieve vader, die weliswaar al op jonge leeftijd in het leger was beland, maar nog geen enkele keer had gevochten.

Terwijl mijn moeder, zus en de kinderjuffrouw zich in hun kamers hadden opgesloten, stond ik bij de voordeur op de uitkijk, en wachtte. Ik wachtte drie lange uren, ineenkrimpend onder de luide klanken van de oorlog die uit elke hoek kwamen, zonder dat ik mezelf toestond me voor te stellen wat voor verwoestende schade er aan onze prachtige stad werd aangericht. Juist toen mijn knieën het van uitputting leken te begeven, zag ik de auto van mijn vader de straat in scheuren.

Ik rende naar buiten. De stank van rook sloeg me in het gezicht. Het geluid van machinegeweren echode nog na in mijn hoofd. Maar wat er ook was gebeurd, mijn vader leefde!

Toen papa me zag, sprong hij uit zijn wagen, rende op me af en omarmde me. Toen hoorden we hoe in de muren van de huizen om ons heen kogels insloegen.

Mijn vader dook naar de grond en trok mij met zich mee, en we schuifelden in de richting van de relatieve veiligheid van onze woning. Al snel werd mijn vader omringd door de anderen.

Papa vertelde: 'Ik ben gered door George Perouch.'

George Perouch was de Franse ambassadeur, een fantastische kerel, die goed bevriend was met mijn ouders en oom Hakim en zijn familie. De ambassade bevond zich naast het kantoor van papa.

Papa vervolgde zijn verhaal: 'Er was een kort staakt-het-vuren, zodat de medewerkers van de Franse ambassade konden evacueren. George rende mijn kantoor binnen en riep dat we de ambassade in moesten komen. Volgens hem moest iedereen, zo mogelijk samen met de Fransen, uit Kabul vertrekken. Mijn medewerkers hebben dat gedaan, maar ik ben naar huis gegaan.' Hij lachte even. 'Ik kon mijn meisjes niet achterlaten.'

Na elkaar omarmd te hebben ging hij door: 'Ik vrees dat Daoud dood is.'

Ik slaakte een klein gilletje. Ik had altijd van onze president gehouden, voornamelijk omdat hij eens voor mijn vader had gezorgd.

Papa klopte op mijn hand. 'Het presidentieel paleis heeft onder vuur gelegen en is ernstig beschadigd. Tegen de tijd dat ik ontsnapte, zag ik dat er gaten in de muren zaten en dat het omringd was door tanks, al werd er niet meer gevochten. Niemand schoot nog op het paleis en vanuit het paleis werd evenmin geschoten.' Hij fronste. 'Ik vrees dat ze allemaal dood zijn.'

Mijn hart sloeg over. Twee kleindochters van Daoud waren vriendinnen van me. Ik had ze de afgelopen dag op school zelfs nog gezien. Ze lachten en maakten zich nergens druk om, ze stonden niet stil bij eventuele gevaren. Zouden die onschuldige meisjes nu dood zijn? Papa ging verder met zijn verhaal: 'Nadat ik langs het paleis van Daoud was gereden, zag ik enkele schoolmeisjes over straat rennen. Levensgevaarlijk. Ik stopte en bood hen een lift naar huis aan, waar dat ook zou zijn. En weet je wat die meisjes naar me riepen: "Vieze oude man! Schaam je dat je jonge meisjes wilt oppikken!"' Hij zuchtte. 'Ik moest ze aan hun lot overlaten.'

Toen bedacht papa dat we eten moesten inslaan, want wie weet hoelang de gevechten zouden duren. Hij riep naar Askar, die plotsklaps achter uit de woning opdook. Voor de eerste keer die dag bedacht ik dat ik Askar al een hele tijd niet had gezien. Waar had hij gezeten?

Papa zei: 'Askar, ik denk dat de strijd even staakt. Ga meteen op pad en koop al het eten dat je te pakken kunt krijgen.' Hij greep in zijn zakken en drukte Askar een hele berg met geld in de handen.

Ik was stinkend jaloers dat Askar zou kunnen zien wat zich daarbuiten allemaal had afgespeeld. Nadat mijn vader en moeder naar hun kamer waren gegaan om de choquerende gebeurtenissen van die dag te bespreken, keerden Nadia en kinderjuffrouw Muma ieder terug naar hun eigen kamer. Ondertussen had ik de autosleutels gevonden, glipte onze woning uit en nam plaats in de auto. Ik onderschepte Askar die nog maar een tweetal huizenblokken verderop liep. Toen hij zei dat hij schrok van mijn onverwachte verschijning, loog ik: 'Papa zei dat ik op pad moest gaan en jou moest oppikken. In een auto kunnen we meer eten mee naar huis nemen.'

Op straat was het niet zo rustig als vader had gehoopt. Er werd nog gevochten. Her en der zagen we dode en gewonde mensen liggen. Gewapend met het valse gevoel van onverwoestbaarheid van een tiener reed ik zonder angst door de straten, ook al zag ik mensen zich in paniek uit de voeten maken en hoorde ik explosies en door de lucht fluitende kogels. In plaats daarvan voelde ik de opwinding stijgen.

In de lucht boven het presidentiële paleis zag ik bruine wolken omhoog kronkelen. Wat voor vreselijke dingen hadden zich daar afgespeeld? Waar waren mijn vrienden? Waar waren de vrouwen en kinderen van de koninklijke familie? Wat zou er zonder een gematigde president met Afghanistan gebeuren?

Op de markt speelde zich een hels spektakel af. Winkelende mensen schreeuwden en duwden, terwijl ze eten in hun tassen gooiden. Askar en ik begonnen ook te graaien, al boften we dat de marktkoopman ons gezin goed kende. De vriendelijke man begon zakken met rijst, pakken gedroogde melk, toiletpapier en andere spullen op te stapelen, waarna hij ons hielp bij het inladen van de auto. Ik probeerde voor de goederen te betalen, maar de eigenaar van de marktkraam weigerde ons geld aan te nemen: 'Schiet op! Schiet op! Dat regelen we later wel! Schiet op!'

We jakkerden naar huis omdat het geweld weer was losgebarsten, en soms dacht ik dat we het niet zouden redden. Nog nooit had ik zoveel adrenaline door mijn aderen voelen stromen. Toen we het gebouw met onze woning hadden bereikt, parkeerden we de auto zo dicht mogelijk bij de voordeur en haastten ons om de spullen uit te laden. Ik was trots op mezelf en verwachtte als een heldin te worden onthaald. Maar in plaats daarvan werd ik door twee woedende en woest schreeuwende ouders verwelkomd.

Mijn moeder krijste: 'Maryam! Maryam!' Ik zag dat ze aarzelde tussen het geven van een knuffel en een klap in mijn gezicht.

Het lieve gezicht van mijn vader was verwrongen van woede: 'Maryam! Hoe haal je het in je hoofd? We zitten midden in een revolutie! Ben je gek geworden, *spi zoia*!' Mijn vader vloekte zelden en nu noemde hij me een 'hondenzoon', een van de ergste verwensingen in onze moslimwereld.

Ik viel op de grond en klemde mijn armen om hun knieën. 'Het spijt me, papa. Het spijt me. Ik dacht niet na.'

Geen van beide ouders stak ook maar een poot naar me uit. Pas vele dagen later behandelden ze me weer net als anders.

In die eerste nacht van de revolutie sliepen moeder, de kinderjuffrouw Muma, Nadia en ik in de woonkamer. Mijn vader en Askar sliepen in een kleine kamer aan de achterkant van het huis. Onze slaap werd verstoord door geweervuur en explosies. We hoorden tanks door de straat voor ons huis rijden. Deze gewelddadige opstand leek in de verste verte niet op de revolutie van 1973, die zonder bloedvergieten verliep. Ditmaal werd er serieus gevochten. Met elk nieuw geluid van een slachting, barstten mijn moeder en zus in huilen uit. Om de een of andere reden was ik kalm en redde ik me prima, ik slaagde er zelfs in om wat te slapen, ondanks dat die slaap luidruchtig werd verstoord.

De volgende ochtend was ik aan de ontbijttafel de enige met een uitgerust gezicht. Mijn vader had de radio afgestemd op de belangrijkste zender van de regering in Kabul, die slechts vrolijke muziek uitzond. Uiteindelijk, rond een uur of tien 's ochtends onderbrak een stem met een Pathaans accent in het Farsi de muziek en vertelde de luisteraars: 'Afghanistan is bevrijd van het feodalisme en imperialisme. Afghanistan is nu de vrije republiek Afghanistan. Afghanistan is er voor het volk van Afghanistan.'

En weer begon de muziek. Ik haalde diep adem en bestudeerde vervolgens de bezorgde gezichten van mijn moeder en vader. Met een van weerzin vervulde stem nam mijn moeder als eerste het woord: 'De communisten zullen Kabul veranderen in een voorstad van Moskou. We zullen onze woning met anderen moeten delen. Jullie vader zal te horen krijgen dat hij zijn lucratieve zaak moet opdelen. Privégrond zal in beslag worden genomen en aan mensen worden gegeven die we niet kennen. Deze God hatende communisten zullen zelfs de islam onwettig verklaren.'

Als gelovige vrouw slaakte kinderjuffrouw Muma een kleine kreet en sloeg vervolgens haar handen voor de mond.

Ik zweeg bedroefd. Voor de eerste keer in jaren had ons gezin veel te verliezen. Net toen vader goed begon te verdienen, kwamen de communisten het weer allemaal van ons afnemen. Dat was niet eerlijk! Aan de uitdrukking op het gezicht van mijn vader zag ik dat hij er eveneens zo over dacht, maar hij zei niets, al hoorde ik hem grommen.

Precies op dat moment stopte de muziek op de radio en kondigde dezelfde stem aan: 'Ik ben de minister van Defensie van Afghanistan, majoor Aslam Watanjar.'

Bijna barstte ik in lachen uit. Dat kon niet waar zijn! Watanjar betekent: 'sterven voor je land'. Wat een clichématige, symbolische naam voor een man die de indruk wilde wekken dat hij opkwam voor zijn land. Later hoorde ik tot mijn verbazing dat de man werkelijk Watanjar heette, een ironisch toeval.

Voordat we in de gelegenheid waren om zijn boodschap te bespreken, werd de majoor door een andere stem onderbroken, ditmaal in het Pathaans. De nieuwe spreker zei: 'Beste medeburgers. Er is gerechtigheid gekomen voor mannen en vrouwen, die in uw nieuwe Afghanistan als gelijken zullen worden behandeld.'

Terwijl bijna iedere man in het land na dat bericht in woede zou ontsteken, was dat goed nieuws voor vrouwen, al geloofde niemand van ons dat er werkelijk iets zou veranderen. Zodra de foetussen van Afghaanse mannen in de baarmoeder armen en benen krijgen, beginnen er in hun kleine geest al vooroordelen te ontstaan tegen vrouwen en wordt de basis voor discriminatie gelegd. Wat zou de houding van dat soort mannen kunnen veranderen? Zelfs de communisten zouden op dat punt niets kunnen uitrichten.

Als we al twijfelden of de Russen achter de coup zaten, dan werd nu elke twijfel weggenomen door de hoofdgedachte van het bericht, namelijk dat de mensen in Afghanistan nu gelijkwaardig waren. Iedereen in Afghanistan zou precies gelijk zijn aan de ander. Er zouden geen rijken en geen armen meer zijn. Iedereen zou een opleiding krijgen. Als eerste zou het land zich richten op het bestrijden van het analfabetisme, ook al stonden de meeste families het niet toe dat hun dochters naar school gingen.

Openbaar onderwijs was beslist een goede zaak, maar het was onwaarschijnlijk dat het er in Afghanistan van zou komen, dat ging tegen de Afghaanse cultuur in.

De Pathaanse spreker eindigde zijn toespraak schreeuwend: 'Leve het socialisme! Weg met het imperialisme! Weg met Amerika!'

De hele dag bleven we voor de radio zitten, de enige manier waarop we nieuws over de staatsgreep konden krijgen. Voor het einde van de dag informeerde hij de luisteraars dat: 'President Daoud om gezondheidsredenen afstand heeft gedaan van zijn functie.'

Mijn vader klapte in zijn handen, wierp een blik omhoog en riep uit: 'Als dat eens waar kon zijn.'

Later die avond hoorden we ernstiger nieuws toen de officiële radio meldde: 'Het thuisland is bevrijd van de hilarische dictatuur van Mohammed Daoud. De tijd van broederschap en gelijkheid is begonnen. Daoud is voor altijd verdwenen. De laatste resten van de imperialistische tirannie en alleenheerschappij zijn neergeslagen. De nationale revolutionaire raad komt nu voor uw rechten op. Nu, voor het eerst, is de macht in de handen van het volk beland.'

We waren verontrust door de toon van het bericht en meenden dat de president was vermoord. Maar wat was er met de rest van de familie gebeurd? Na de gewelddadige opstand vreesden we het ergste. In het paleis van de president hadden vele vrouwen en kinderen gewoond. President Daoud had een vrouw, dochters en schoondochters, met vele kleinkinderen, soms nog maar kleuters. Ook woonden er vele ambtenaren en andere medewerkers van de president. Waar waren al deze mensen nu? Geen enkel lid van de koninklijke familie of voormalig medewerker had sinds het begin van de coup nog iets van zich laten horen.

Ik heb het verhaal van prins Daoud meermaals horen vertellen, al heb ik in de loop der jaren weinig aan hem gedacht. Hij was geboren in Kabul, en zijn vader, die ambassadeur van Afghanistan was in Berlijn, werd in 1933 in Berlijn vermoord. De prins werd onder de hoede genomen van andere leden van de koninklijke familie en ging in Frankrijk naar school. Hij keerde terug en vervulde belangrijke functies in de Afghaanse regering. In de loop der jaren was hij minister van Defensie, minister van Binnenlandse Zaken en ambassadeur van Frankrijk, en in 1953 werd hij aangesteld als premier. Tijdens het decennium van zijn premierschap heeft hij de Sovjet-Unie vaak om militaire hulp gevraagd en maakte hij ruzie met Pakistan over een betwist gebied. Dat was mogelijk de aanleiding om hem als premier te ontslaan. Zoals we hebben gezien, stond hij tien jaren later aan het hoofd van een staatsgreep tegen zijn neef en zwager koning Zahir, en zette hem af toen hij in Europa was. Ditmaal riep hij een republiek uit en nam de functie van president op zich.

In 1974 verzocht president Daoud de Sovjet-Unie om militaire steun. Van de ene op de andere dag leek het in Kabul te barsten van de politieke adviseurs, artsen, onderwijzers en wapendeskundigen uit de Sovjet-Unie.

Twee jaar later zag onze president Daoud eindelijk 'de realiteit' en distantieerde zich – te laat – van de Sovjets. En vanaf dat moment raakte hij echt in de problemen. In 1977 reisde hij naar Moskou voor een ontmoeting met Leonid Breznjev, waarbij Breznjev druk op hem uitoefende om alle experts van de NAVO en de Verenigde Staten het land uit te zetten.

Hoewel niet duidelijk is wat er tijdens die bijeenkomst is gebeurd, wordt er verondersteld dat president Daoud er nog meer van overtuigd raakte dat hij zijn vroegere sympathieën moest herzien en ons land aan de invloed van de Sovjets moest zien te onttrekken. Dit leidde tot een aaneenschakeling van gebeurtenissen die uitliepen op een regime met stromannen van de Sovjet-Unie, een gewapende invasie van een van de machtigste legers ter wereld, de bijna volledige verwoesting van Afghanistan en de dood van vele duizenden Afghaanse burgers. Er volgde nog een laatste vernedering; de opkomst van de taliban en de verwoestende acties van de Saudische terrorist Osama bin Laden, wat het einde van Afghanistan inluidde.

Ik prijs mezelf gelukkig dat we in die week van de coup in 1978 geen weet hadden van de trieste toekomst van Afghanistan, of van het feit dat ons gezin voor altijd zou worden vernietigd. Wij waren slechts een van de vele duizenden hulpeloze Afghaanse gezinnen die baden dat de chaos en het geweld gauw over zouden zijn en dat we ons dagelijks leven snel weer zouden kunnen oppakken.

Als ons gebed maar was verhoord.

9

Het verbaasde niemand dat het uitje van de hoogste klas van de middelbare school nooit is doorgegaan. Net als de meeste Afghaanse burgers kroop ons kleine gezin in huis bijeen, in afwachting van wat er zou gebeuren. Een paar dagen later kondigde onze nieuwe regering aan dat kinderen weer naar school moesten gaan. We deden wat ons werd gezegd. Bij mijn terugkeer ging ik zorgvuldig na wie er allemaal was teruggekeerd. De enigen die ontbraken, waren leden van de koninklijke familie. Hoewel we bleven hopen dat ze zouden terugkeren, hebben we geen van die levenslustige meisjes ooit weer teruggezien.

In Kabul ging het gerucht dat de staatsgreep was begonnen op bevel van Hafizullah Amin, die door president Daoud onder huisarrest was geplaatst nadat hij de Afghaanse communisten voor een toespraak had bijeengeroepen. President Daoud vermoordde zijn opponent niet, zoals eerdere heersers misschien gedaan zouden hebben, maar stelde zich mild op en stond toe dat de gevangene Amin bezoekers ontving. Die welwillendheid bleek een vreselijke miskleun, want, zo werd er gefluisterd, de bezoekers van Amin smokkelden de plannen voor een staatsgreep naar buiten en overhandigden deze aan de volgelingen van Amin. We hoorden pas een jaar later wat er die dag was gebeurd. De zorgvuldig geplande opstand was op het internationale vliegveld van Kabul door muitende soldaten in gang gezet. De rebellen maaiden de militaire eenheden neer die trouw waren aan president Daoud en vochten zich een weg naar het centrum van de stad.

Nadat ze van de gewapende opstand hadden gehoord, vluchtten de leden van de koninklijke familie vanuit hun eigen verblijven naar het paleis om zich daar schuil te houden. Wellicht meenden ze dat ze veilig zouden zijn als ze bij elkaar zaten, terwijl waarschijnlijk een aantal van hen het overleefd zouden hebben als ze zich over de stad hadden verspreid, of zelfs het land hadden verlaten.

Toen het paleis door de tegen de regering gerichte strijdkrachten werd aangevallen, zocht de bange familie toevlucht in de grote ontvangstruimte, waarvan de deuren werden afgesloten en trouwe medewerkers de ingangen bewaakten en klaarstonden om hen te verdedigen.

President Daoud zei tegen zijn familieleden dat hij nooit afstand zou doen van de macht. Hij zou dat zelfs niet doen als hem de kans werd geboden zich over te geven. Nog voor het einde van de dag was de hele familie vermoord, op twee prinsessen na, die in de chaos gewond raakten en naar het ziekenhuis werden vervoerd, waar ze later bezweken.

Moslims moeten binnen vierentwintig uur na hun dood worden begraven en over het algemeen laat ook een wrede vijand een fatsoenlijke begrafenis doorgang vinden. Maar er werden geen lichamen overhandigd om in de graven te leggen. Het lot van onze koninklijke familie bleef een groot mysterie en het zou dertig jaar duren voordat de waarheid ten slotte aan het licht kwam en bekend werd dat ze allemaal waren vermoord en in een massagraf begraven.

Na een poosje kwamen we te weten dat onze nieuwe president een man was die luisterde naar de naam Muhammad Tariki. Zijn eerste minister was Hafizullah Amin, de man die volgens de geruchten de coup had gepland. Deze twee heren voerden overleg met de Russen om te bepalen wat er met de Afghanen moest gebeuren.

Binnen drie maanden na de staatsgreep kondigde de kersverse president Tariki een hervormingsprogramma aan dat onze traditionele cultuur zou doen verdwijnen. In december reisde president Tariki naar Rusland om een Russisch-Afghaans vriendschapsverdrag te ondertekenen, een twintig jaar geldende overeenkomst gericht op 'vriendschap en samenwerking', die inmenging van het Sovjetleger met zich meebracht. Niet lang daarna braken overal in de provincies spontane opstanden uit. In Kabul gingen geregeld bommen af. De mensen in Afghanistan waren boos en lieten merken wat ze van de gang van zaken vonden.

Ik verbaasde me over de snelle veranderingen in ons persoonlijke leven. Al gauw werd ons schoolprogramma veranderd. Plotseling hadden onze geschiedenislessen niets meer met Afghanistan te maken. In plaats daarvan leerden we over de glorieuze Russische Revolutie en de uitmuntende verdiensten van de communistische machthebbers.

Het schooltoneel had niets meer van doen met de traditionele Afghaanse legenden, zoals de legende van de stenen draak of van het heilige graf van de bruid en bruidegom, volksverhalen die elk kind kent. Nu stond alles wat de plooibare leerlingen voorgeschoteld kregen bol van de propaganda. De liedjes die we leerden, waren niet langer de traditionele liederen, met hartstochtelijke Afghaanse teksten. In plaats daarvan kregen we te horen dat we over onze waardering voor het nieuwe socialistische regime moesten zingen. Ik kan me een onnozel liedje herinneren over het succesvolle Russische bestuur. In andere liedjes werd afgegeven op Amerika en Engeland.

Onze school werd een bezienswaardigheid voor de Russische bezetters. Hele hordes bezoekende hoogwaardigheidsbekleders kwamen de grens over naar Kabul om te zien dat Afghaanse schoolmeisjes toonbeelden van de communistische jeugd waren.

Elke dag nam ons leven waanzinniger vormen aan. En elke dag nam mijn woede toe. Ik kon me mijn eerste reisje naar het buitenland nog herinneren, toen ik van streek raakte over het gebrek aan moderniteit van Afghanistan vergeleken met Pakistan en India, en mijn vader me zei: 'Maryam, jij leeft onder eigen vlag, in een zelfstandig land.' Maar nu veranderde onze regering ons geliefde Afghanistan in een land dat op de Sovjet-Unie leek. Ik leefde onder de vlag van een vreemde mogendheid. In mijn patriottische hart bouwde zich een vulkaan van woede op.

De zus van onze kersverse president was net als onderwijzeres op onze school aangesteld. Hoewel ik haar als persoon niet onaardig vond, kon ik haar nauwe band met ons nieuwe communistische regime niet verkroppen. Ze was een enthousiast aanhanger van alles waaraan mijn familie en ik een hekel hadden. Ze oefende druk uit op de meisjes bij haar in de klas om lid te worden van de jongerenafdeling van de communistische partij. Hoewel enkele van mijn vriendinnen zich daarin schikten en zich aansloten, weigerde ik. Omdat ik de leider was op school, richtte ze zich op mij persoonlijk en raadde me aan lid te worden, bedreigde me soms indirect: 'Maryam, als je niet bij de jongerenafdeling gaat, zul je heel wat minder kans hebben om in aanmerking te komen voor hoger onderwijs.'

Dergelijke dreigementen maakten me nog vastbeslotener. 'Nee, dank je,' antwoordde ik met kalme stem, al jeukten mijn handen om haar in haar gezicht te krabben.

'Maryam, dat zal een negatieve invloed op je familie hebben.'

Ik keek haar aan zonder een woord te zeggen. Ik wist dat ik de juiste beslissing nam. Ik ben er de persoon niet naar om me ergens naar te schikken, enkel en alleen om er voordeel van te hebben. Als de communisten me niet zouden toestaan om Afghanistan te verlaten en naar een universiteit in India te gaan, dan meende ik wel zonder officiële toestemming de grens te kunnen oversteken.

Mijn besluit om geen lid te worden van de jongerenafdeling werd als opruiing gezien, maar ik heb er nooit spijt van gehad. Van leerlingen die zich wel hadden aangemeld, hoorde ik dat ze voortdurend onder druk werden gezet om hun eigen familie te bespioneren, alle anticommunistische opmerkingen die ze hoorden te melden, zelfs die van hun eigen ouders. Ook waren ze verplicht aanwezig te zijn bij feesten waar zowel mannen als vrouwen kwamen, bijeenkomsten die tegen onze cultuur ingingen.

Terwijl ik met jongens had gespeeld voordat ik in de puberteit kwam, mocht ik, toen ik eenmaal de tienerleeftijd had bereikt, niet langer met de jongens uit de buurt spelen of evenementen bezoeken waar mensen van beide geslachten kwamen. Eén

aspect van het communistische bewind stond me wel aan – dat vrouwen op de werk-
vloer gelijk werden behandeld als mannen, dat vrouwen konden stemmen en dat
vrouwen enkele wettelijke rechten kregen – maar dat betekende nog niet dat ik me op
mijn gemak voelde in het gezelschap van jongens die ik niet kende. De communisten
bewogen zich in het conservatieve islamitische Afghanistan in de verkeerde richting.

Net zoals vele Afghanen werd ik religieuzer toen de communisten aan de macht
kwamen. Voordat ze arriveerden, had ik religie niet al te serieus genomen en was
mijn geloof wankel. Maar toen we zoveel veranderingen over ons hoofd kregen
uitgestort, hield ik, net als zovele Afghanen, met nieuwe overtuiging vast aan mijn
islamitische geloof. Tijdens de ramadan vastte ik ijverig en at en dronk tijdens het
daglicht geen enkele keer.

Tijdens de ramadan kwam er op onze school een Poolse televisieploeg langs.
Voordat de medewerkers arriveerden, kregen we van onze onderwijzers te horen dat
we de nieuwe regering moesten prijzen. Het was één grote komedie. Iedereen die ik
kende, was boos op het nieuwe regime, haatte het zelfs.

Nog voor de televisieploeg aankwam, had ik een slecht humeur.

Omdat we in de hoogste klas zaten, zouden we als eersten worden geïnterviewd.
We werden naar de binnenplaats van de school geleid en kregen te horen dat we in
een kring moesten zitten. De Poolse filmcrew stelde om ons heen allemaal felle
lampen op.

Ik zag dat een van de jonge mannen van de crew een appel at. In het verleden zou
het me tijdens de ramadan niet zijn opgevallen of zou het me niet hebben uitge-
maakt als een niet-moslim iets at, maar op die dag welde er een grote woede in me
op. Graag had ik de macht gehad om die stomme vent eens flink te laten afranselen.

Ik ben er de persoon niet naar om me in te houden en riep in het Farsi: 'Schaam
je, idioot! Het is ramadan en jij staat een appel te eten. Waar is je respect voor onze
religie?'

Enkele klasgenoten giechelden. Eentje fluisterde: 'Maryam, als je zo vrijuit spreekt,
kom je in de problemen.'

'Ze zijn te stom om het Farsi te kunnen verstaan,' antwoordde ik uit de hoogte.

Net op dat moment wierp de man de appel op de grond en zei in perfect Farsi:
'Het spijt me. Je hebt gelijk.'

Ik was verbijsterd en in verlegenheid gebracht.

Toen het interview begon en de camera's begonnen te draaien, bleek de appel-
etende Pool de gastheer van de televisieshow te zijn. Hij richtte zich tot mij. 'Jij,' zei
hij, 'wat vind jij van de nieuwe regering?'

Ik voelde het bloed naar mijn gezicht stijgen en mijn opstandige gevoelens kregen de overhand boven de redelijkheid. Met norse blik keek ik hem aan: 'Dat zou je moeten weten. Jij komt uit Polen. Je bent een marionet die in een marionettenstaat woont. Hoe voel jij je daaronder?'

Ik hoorde een golf van ontzetting door de om ons heen staande mensen gaan, maar ik had mijn woede al vele maanden opgekropt. Ik kwam op gang. 'Vergeet niet dat wij Afghanen zijn. Wij buigen nooit voor de vlag van een ander. Wij zullen nooit een marionettenstaat zijn,' gromde ik. 'Anders dan jullie zullen we onze onderdrukkers het land uit drijven.'

Ik hoorde mensen naar adem happen, maar niemand gaf een kik tot ons stomverbaasde schoolhoofd haar stem hervond. Ze gilde: 'Ga naar je klas! Nu!'

Het vrouwelijke schoolhoofd was pas aangesteld op de Malalai-school, en was gestuurd als vervanger van de aardige onderwijzeres die we de hele schoolperiode hadden gekend en van wie we hadden gehouden. Dit was een marionet en ze wist niets van ons, ze wist niet eens hoe we heetten. We haatten haar.

Toen we weer in onze klas zaten, stampte ze ons lokaal in, met een gezicht zo rood als de appel die de televisiepresentator had gegeten. Ze liep recht op me af en zei met dreigende stem: 'Hoe heet jij?'

Nog altijd brutaal, en trots dat ik lef had getoond, sprak ik: 'Ik ben Maryam Khail, dochter van Ajab Khail. Wij zijn trotse Afghanen.'

Ze greep een pen en papier. 'Wie stond er naast je?'

Voor het eerst begon er enige spijt aan me te knagen. Ik was weliswaar al vanaf jonge leeftijd brutaal geweest, en had vaak gewaagde streken uitgehaald en de bijbehorende straf met opgeheven hoofd ondergaan, maar mijn vriendinnen waren anders. Ik loog. 'Ik kan me niet herinneren wie er naast me stond.'

De lerares begon mijn klasgenoten te ondervragen. Een bang meisje sloeg snel door en verschafte haar de namen van mijn beste vriendinnen.

Het schoolhoofd krijste met haar irritante stem: 'Blijf hier. Waag het niet een woord te zeggen. Ik kom terug.' Ze vertrok en sloeg de deur met een luide dreun achter zich dicht.

Na een paar stille minuten begonnen mijn vriendinnen op me af te geven omdat ik me zo stom had gedragen: 'Maryam, nu komen wij door jou in de problemen. De KHAD (de Afghaanse versie van de Russische geheime dienst) zal op de hoogte worden gebracht. Ze zullen al onze familieleden arresteren!' Sommige meisjes barstten in huilen uit.

Hoewel ik het vreselijk vond dat ik mijn vriendinnen bij de zaak had betrokken, had ik er geen spijt van dat ik mijn oprechte mening had gegeven. Ik voelde me er zelfs goed onder. Ik voelde me een echte patriot, een onwankelbaar strijder tegen de indringers.

Terwijl ik daar zelfvoldaan in de klas zat, gaf het schoolhoofd me bij de autoriteiten aan. Gelukkig voor mij kreeg ze contact met een minister die jarenlang bevriend was geweest met mijn vader. De minister was uiterst verbaasd te horen dat de dochter van Ajab Khail zoveel onrust had gestookt op de meest prestigieuze meisjesschool van Kabul. Hij overtuigde haar ervan dat ze de zaak aan hem moest overlaten en dat hij ervoor zou zorgen dat ik werd gestraft. Hij vroeg haar het niet bij de beambten van de KHAD te melden.

Nog voor mijn thuiskomst hadden mijn ouders het hele verhaal te horen gekregen. Wederom kreeg ik de volle laag. Mijn moeder schreeuwde naar me en mijn vader vroeg me om mijn kant van het verhaal te vertellen. Moeder plofte neer in een stoel en huilde zachtjes voor zich uit.

'Maryam,' zei mijn vader met opeengeklemde tanden: 'Maryam, door jou zullen we nog eens in het Pulecharkhi belanden.'

'Pulecharkhi?' herhaalde ik automatisch. Onder de communisten was het Pulecharkhi uitgegroeid tot de meest gevreesde Afghaanse gevangenis, berucht om het martelen en ombrengen van gevangenen. Veel van de beste en slimste mensen van het land verdwenen in het Pulecharkhi en van hen werd nooit meer iets vernomen.

'Ja. Mijn vriend op het ministerie heeft me gezegd dat zonder zijn interventie ons hele gezin zou zijn gearresteerd. Nu hoeven we weliswaar niet de gevangenis in, maar ze hebben ons wel op een lijst geplaatst om ons in de gaten te houden. Alles wat we doen en zeggen zal kritisch onder de loep worden genomen.' Gelaten klikte hij met zijn tong. 'Je hebt ons ernstig in de problemen gebracht, Maryam.'

Zoals papa al zei, was onze familie een mikpunt geworden. Korte tijd later sloten de Russen de cementfabriek van mijn oom Hakim. Farids gezin kreeg ernstige financiële problemen. Ook de zaak van mijn vader had het moeilijk, want het was bijna onmogelijk goederen te exporteren en daar kwam bij dat zijn Franse zakenpartner slechts met veel moeite het land in en uit kon, al bleef de goede man proberen alle hindernissen te nemen.

Eid, de viering van het einde van de ramadan, had dat jaar meer weg van een begrafenis dan van een feest. Tijdens Eid kwam onze familie bijeen en terwijl de kleine kinderen speelden, bespraken de volwassenen hoe we het land zouden kunnen ontvluchten. Ik hoorde mijn vader zeggen: 'Er zijn smokkelaars die ons de Pakistaanse grens over kunnen brengen. Van daaruit kunnen we naar India.'

Oom Hakim zei: 'Nee. Afgelopen week heb ik nog van een familie gehoord die zo'n smokkelaar in dienst had genomen. Zodra ze in een afgelegen gebied waren beland, werden de mannen van de familie vastgebonden en de vrouwen verkracht.

Nee. Nee. Dat risico kunnen we niet lopen.' Hij dacht nog even na en kwam vervolgens met een eigen plan: 'Ik heb nagedacht. We moeten gebruikmaken van onze contacten. Farid is bezig visa voor ons allemaal te regelen.'

Ik voelde enige trots in me gloeien. Mijn held Farid, mijn lieve neef, hij zou ons beslist redden. Na in India op school te zijn geweest, had Farid in Iran aan een goede universiteit gestudeerd. Maar ook dat land had te lijden onder een revolutie en vanwege de toenemende druk was hij genoodzaakt naar Bahrein te vluchten, waar hij een goede baan had gevonden. Ja, Farid zou ons allemaal weten te redden.

'Godzijdank was Farid in het buitenland toen het allemaal begon,' verzuchtte oom Hakim. 'We moeten geduld hebben. We wachten af tot we weten wat Farid voor ons kan doen.'

Tijdens een dergelijke familiebijeenkomst had Hakim zijn arm over mijn schouders gelegd en me weggeleid. 'Maryam, ik kan zien dat je erg gespannen en boos bent. Je moeder heeft me verteld van je uitbarsting op school.'

Ik keek hem aan en knikte, en wist dat ik nu een preek zou krijgen. Toch hield ik van oom Hakim en wist dat het een wijze en goede man was, moediger dan de meeste andere mensen. Hij had zich zelfs tegen de brute nazi's verzet.

'Maryam, je moet je mond weten te houden. Toen ik in Duitsland was, zag ik dat het de jongeren waren die het vaakst hun afkeer tegen de nazi's uitspraken. Weet je wat er met hen is gebeurd?' Hij knipte met zijn vingers. 'Ze zijn verdwenen, Maryam. Ze zijn verdwenen en nooit meer teruggezien. Uiteraard zijn we er later achter gekomen dat Hitler en zijn trawanten iedereen hebben vermoord die het in zijn hoofd durfde te halen het niet met hun beleid eens te zijn.'

Hij boog zich naar me toe en voor het eerst in mijn leven zag ik angst in zijn ogen.

'Maryam,' waarschuwde hij, 'de enigen die even wreed zijn als de nazi's zijn de communisten. Deze mensen zullen niet aarzelen om onze jonge mensen te executeren, zelfs een jong meisje zoals jij. Maar voordat ze je doden, zullen ze je martelen. Je weet dat je ouders als dat gebeurt helemaal kapot zullen zijn. Je moet me beloven, Maryam, dat je je mond stijf dichthoudt.'

Ik beloofde hem dat ik dat zou doen. Als oom Hakim bang was, was er alle reden om voorzichtig te zijn.

Maar ik wist ook dat ik die belofte moeilijk kon houden.

10

Jammer genoeg voor onze familie bleek de waarschuwing van oom Hakim profetisch te zijn. Onze familie verloor twee van de meest intelligente en aardige neven.

Vanwege het nare gedrag van Shair Khan, gingen we veel meer om met de familie van mijn moeder dan met de familie van mijn vader. Toch maakten we in de loop der tijd kennis met enkele leden van de familie Khail en leerden we van hen te houden. De meest bijzonderen waren twee jonge neven, een toegewijde arts genaamd Sabor en zijn oudere broer Mohammed, die in Kabul op het ministerie van Justitie werkte. Omdat ze ouder waren, spraken we ze aan met 'oom', wat in onze cultuur een teken van respect is. Sabor was de trotse vader van een zes jaar oude dochter en Mohammed was de opgewekte vader van vier kinderen.

Sabor was een grote man die een en al vriendelijkheid uitstraalde. Hij had grote expressieve ogen en leek opvallend veel op de Amerikaanse filmster Clark Gable. Hoewel Sabor bescheiden begon te blozen als hij met zijn fraaie uiterlijk werd gecomplimenteerd, was hij trots op zijn perfecte snor en baard.

Sabor was de hardst werkende dokter van het land en vanwege zijn toewijding voor de armen van Afghanistan zagen wij hem slechts nu en dan. Over het algemeen dook hij één keer per maand op, met zijn handen en zakken vol vers fruit. Stiekem had ik liever snoepjes en kauwgom, maar hij wees me erop dat die heerlijkheden mijn gezondheid ondermijnden. Met zijn aandacht voor een goed dieet en een gezonde levensstijl was Sabor zijn tijd ver vooruit.

Ondanks het gebrek aan snoep vond ik het heerlijk als Sabor op bezoek kwam. Hij interesseerde zich altijd voor elk detail van mijn jonge leventje. En hij onderhield ons met de meest interessante nieuwtjes uit het ziekenhuis of opmerkelijke medische gevallen.

Sabors oudste broer Mohammed was eveneens groot, met een smalle neus en volle lippen. Hij was zorgeloos en plaagde ons als kleine kinderen weleens. Hij lachte om de strenge principes van zijn broer en verraste ons met stukken chocolade en andere verboden heerlijkheden. We hadden zo'n goed contact met Mohammed dat als onze vader het land uit was, hij enkele van de taken van papa overnam, ons vaak van school ophaalde en ons onthaalde op een ijsje of met ons uit wandelen ging in het park in de buurt. Elke donderdagavond nam Mohammed ons hele gezin mee uit eten, naar het mooiste restaurant in Kabul, dat gevestigd was in een van de voormalige paleizen. Na afloop nam hij de jongeren mee naar de film.

We hadden er geen idee van hoe weinig tijd we nog met deze twee heerlijke mannen zouden doorbrengen. Kort na de door de communisten geleide coup hoorden we berichten over jongemannen van invloedrijke families die zonder aanleiding of uitleg werden gearresteerd. Het gerucht ging dat er vele duizenden werden opgesloten en dat er nooit meer iets van hen werd gehoord. Alhoewel we blij waren dat Farid zich veilig in het buitenland bevond, maakten we ons zorgen over de rest van onze neven, in de leeftijd van veertien tot veertig. Onder het nieuwe repressieve regime kon er van alles met ze gebeuren.

Toen bereikte ons op een dag het vreselijke nieuws dat de geheime politie een inval had gedaan in het ziekenhuis waar Sabor werkte. Zonder toelichting werd de aardige Sabor weggevoerd. Later op diezelfde dag waren andere functionarissen van de KHAD onaangekondigd het kantoor van Mohammed binnen gelopen. Ook hij was gearresteerd.

Iedereen die de twee vriendelijke mannen kende, hield van ze en kon niet geloven dat ze iets verkeerds hadden gedaan. Nu zagen we het aangrijpende beeld voor ons van hun opsluiting in het Pulecharkhi, waar ze wellicht werden gemarteld.

Net als in vele oosterse landen gaat het er niet om wie je bent, maar om wie je kent. Dus begonnen alle mannen in onze familie hun contacten met de overheid op te bellen om uit te zoeken waarom deze twee aardige en onschuldige mannen waren gearresteerd. Maar in de stijl van de Sovjets ging men daar heel anders mee om dan wij. Sabor en Mohammed bevonden zich ver buiten het bereik van onze invloed.

Met het verstrijken van de dagen nam onze ongerustheid toe.

Door de verdwijning van mijn aardige neven begon de vulkaan in mijn binnenste vuur te spuwen. Ik haatte de communisten zozeer dat ik moeite had om aardig te blijven tegen onze Russische buren, de familie Mekrorayan, goede mensen die weinig te maken hadden met onze problemen.

We hadden nog twee neven die een hoge functie in het leger vervulden. Gelukkig had het regime het niet op hen voorzien. Ze waren zelfs in staat onze familie bij te staan bij verschillende onbelangrijke officiële zaken. Een van onze neven had blauwe ogen en de andere groene, dus de jongere kinderen in de familie noemden hen voor de grap 'de blauwe oom' en 'de groene oom'.

Een poosje nadat Sabor en Mohammed waren verdwenen, ging de telefoon en een stem aan de andere kant van de lijn zei: 'Ik ben commandant in het leger.' De stem pauzeerde en voegde daar vervolgens aan toe: 'Ik ben een van je ooms.'

'Ben je de blauwe oom of de groene oom?' vroeg ik speels.

'Ik ben de blauwe oom,' lachte hij. Toen werd hij serieus: 'Zeg tegen je vader dat hij vanavond thuis moet zijn omdat ik hem moet zien. Om negen uur kom ik langs.'

Toen mijn vader het huis binnen liep, rende ik op hem af om hem de boodschap door te geven en ik kon zien dat het hem verheugde.

Die avond werd er op het genoemde tijdstip aangebeld en ik vloog naar de deur in de veronderstelling mijn 'blauwe oom' te zien, maar in plaats daarvan werd ik begroet door een vreemdeling in een militair uniform. Achter hem stonden twee andere soldaten, allebei voorzien van een machinegeweer. Een vierde legerofficier stond naast onze veranda. Geen van allen keken ze vriendelijk.

'Wat wilt u?' vroeg ik. Het drong tot me door dat de stem aan de telefoon helemaal mijn oom niet was geweest. Ik was er ingetuind.

'We willen je vader zien.'

Omdat hij ons hoorde spreken, kwam mijn vader de woonkamer uit en ging bij me staan.

'Meneer,' verordonneerde de officier. 'U moet met ons meekomen.'

'Waarom nemen jullie mijn vader mee?' zei ik luid.

Ze negeerden me.

Papa had een vertwijfelde uitdrukking op zijn gezicht. Sinds er kanker bij hem was vastgesteld, had hij niet meer in het leger gezeten. Hij werkte niet meer bij de overheid. Hij was geen jongeman meer.

Ondertussen had mijn moeder zich bij ons aangesloten. Bij de aanblik van de gewapende mannen werd ze zo bang dat ze geen woord uit durfde te brengen.

De officier blafte haar toe: 'Pak de medicijnen van uw echtgenoot. We nemen hem mee.'

We keken elkaar aan en dachten hetzelfde: ze hadden een dossier over mijn vader bijgehouden, anders hadden ze niks geweten over zijn ziekte of medicijnen.

Mijn moeder probeerde rustig te ademen en maakte zich snel uit de voeten.

Ik voelde me zo gespannen dat ik nauwelijks kon ademhalen. Ik keek naar mijn vader. Er sprak berusting uit zijn blik, maar zijn handen trilden. Nooit had ik meer van hem gehouden. Op het ergste moment van mijn leven kon ik niets uitrichten. De gewapende mannen stonden toe te kijken. We waren allemaal aan hun genade overgeleverd. Als ze wilden, hadden ze ons allemaal overhoop kunnen schieten, zonder dat iemand er iets aan kon doen.

Mijn haat voor de nieuwe regering verhevigde zich nog eens.

En daar kwam moeder uit de slaapkamer aangerend, met de pillen van papa bij zich. Ook had ze wat schone kleren en een paar sigaretten gepakt, die ze in een kleine tas had gedaan. Gelukkig was ze nog blijven nadenken en had ze enkele spullen verzameld waaraan hij nog iets kon hebben als hij langer dan een paar uur gevangen zou zitten.

De leidende officier knikte en een van de soldaten pakte vaders tas aan. Ze begonnen hem weg te leiden. Eindelijk slaagde ik erin weer te ademen en tegelijkertijd begon ik te schreeuwen. Ik klampte me aan mijn vader vast, want ik was doodsbenauwd hem nooit weer te zien, dat hij zou verdwijnen, net zoals Sabor en Mohammed.

Ik schaamde me niet. 'Neem hem niet mee,' smeekte ik met brekende stem. 'Hij is erg ziek.'

Een van de soldaten trok mijn handen van vader af. Toen begreep ik dat we te maken hadden met mannen met een hart van steen.

Mijn moeder gilde: 'Alstublieft, maak geen wees van haar. Doe het niet!'

We konden niets uitrichten. Ik kon slechts naar de rug van mijn vader kijken terwijl hij in de richting van het militaire voertuig wandelde. Hij werd op de achterbank geduwd en daar gingen ze. Misschien zouden we hem nooit meer zien.

Moeder stortte in, maar ik herpakte mezelf snel en rende naar de telefoon. Ik draaide het nummer van de minister van Landbouw. Hij was een vriend van de familie en had vele jaren geprofiteerd van de gunsten van mijn vader. Papa had voor hem een studiebeurs voor een Europese universiteit geregeld, waar hij promoveerde. Ook had mijn vader hem geholpen om zijn huidige positie in de regering te bekleden. Ik schroomde niet om hem hieraan te herinneren en zei: 'Alstublieft. Mijn vader heeft zoveel voor u betekend en hij heeft het met alle liefde gedaan. Nu heeft hij uw hulp nodig.'

Als de minister al was geschrokken van mijn onvoorzichtigheid, dan heeft hij dat niet laten merken. Ik weet dat elke Afghaanse burger op een dergelijke positie bij de overheid aan dit soort wanhopige smeekbedes gewend is.

Hij zei: 'Maryam, het lukt me niet meer om vanavond nog iets voor je te doen. Maar morgenochtend zal ik me er meteen over buigen. Dat beloof ik.'

We waren zeer ongerust bij de gedachte dat papa ook maar even in de gevangenis moest zitten. Nabije familieleden en vrienden kwamen langs om ons te steunen. Niemand kon in slaap komen. We ijsbeerden wat en huilden, waren als de dood dat vader op dat moment ondervraagd werd of gemarteld zou worden.

Rond een uur of twee in de ochtend werd er aangebeld. We klauterden over elkaar heen om de deur te openen. Tot mijn stomme verbazing stond de minister van Landbouw voor de deur. Hij keek ons glimlachend aan, stapte opzij en daar stond papa.

Mijn moeder en ik gilden en huilden. We waren buiten zinnen van vreugde.

Papa had een brede grijns op zijn gezicht. 'Ze stonden op het punt me mee te nemen om te ondervragen en wie staat daar ineens in de deuropening? Mijn vriend.' Hij klopte de minister op zijn schouder.

Onze angst nam niet af toen we hoorden waarom vader was gearresteerd. Leden van de Khail-stam waren kort geleden tegen het Russische regime in opstand gekomen.

In het nieuwe Afghanistan werd ervan uitgegaan dat iedereen ergens de schuld van had. Na de dood van Shair was papa het symbolische hoofd van de Khail-stam geworden. De leden van de Khail-stam hadden veel respect voor hem en hielden zozeer van hem dat er werd vermoed dat hij de opdracht voor de opstand had gegeven. In een land dat werd bevolkt door woeste stammen vreesde het nieuwe regime niets zozeer als een stammenopstand.

Als de minister papa niet zou hebben gered, was hij wellicht tijdens de ondervraging gestorven, want onder het nieuwe regime werd er veel gemarteld. Daar kwam bij dat vaders gezondheid breekbaar was. Papa zou niet in staat zijn geweest de ondervragers datgene te vertellen waar ze op uit waren, want hij had nog niets over de opstand van de Khail-stam gehoord. Al vermoed ik dat hij zich er stiekem wel in kon vinden. Wat mijzelf betreft, ik glom van trots toen ik van de opstand hoorde. De leden van onze Khail-stam hielden onze eer hoog. Maar later hoorden we dat de leden van de Khail-stam door de regering werden uitgemoord. Vele duizenden waren gearresteerd en gevangengenomen, of erger.

Mijn woede nam toe.

Het meest akelige nieuws kwam toen de overheid een lijst met namen publiceerde van mensen die sinds de staatsgreep waren gearresteerd. De lijst bevatte duizenden namen, waaronder die van Sabor Khail en Mohammed Khail. Ook stond erbij waar mijn twee ooms van werden beschuldigd. Ze waren alleen maar gearresteerd omdat het hooggeschoolde en deskundige mannen waren die tot een invloedrijke stam behoorden. Lang voordat de coup plaatsvond, hadden de communisten bedacht dat ze iedereen wilden elimineren die volgens hen deel uitmaakte van de intelligentsia. Daardoor zouden er minder mannen overblijven die in staat waren een opstand tegen het regime te plannen of te leiden. Veel van onze jongemannen werden naar Siberië gestuurd, waar ze zich dood moesten werken. Anderen werden vermoord, afhankelijk van de grillen van hun ondervragers.

Achter de namen van de beide broers Khail, Sabor en Mohammed, stond vermeld: 'Natuurlijke dood in gevangenschap.'

Dood? Dood? De wanhoop in de familie was met geen pen te beschrijven. We konden ons niet voorstellen dat die twee knappe en vriendelijke jongemannen dood waren. Hoewel de familie verzocht om hun lichamen, werd er niet op hun verzoek gereageerd. Later, via een bij de overheid werkzame vriend, kregen we te horen hoe ze aan hun einde waren gekomen. Tijdens de maanden dat ze in de gevangenis verbleven, waren Sabor en Mohammed ondervraagd door een van de meest beruchte bruten van het nieuwe regime. Tijdens de martelingen hadden de beide broers vreselijke verwondingen opgelopen. Geen van beide heeft bekend zich tegen het regime verzet te hebben, omdat ze onschuldig waren. Op een dag werden ze uit hun cellen gehaald. Mijn neven waren zeer opgelucht dat er eindelijk een einde aan de nachtmerrie was gekomen. Ze meenden dat ze naar hun vrouwen en kinderen zouden terugkeren. In plaats daarvan werden ze door een Russische helikopter meegenomen. In die helikopter werden ze gruwelijk bespot en kregen ze te horen dat ze nog geen enkele sovjetkogel waard waren. Boven een verlaten gebied werden ze uit de helikopter gegooid, waarna hun perfecte lichamen stuksloegen op de rotsen van het land waarvan ze zo hielden.

Het beeld van hun laatste moment was onverdraaglijk.

Ik was zo boos dat ik niet eens kon huilen. Voor het eerst in mijn leven voelde ik me in staat iemand te vermoorden.

Op een noodlottige dag gaf vader me toestemming om met de auto een vriendin op te halen zodat we onszelf op een ijsje konden trakteren. Onderweg moest ik over een van de hoofdbruggen van Kabul rijden. Net toen ik de brug naderde, zag ik twee Russische vrouwen over de brug lopen. Ze lachten en praatten honderduit, alsof ze zich nergens om hoefden te bekommeren. Plotseling voelde ik de woede opwellen. Ik dacht bij mezelf: die stomme wijven weten beslist dat hun mannen jonge Afghaanse mannen achter slot en grendel zetten en vermoorden. Wie weet was het een van hun echtgenoten die Sabor en Mohammed uit de helikopter hadden gegooid.

Ik draaide helemaal door van woede en richtte me op die twee Russische vrouwen alsof ze de oorzaak van alle Afghaanse problemen waren. Ik gaf een slinger aan het stuur en drukte het gaspedaal in. De motor brulde terwijl ik op de vrouwen af reed. Ze hoorden het kabaal van de motor, keken achterom en zagen een auto woest hun kant op sturen. Een van de vrouwen greep heel behendig de reling beet en zwaaide over de reling de rivier in, die niet ver daaronder stroomde.

De tweede vrouw probeerde even soepel de rivier in te springen, maar ze was een beetje mollig, struikelde en belandde op de brug. Ik had over haar heen kunnen rijden terwijl ze over de grond rolde, maar op het laatste moment merkte ik dat ik niet de instelling heb van een moordenaar. Ik gaf een ruk aan het stuur en schoot links langs haar heen. Om er vlug vandoor te kunnen gaan, drukte ik het gaspedaal in en maakte me uit de voeten. In mijn achteruitkijkspiegel zag ik hoe de vrouw op de brug overeind sprong en me nakeek.

Ik voelde geen spijt. In plaats daarvan voelde ik een golf van blijdschap door me heen trekken. In strijd met het zuivere kwaad is alles geoorloofd, sprak ik mezelf toe. Mijn doel rechtvaardigde alle middelen.

Ik haalde een paar maal diep adem en vervolgde in alle rust mijn rit om mijn vriendin op te halen. We aten ons ijsje en ze zei dat ik ontspannener leek dan ik er sinds de staatsgreep had uitgezien. Ik was geneigd om haar over mijn moorddadige ochtend te vertellen, maar op de een of andere manier besloot ik het voor me te houden. De daaropvolgende dagen voelde ik me uitstekend.

Ongeveer een week later kwam mijn vader zichtbaar van slag thuis. Hij riep: 'Maryam, iemand heeft onze auto op de brug gezien. Ze zijn op zoek naar een vrouw die in onze auto reed. Wat is er gebeurd? Wat heb je daar gedaan?'

Ik ben ervan overtuigd dat het bloed me naar mijn gezicht steeg, maar hield mijn lippen stijf op elkaar.

'Maryam, ditmaal verkeer je in grote moeilijkheden! Ik heb gehoord dat het meisje dat mijn auto bestuurde van een ernstig misdrijf zal worden beschuldigd.'

Mijn hoofd tolde. Ik had moeten weten dat mijn idiote daad tot ons huis herleid zou worden. Ik was een van de weinige Afghaanse meisjes in Kabul die in een auto reed. Wellicht had iemand een goede beschrijving van onze auto gegeven en gemeld dat hij door een jonge vrouw werd bestuurd. Het zou zelfs zo kunnen zijn dat ze zich het nummerbord konden herinneren: S 54189 Kabul. Gezien de waarschuwing van oom Hakim, begon ik de kriebels te krijgen en voelde me steeds minder op mijn gemak. Waarop zou dit uitlopen?

Toen mijn vader mijn gezichtsuitdrukking zag, wist hij dat ik schuldig was.

'Maryam,' herhaalde hij snauwend, 'je zit diep in de problemen.'

Ik beet op mijn lip, maar bleef stug zwijgen. Ik kon me er niet toe brengen te bekennen wat ik die dag had gedaan, want dan zou mijn vader nog heviger schrikken.

Mijn lieve vader, die zijn vrouw en dochters geen enkele keer had geslagen, pakte een stoel, zwaaide hem omhoog en kwam op me af.

Doodsbenauwd liet ik me vallen en rolde onder de eettafel. Toen ik een enorme dreun hoorde, gilde ik het uit. Mijn vader had de stoel op de tafel stukgeslagen.

Ik hield mijn adem in en vreesde dat hij me nu elk moment onder de tafel vandaan zou trekken om me een geweldig pak slaag te geven.

Net op dat moment rende mijn moeder de kamer in. 'Wat? Ajab? Wat?'

Mijn vader zei haar: 'Maryam heeft een of andere misdaad begaan in onze auto. Maar ze vertikt het om te zeggen wat ze gedaan heeft.'

Mijn moeder schreeuwde: 'Mijn lieve god! Waarom heb ik zo'n kind als Maryam gekregen? Waarom wil Maryam ons allemaal ombrengen?'

Mijn vader beende weg.

Ik kroop naar mijn kamer, sloot de deur en vermeed elk contact.

Tot mijn afgrijzen stond er later die middag een stel agenten van de KHAD voor de deur. Ik sloop de hal naast de zitkamer in om te horen wat er gebeurde.

De leden van de KHAD waren beleefd, maar ik wist dat hun beleefdheid niet zou aanhouden.

Ik hield mijn adem in terwijl zij mijn vader vertelden dat een van de vrouwen van een hoge Russische generaal op de betreffende ochtend met een vriendin aan het wandelen was geweest. Een moordenaar in de auto van mijn vader had geprobeerd beide vrouwen om te brengen. De twee vrouwen waren aan de dood ontsnapt, maar allebei moesten ze aan kleine verwondingen worden behandeld en hadden ze een psychisch trauma opgelopen. Nu wilde de generaal degene vinden die zijn vrouw had willen vermoorden. Hij was vastbesloten een voorbeeld te stellen.

'Het was uw auto,' zeiden ze tegen mijn vader. 'Wie was die vrouw? Was het uw dochter, Maryam?'

Mijn vaders stem klonk zacht, maar kalm. 'Jullie hebben het verkeerde meisje voor ogen. Maryam zou zoiets nooit doen. Ik weet niet eens of ze die dag in de auto heeft gereden.'

Uiteindelijk vertrokken de mensen van de veiligheidsdienst, maar niet nadat ze mijn vader hadden gezegd: 'Je moet je dochter morgenochtend bij ons brengen, dan zullen we haar ondervragen.'

Nadat hij de leden van de KHAD had uitgelaten, hoorde ik mijn vader met een kennis op een hoge post bellen, de minister van Planning, een andere goede vriend die voor de overheid werkte. 'Ik moet je spreken,' zei mijn vader. 'Nee. Nu.' Hij legde de hoorn neer en stampte naar de deur.

Trillend trok ik me weer terug op mijn slaapkamer. Ik vervloekte mezelf dat ik mijn zelfbeheersing had verloren, dat ik mijn arme vader in zo'n benarde positie had gebracht. Misschien zou het hele gezin ter dood worden gebracht omdat ik me zo misdadig had gedragen. En ik had de vrouwen niet eens gedood. Een erg efficiënte strijder was ik niet, moest ik bekennen.

Mijn vader bleef meer dan drie uur weg. Toen hij terugkeerde, besprak hij de situatie met mijn moeder. Mijn vader was te boos om me zelfs maar aan te kunnen kijken, dus kwam mijn moeder mijn kamer in om me te zeggen wat ik kon verwachten.

Papa had bij zijn vriend bekend dat die idiote dochter van hem haar verstand had verloren en geprobeerd had een stel Russische dames overhoop te rijden. In de wetenschap dat ik ter dood zou worden gebracht als de KHAD bevestigd zou krijgen dat ik de boosdoener was, bedachten mijn vader en zijn vriend een aannemelijk verhaal, waarbij ze het voorval in de schoenen schoven van de vrouw van de Franse zakenpartner van mijn vader. Ze had haar echtgenoot op een zakenreis door het land vergezeld. Op de betreffende dag had ze onze auto geleend. Maar omdat ze onze wagen niet kende, had ze onderweg de macht over het stuur verloren. Ze sprak de taal niet en was te bang om te stoppen en om hulp te vragen. Toen de KHAD bij hem thuis was gekomen, was mijn vader niet op de hoogte geweest van alle details van het voorval. Zo had hij toen pas gehoord dat er voetgangers bij betrokken waren, terwijl hij aanvankelijk had gedacht dat de vrouw van zijn partner alleen maar van de weg was geraakt.

In werkelijkheid had de Franse zakenpartner van mijn vader inderdaad een bezoek gebracht aan Kabul, maar waren ze een dag voor het incident uit Afghanistan vertrokken. We hoopten dat de KHAD niet zou nagaan of de datum van hun vertrek uit Kabul ook klopte. Het verhaal impliceerde uiteraard wel dat mijn vaders partner en zijn vrouw nooit meer naar Afghanistan konden afreizen, in elk geval niet zolang de communisten de macht in handen hadden.

Ik had er een grote bende van gemaakt.

De vriend van mijn vader op het ministerie was zo vol afkeer over mijn gedrag dat hij mijn vader waarschuwde dat hij mijn gedrag niet nogmaals zou helpen verdoezelen. Als ik weer in de problemen raakte, kon ik het zelf met de KHAD zien op te lossen. Die boodschap sprak boekdelen.

Mijn moeder sprak me ernstig toe: 'Maryam, wat ben je toch een koppig, eigenwijs en weerbarstig kind. Je bent naïef, onvolwassen en toont geen enkel respect voor de heiligheid van het leven, niet alleen voor het leven van vreemdelingen, maar voor het leven van je familie. Je vader en ik zijn diep teleurgesteld in je.'

Ik wist in mijn binnenste dat mijn moeder gelijk had, maar ik vond dat ze toch ook rekening moest houden met het feit dat ik idealistisch was en uit vaderlandslievendheid had gehandeld. De Russen bezetten mijn land en vermoordden mijn vrienden en familieleden, en Afghanen staan bekend om hun strijdbaarheid. Ik was een echte Afghaanse. Al speet het me wel dat ik mijn familie in gevaar had gebracht. Om die reden bood ik mijn oprechte verontschuldigingen aan mijn ouders aan, en aan de minister die ons uit de problemen had geholpen.

Toen ik me verontschuldigde, knikte mijn moeder, maar ze zei niks.

Mijn vaders reactie sneed me diep door het hart. Hij bleef me zo lang aankijken dat ik meende dat hij nooit meer iets zou zeggen. Uiteindelijk zei hij: 'Ga uit mijn ogen.'

De volgende dag moest mijn vader zich op het hoofdkwartier van de KHAD melden. Hij ging alleen. 'Ik kan er niet van op aan dat je niet zult proberen de beambten aan te vallen die ik moet zien te kalmeren,' mopperde hij.

Omdat mijn vader de hele dag niet terugkeerde, werden we steeds zenuwachtiger. Hij werd vele uren vastgehouden, de beambten bleven hem de hele tijd over dezelfde punten ondervragen en probeerden hem in de val te lokken.

Hoewel papa niet de instelling van een strijder had, was hij extreem intelligent en wist hij dat hij kalm en geconcentreerd moest blijven om ervoor te zorgen dat de KHAD van mijn onschuld overtuigd raakte en dat het de Franse vrouw was die had gereden en nu buiten bereik was. De KHAD was niet uit op een conflict met de Franse overheid, al hoorden we later dat de generaal druk had uitgeoefend om er een internationaal incident van te maken. Wonder boven wonder lieten ze de zaak ten slotte lopen.

Ik was, wederom, gered.

Maar ik heb me nooit meer op mijn gemak gevoeld in mijn land. Vanaf dat moment hebben mijn ouders me als een melaatse behandeld. Elk privilege werd me ontnomen en ik werd onder strikt toezicht gesteld. Buiten de school om mocht ik geen vriendinnen meer zien. Ik kreeg nooit meer toestemming om in de auto te rijden. De dienstmeisjes mochten op vakantie gaan en ik kreeg te horen dat ik alle huishoudelijke werkzaamheden op me moest nemen. Nu moest ik elke ochtend om vijf uur opstaan en schoonmaken voordat ik naar school ging. Na school werd ik naar het kantoor van mijn vader gebracht waar ik archiefwerk moest verrichten. Behalve als ik op school was, verloren mijn ouders me geen enkel moment uit het oog.

Mijn leven was een grote ellende.

Ondanks alles slaagde ik op het Malalai. Opvallend genoeg, want de Russische onderwijzeressen hadden me bestempeld als een rebel, kreeg ik een beurs aangeboden om aan de universiteit van Moskou te studeren. Maar ik haatte alles wat Russisch was zozeer, dat ik de beurs afwees.

Mijn ouders treurden niet alleen over mijn gedrag, maar waren ook teleurgesteld omdat ik geen opleiding in de geneeskunde wilde volgen.

De Cubaanse ambassadeur in Afghanistan was een vriend van de familie en bood aan een beurs voor de universiteit in Havana voor me te regelen. Ik verheugde me over het aanbod, tot mijn ouders me vertelden dat Cuba een marionettenstaat van de Sovjet-Unie was en dat ik daar een communistische opleiding zou volgen.

Ik kon naar de universiteit van Kabul gaan, maar mijn ouders waren vastbesloten hun opstandige dochter buiten Afghanistan te laten studeren. Ze wisten dat ik, als ik zou blijven, mijn haat voor het regime niet kon inhouden en ik in de gevangenis zou belanden, of erger.

De gedachte aan een studie in India stond me erg aan. Nadia studeerde daar ook nog altijd, al leek het onmogelijk dat ik me daar bij haar zou aansluiten. Zodra de Sovjet-Unie mijn land had overgenomen, stonden ze het niet langer toe naar niet-communistische landen te reizen, behalve als het een officieel gefinancierde reis betrof.

Veel Afghanen ontvluchtten het land op illegale wijze en trokken per auto of te voet door de bergen naar Pakistan of zelfs naar Iran, maar dat was een gevaarlijke onderneming. De meeste mensen werden gepakt en keerden terug naar Kabul, waar ze werden vervolgd of als verraders ter dood werden gebracht. Volgens mijn ouders behoorde zo'n reis absoluut niet tot de mogelijkheden.

Er werd besloten dat ik een jaar lang thuis Engels zou leren, en dus schreef ik me in voor een cursus Engels. Tot mijn vader op een dag, enkele maanden na mijn wandaad, zei dat ik me de afgelopen tijd voorbeeldig had gedragen. Dankzij het getoonde berouw kreeg ik toestemming om alleen te lunchen.

Ik was het constante toezicht zo zat dat ik door het dolle heen was vanwege een eenvoudig maaltje op mezelf. Ik stapte het kantoor van mijn vader uit en liep naar het dichtstbijzijnde restaurant, het Sitra, waar verschillende heerlijke kebabs en burgers op het menu stonden. Nog nooit had ik me er zo over verheugd alleen te zijn. Na mijn maal te hebben genuttigd, wandelde ik rustig terug naar het kantoor van mijn vader. Onderweg zag ik twee Russische dienstauto's staan. Gedreven door een ingeving die ik niet kan uitleggen, liep ik, als een robot die een opdracht heeft gekregen, vlak langs die auto's, opende mijn tas en haalde mijn Zwitserse zakmes tevoorschijn, dat ik altijd bij me heb. Ik keek om me heen om me ervan te vergewissen dat niemand toekeek en stak van beide voertuigen de twee banden aan de kant van het trottoir lek.

Ik voelde de opgekropte woede uit mijn lichaam vloeien, wat een aangename ervaring was dat. Neuriënd keerde ik terug naar het kantoor van mijn vader.

Ik was niet de enige Afghaan die met dergelijke gevoelens rondliep. Elke dag namen de onrust en het geweld in Afghanistan toe. In februari 1979 werd de ambassadeur van de Verenigde Staten in Afghanistan ontvoerd en vermoord. In maart brak er in Herat muiterij uit onder Afghaanse soldaten. In augustus deed zich in een fort nabij Kabul een opstand voor, rebellerende soldaten vielen regeringsgetrouwe troepen aan en het liep uit op een groot militair treffen. In september nam de chaos nog verder toe, toen president Taraki door een coup werd afgezet. Hafizullah Amin werd president en hij kondigde aan dat zijn bewind het begin markeerde van 'een betere socialistische orde'.

Later die maand werd een algemene amnestie afgekondigd. De regering meende daarmee de bevolking te kunnen kalmeren, maar dat bleek vergeefse hoop. De Afghanen hadden hun taks bereikt, ze hadden genoeg van de communisten. Op dat moment begonnen onze islamitische buren en vrienden, uit Pakistan en Saudi-Arabië, onze Afghaanse rebellen te bewapenen. Omdat de Sovjet-Unie midden in de Koude Oorlog de vijand was van Amerika, hoorden we dat Amerika en Engeland ook stappen ondernamen om ons te helpen, evenals China. We huilden van vreugde dat zulke grote belangrijke landen onze zijde kozen.

Ik was verrukt en hoopte vurig dat de oorlog zou losbarsten, want ik wist dat die nodig was om de communisten mijn land uit te werken.

In die periode kwam er verandering in het lot van onze familie.

Tegen het einde van oktober 1979 maakte de nieuwe president Hafizullah Amin aan de goed opgeleide elite bekend dat hij het voor sommige mensen wilde toestaan naar India te reizen om daar een medische behandeling te ondergaan. Het was geen publieke aankondiging, dus de gewone mensen konden niet van het aanbod gebruikmaken. Mensen die echt ziek waren, kregen een speciaal paspoort dat drie dagen geldig was. Daarvoor hoefde je slechts 25.000 afghani (500 dollar) aan de overheid te betalen.

We werden opgebeld door een van onze neven die nog altijd voor de overheid werkte. Hij wist dat ons hele gezin met angst en beven uitkeek naar de volgende gewelddaad van mij, waardoor alle leden van de familie Khail en Hassen zouden worden gearresteerd of vermoord. Ook wist hij dat ik geïnteresseerd was in een studie geneeskunde in India.

Hij adviseerde: 'Maak gebruik van Maryams ongeluk in India, toen ze haar been verwondde, als medische aanleiding om naar dat land af te reizen.' Hij noemde twee familieleden die goede contacten hadden met de autoriteiten en stelde voor: 'Zeg hen dat ze Maryam morgen naar het hoofdkwartier van de president moeten begeleiden, waar ze uitleg kan geven over haar verwondingen en een aanvraag kan indienen voor een reispas naar India.'

De volgende dag gingen mijn neven met me mee naar het hoofdkwartier van president Amin, waar ik een aanvraagformulier ontving waarop ik moest aangeven waarom ik naar India wilde reizen. Na mijn droevige relaas te hebben gedaan, leverde ik de aanvraag in en wachtte af. Om twee uur die middag stond ik oog in oog met de president van Afghanistan. Het was onvoorstelbaar dat het hoofd van onze regering persoonlijk met iedereen wilde spreken die een aanvraag indiende voor een medisch visum.

Ik vertelde de president dat mijn enkel nogmaals geopereerd moest worden. Ik

overhandigde hem het geld en een door een Indiase orthopedisch chirurg onderte-
kende, medische verklaring die ik sinds mijn ongeluk enkele jaren eerder in mijn
bezit had. Gelukkig was de verklaring ongedateerd en stond er dat Maryam Khail
meerdere operaties had ondergaan om de verwondingen te herstellen die ze had opgelopen na door een gehoornde koe te zijn bedreigd en vervolgens door een auto te zijn
overreden, en dat ze nogmaals geopereerd diende te worden. Ik vroeg bovendien of
mijn vader toestemming kon krijgen om me te vergezellen, omdat ik een jonge vrouw
was en geen enkele Afghaanse familie een vrouw zou toestaan alleen te reizen.

Nadat ik mijn kleine toespraak had afgerond, sloeg ik mijn ogen op en zag dat
president Amin me schalks aankeek. Ik haatte president Amin zozeer om wat hij
mijn land had aangedaan dat ik me zeer verbaasde toen hij bijzonder knap en charmant bleek te zijn. Hij had grote, bruine ondeugend twinkelende ogen. Zijn zilver-
kleurige haar was dik en modieus geknipt. Hij was onberispelijk gekleed.

Met een waarderende blik keek hij me aan en begon met me te flirten: 'Ah!
Maryam Khail. Ga je echt voor een operatie naar India? Of word je acteur in Bol-
lywood?' Er stond een brede grijns op zijn gezicht.

Ik was overdonderd. Ik was nog altijd maar een tienermeisje. Voor mij was hij een
oude man, maar wel een knappe man. Het lukte me om te lachen om zijn grapje en
ik antwoordde: 'Volgens mij ben ik nog niet zover dat ik al films kan gaan maken,
meneer de president.'

Hij grinnikte, en signeerde mijn formulier vervolgens met een zwierig: 'Je gaat
naar India!'

Zodra ik het formulier in mijn handen kreeg, liep ik weg. Toen ik zijn kantoor
verliet, hoorde ik hem nog roepen: 'Als je terug bent in Kabul, moet je echt even bij
me langskomen.'

Onze president leek zich werkelijk onbetamelijk te gedragen. Ik antwoordde niet.

Ik vond het fijn om te vertrekken, maar was tegelijkertijd bedroefd en ongerust
omdat mijn arme moeder thuis in Kabul zou achterblijven. Ook verschillende andere neven en nichten hadden een aanvraag ingediend om uit Afghanistan te mogen
vertrekken. Slechts één nicht, Alyla, kreeg toestemming. Een andere nicht, Mona,
kreeg een afwijzing. Veel familieleden zouden in Afghanistan achterblijven en het
lot moeten delen van ons geliefde land en de daarin opgesloten burgers, wat dat lot
ook zou zijn.

Er waren nog wel enkele hindernissen te nemen. Papa en ik moesten een controle op een eventueel crimineel verleden doorstaan, maar vanwege de protectie van
onze vrienden op de ministeries maakten we ons daar niet druk om. Binnen een

maand kregen we onze paspoorten en visa van de Indiase ambassade en boekten we een vlucht met Air India.

Ik had me geen seconde ingebeeld mijn land voor altijd te verlaten, maar een vertrek zonder een terugreis gepland te hebben, was moeilijker dan ik had gedacht. Zodra alles eenmaal was geregeld, drong de werkelijkheid tot me door. Binnenkort zou ik het land verlaten waarvan ik zo hield, zonder dat ik wist wat de toekomst voor mijn land of familieleden in petto had. Daar kwam bij dat we ons afvroegen of moeder toestemming zou krijgen om met ons mee te gaan. Zonder moeder zou de vrijheid minder aanlokkelijk zijn.

Toen vertelde papa me dat ik niet meer dan een kleine tas met bagage mocht meenemen, zodat we konden doen alsof we zouden terugkeren, zoals officieel de bedoeling was.

Ik heb altijd van alles en nog wat verzameld. Tot mijn grote droefenis werd ik gewaarschuwd dat ik niet het risico mocht lopen mijn munt- of postzegelverzameling mee te nemen. Uren achtereen zat ik op de rand van mijn bed met mijn zeldzame munten te rommelen, met mijn stenen en talloze speelgoedauto's die ik sinds mijn jonge jaren als wildebras had verzameld. Ook zat ik vele uren naar mijn verzameling zeldzame postzegels te turen, die ik van grootvader Hassen had gekregen, waar vele zeldzame en waardevolle zegels bij zaten.

Tot mijn spijt waren de postzegels en munten onvervangbaar. Terwijl ik ze in mijn kamer verstopte, zwoer ik bij mezelf: 'Ik zal terugkomen. Ik zal deze kostbare familieschatten niet kwijtraken.'

Met een diepe zucht pakte ik een paar kledingstukken, evenals mijn dagboek, dat me even dierbaar als een goede vriend was geworden. De volgende ochtend liep ik onze tuin in en schraapte een beetje grond van de bodem en wikkelde die voorzichtig in een lapje stof. Bij mijn vertrek zou ik de geliefde aarde van mijn land bij me dragen.

Ik kon niet eens afscheid nemen van mijn vrienden en familie, want mijn ouders vertrouwden me niet langer en vreesden dat ambtenaren geruchten zouden horen over onze plannen om Afghanistan permanent te verlaten. Alleen moeders broer Omar en zijn jongere dochter wisten van ons vertrek, en dat was omdat ze zo vriendelijk waren om papa en mij naar het vliegveld te brengen. Moeder zou ons eveneens vergezellen maar zou terugkeren naar ons lege huis.

De 27e december 1979 viel op een donderdag, het begin van het islamitische weekend. Oom Omar en zijn dochter arriveerden al vroeg. Toen we de deur van ons appartement achter ons hadden dichtgetrokken, voelde ik me misselijk, maar zei niets, en veegde mijn tranen weg. Tijdens de korte rit naar het vliegveld van Kabul werd er weinig gesproken.

Op het vliegveld was het drukker en lawaaiiger dan ik me kon herinneren. Slechts met moeite lukte het ons om ons een weg door de mensenmassa te banen. Een groot aantal Afghaanse burgers leek betaald te hebben voor een speciale medische pas om het land te verlaten. Toen besefte ik waarom president Amin zich hoogstpersoonlijk had bemoeid met het vertrek om medische reden. Zijn zakken puilden beslist uit van de vergoedingen die ervoor waren betaald.

Onze president was een dief, maar wel een charmante dief.

De familie verzamelde zich in de wachtruimte, en papa en ik namen plaats in een stoel. Op dat moment dreigde ons plan alsnog in duigen te vallen, want er stapten twee politieagenten op ons af. Ze controleerden onze papieren en paspoorten, evenals mijn medische documenten en vroegen mijn vader: 'U gaat mee?'

Mijn vaders stem klonk erg beheerst: 'Ja. Mijn dochter moet een hersteloperatie aan haar enkel ondergaan.'

De grootste van de twee agenten keek me meesmuilend aan en zei: 'Pas goed op met dat gewonde been van je op die hoge hakken.'

Ik reageerde niet, al vervloekte ik mezelf dat ik zo stom was geweest om schoenen aan te doen die zo weinig pasten bij iemand met een gewonde enkel.

De twee gingen naast ons zitten, op zoek naar een reden om ons te arresteren, nam ik aan. Allah zij dank dat onze vlucht van Air India enkele minuten later al werd omgeroepen. Ik begon mijn moeder, oom en nicht te zoenen. Moeder huilde, waarna papa en ik ook in tranen uitbarstten. Wie weet wanneer we haar weer zouden zien?

Bij het verlaten van de wachtruimte voelde ik de ogen van de twee politieagenten in mijn rug prikken. Ik deed mijn best om een beetje mank te lopen, maar ik ben nooit een goede actrice geweest en weet zeker dat ze me doorhadden. Maar ze ondernamen geen poging om me tegen te houden.

Toen papa en ik in de ons toegewezen stoelen gingen zitten, begon ik pas echt te huilen. Ondanks alles hield ik van mijn land. Het ergste was nog dat ik het gevoel had nooit meer te zullen terugkeren.

Papa was ook geraakt door alle emoties van het vertrek: 'Dochter, ik wil niets liever dan hier wonen en sterven, in het land waar ik ben geboren, het land waar ik zou moeten sterven.' Hij slikte een snik weg. 'Dit is een akelige periode in mijn leven.'

Hij draaide zijn hoofd om uit het raam te kunnen kijken en ik volgde zijn blik, om nog een laatste herinnering aan het land te kunnen opvangen. Tot onze stomme verbazing zagen we talloze sovjetvliegtuigen die tanks, wapens en soldaten aan het uitladen waren. Overal op het asfalt wemelde het van de Russische soldaten. Wat was er aan de hand?

De adem stokte me in de keel en mijn vaders gezicht trok grauw weg.

Er stond iets erg belangrijks te gebeuren in Afghanistan. Waren we getuige van de aankomst van de Russische reus die ons land met geweld wilde bezetten?

Mijn vader begon te rillen. Hij kneep zijn lippen samen, draaide zich om en keek geconcentreerd uit het raam naar buiten, tot we waren opgestegen. Tijdens de hele vlucht naar New Delhi sprak mijn vader geen woord.

11

Jarenlang was New Delhi voor ons gezin een stad waar we vakantie vierden. Als we er aankwamen, keken we altijd vol verwachting uit naar de weken die volgden. Maar toen we op 27 december arriveerden, stond het huilen ons nader dan het lachen. Als eerste gingen we langs bij meneer en mevrouw Delep, een Hindoestaans echtpaar bij wie we tijdens onze vakanties logeerden. Toen we onaangekondigd voor hun deur stonden, schrokken ze zich een ongeluk. Maar het waren hartelijke mensen en binnen de kortste keren hadden ze een uitgebreide Indiase lunch voor ons bereid. Al etend deed papa hen uit de doeken dat Afghanistan er slecht voor stond. Ze leefden erg met ons mee.

Ik verontschuldigde me en ging even de kamer uit, zodat ik het zakje met Afghaanse aarde uit mijn beha tevoorschijn kon halen. Ik liep weer naar binnen en zei: 'Papa, kijk. Dit is voor jou.'

Enigszins verward keek papa naar het zakje met aarde voordat hij de betekenis ervan begreep. Hij trok me in zijn armen en kuste me op mijn voorhoofd en haren, telkens weer.

Nadat de maaltijd voorbij was, begeleidde meneer Delep ons naar de kleine gemeubileerde tweekamerwoning in Greater Klash Colony die we van hem zouden huren. De woning bevond zich in de buurt van zijn huis, zodat het echtpaar voor ons kon blijven zorgen.

Ik ging bijna meteen naar bed, in de hoop de volgende ochtend meer te horen over de militaire activiteit van de Sovjets op de luchthaven. Dat ik diep sliep, kwam alleen maar omdat ik lichamelijk uitgeput was.

De volgende ochtend wekte mijn vader me met luid geroep: 'Maryam! Wakker worden! Maryam!'

Hij luisterde naar de BBC, zijn favoriete radiozender. 'Maryam! Ik kan het niet geloven. De Russen! Het was een invasie! Tijdens ons vertrek werd Afghanistan bezet.'

Ik geloofde mijn eigen oren niet. 'Wat zeg je?'

'Ze zijn allemaal dood. De Russen hebben president Amin en zijn hele familie vermoord.'

'Dood?' Vol ongeloof herhaalde ik hem. Ik kon me niet voorstellen dat hij dood was. Hoewel ik hem haatte omdat hij het communisme in ons land had ingevoerd en had gewild dat hij uit zijn functie werd ontzet en verbannen zou worden, toch had ik hem niet dood gewenst, zo iemand was het niet.

Natuurlijk dachten we direct aan mama en al onze familieleden. Ze liepen groot gevaar. Het was ondraaglijk.

Toen stormde Nadia naar binnen. Vader had haar bij aankomst op het vliegveld gebeld en ze had vrijaf genomen van haar studie om ons in New Delhi op te zoeken.

Papa legde Nadia uit wat er allemaal was gebeurd sinds zij voor het laatst in Kabul was geweest. Toen hoorde ik iets wat ik nog niet eerder had gehoord. Moeder had erop gestaan dat papa, en niet zij, mij zou vergezellen omdat papa dreigde te worden gearresteerd. Een vriend met hoge connecties had gewaarschuwd dat het communistische regime van plan was om alle militaire officieren uit de weg te ruimen die in het verleden loyaal waren geweest aan de koninklijke familie. Daarbij maakte het niet uit of de officier al lang niet meer in functie was. Het had er alle schijn van dat papa, als hij zou blijven, zou worden gearresteerd en geëxecuteerd.

Nu moesten we er alles aan doen om moeder zo snel mogelijk uit Afghanistan te halen. Eerst probeerde papa een legale route en schreef een brief aan zijn vriend op het ministerie, waarin hij hem uitlegde dat zijn kanker weer de kop had opgestoken en dat ik werd geopereerd, en dat moeder niet gemist kon worden om voor ons te zorgen. De minister schreef terug dat hij slecht nieuws had en dat moeder geen toestemming had gekregen om naar India af te reizen. Hij beloofde zich voor haar in te zetten, maar papa wist dat zijn poging zou stranden. De Russen wilden niet dat van een gezin alle leden naar het buitenland vertrokken en stonden erop enkele gezinsleden achter te houden, als gijzelaar. Ze dachten dat we zouden terugkeren als ze weigerden moeder te laten gaan.

Nu onthulde papa dat hij een smokkelaar had geregeld, die moeder Afghanistan uit moest smokkelen als ze niet op korte termijn toestemming kreeg om het land te verlaten. Koste wat kost moest hij haar het land uit halen.

Ik was erg ongerust, want ik wist dat als moeder werd gepakt tijdens haar vlucht uit Afghanistan, ze ter plekke door het huidige regime zou worden geëxecuteerd.

Papa telefoneerde met moeder in Kabul en zei: 'Ga op bezoek bij je tante.' Dat was de geheime code, die aangaf dat moeder contact met de smokkelaar moest opnemen.

Al op de dag van het telefoontje kwam de smokkelaar langs. Hij bracht moeder een jurk, een broek en een bijpassende sjaal, de traditionele dracht van een nomade. De smerige kleren stonken zo naar menselijk zweet dat moeder er niet alleen uitzag als een nomadische stamvrouw, maar ook nog eens zo rook. Moeder vertelde later dat de lichaamsgeur zo sterk was dat ze ervan had moeten kokhalzen, maar dat ze zichzelf desondanks had gedwongen de kleren aan te trekken.

Vader had geregeld dat een van moeders neven, een jongeman genaamd Qaseem, op dezelfde trip de grens over zou worden gesmokkeld. Qaseem was blij dat ze hem hadden gekozen, want elk lid van de familie Hassen wilde graag uit Afghanistan vertrekken. Hetzelfde gold voor vele leden van de familie Khail.

Iedereen die ook maar even de kans kreeg, verliet het thuisland.

Toen moeder naar buiten liep, stond de wagen van de smokkelaar al klaar. Ze zag Qaseem in de auto zitten. Hij sprong eruit om zijn tante te begroeten en gebaarde dat ze plaats moest nemen om de reis aan te vangen.

Later heeft moeder ons verteld dat ze op dat moment een angstig voorgevoel had. Iets zei haar niet in de wagen te stappen. Ze was ervan overtuigd dat ze tijdens de reis groot gevaar zou lopen.

Qaseem zei: 'Tante, we gaan,' en de smokkelaar gromde: 'Instappen.'

Moeder deinsde terug en raakte in paniek. 'Nee! Het gaat niet,' zei ze tegen de smokkelaar. 'Ik heb besloten dat het niet doorgaat.'

De smokkelaar werd kwaad. 'Instappen, zeg ik je!' Hij greep haar bij haar arm en probeerde haar op de achterbank te drukken. 'Ga zitten, nu!'

Moeder sloeg hem op zijn handen en probeerde zich los te trekken. 'Nee! Ik ga niet, dat zei ik toch!'

Het gezicht van de smokkelaar kleurde rood: 'Je krijgt het geld niet terug!'

'Dat begrijp ik, maar ik kan niet mee,' zei ze. Ze keek naar haar geschrokken neef. 'Ik kan niet meegaan,' zei ze tegen hem. 'Ik heb een slecht voorgevoel. Het zal niet goed aflopen, neef van me, dat voel ik gewoon.'

Qaseem probeerde haar te overreden. 'Tante, dat komt door de zenuwen. Kom mee. Dit is de enige manier om uit Afghanistan te komen.'

Maar moeder weigerde en de smokkelaar liep om de auto heen en nam plaats achter het stuur. 'Ik geef je het geld niet terug,' grauwde hij voordat hij er op hoge snelheid vandoor reed, met Qaseem naast zich in de wagen.

Het speet moeder zeer dat ze de enige kans om te vluchten aan zich had laten voorbijgaan, maar ze was ervan overtuigd dat ze de juiste beslissing had genomen.

Toen moeder ons in Delhi belde, was papa verontwaardigd dat zijn vrouw enkel op basis van een 'gevoel' van zijn zorgvuldig uitgedachte plan kon afzien.

Gedurende drie maanden bleef moeder eenzaam en alleen in Afghanistan achter, terwijl wij haar in India vreselijk misten. Spoedig besloot papa dat we van New Delhi naar Bangalore zouden verhuizen om bij Nadia te kunnen zijn. Volgens hem was het onzinnig als we met ons drieën op verschillende plekken woonden.

Ondertussen nam de bezorgdheid van de familie over Qaseem toe, omdat hij nooit aan de andere kant van de grens met Pakistan was verschenen. Vanaf de dag van zijn vertrek uit Afghanistan met de smokkelaar had niemand meer iets van hem vernomen. Papa begon te vermoeden dat de instinctieve beslissing van moeder weleens een terechte geweest kon zijn.

Enkele maanden later ontving de bezorgde familie een telefoontje uit een gevangeniscomplex in het oosten van Afghanistan. De smokkelaar en zijn klanten waren gearresteerd. Allemaal hadden ze een lijfstraf gekregen en waren ze tot acht jaar opsluiting veroordeeld. We vreesden dat Qaseem zijn lange straf niet zou overleven, want onder de communisten was het leven in de gevangenis erg zwaar. Mijn tengere moeder zou acht jaar gevangenis zeker niet hebben overleefd.

Papa zou de voorgevoelens van moeder nooit meer belachelijk maken, hij had er groot respect voor gekregen.

In Bangalore vonden we een apart hotelletje dat maaltijden verzorgde voor Britse expats. Op het terrein van het hotel stonden een paar kleine gastenverblijven en we namen intrek in een van deze bungalows. Omdat papa niet werkte, ik geen opleiding volgde en Nadia met haar studie bezig was, waren papa en ik alleen en verveelden we ons. Het ergste was nog wel dat Afghanistan altijd in het nieuws was. Sinds we in India waren aangekomen, waren Afghaanse moslims in opstand gekomen. Waarna de Sovjet-Unie veertigduizend soldaten had gestuurd om de strijders te verslaan.

Ik wist dat de Afghaanse soldaten het niet zouden opgeven, hoe lang het ook zou duren. Uiteindelijk zouden de machtige Russen worden verslagen. Het zou een jaar kunnen duren of vijftig jaar, maar de Afghanen zouden de Russen overwinnen. Nog nooit hadden de Afghanen zich aan indringers onderworpen. Blijkbaar hadden de leiders van de Sovjet-Unie onze geschiedenis er niet op nageslagen.

Het getij keerde al. Door de Koude Oorlog en de wrijving tussen de Sovjet-Unie, Amerika en Europa, richtte de rest van de wereld de aandacht op het lot van mijn land. President Jimmy Carter waarschuwde de Russen herhaaldelijk voor hun onverstandige gedrag. Op een speciale bijeenkomst van de Algemene Vergadering van de Verenigde Naties werd een resolutie aangenomen, 104-18, waarin werd opgeroepen om de buitenlandse troepen per direct uit Afghanistan terug te trekken. Buitenlandse journalisten maakten melding van bloedbaden en moordpartijen.

Afghanistan werd ondergedompeld in oorlog. Het was vreselijk om naar het nieuws te kijken. Op televisie zagen we horden vluchtelingen, boerkadragende vrouwen die met vier, vijf kinderen de grens over trokken, om vervolgens in Pakistan in steden van tentdoek te worden gedumpt. Zaten in die tenten familieleden van ons rillend bijeen, mensen die eens van het goede leven hadden genoten? Ik zou aan nog geen honderd levens genoeg hebben om in me op te nemen wat zich allemaal in mijn land afspeelde en wat mijn landgenoten moesten doormaken.

De meeste zorgen maakten we ons over moeder. Hoewel er enkele nauw verwante familieleden dicht bij haar in de buurt woonden, waren we als de dood dat haar iets zou overkomen. In de maand februari van 1980 was er een algemene staking aan de gang in Kabul en andere grote steden. Er vonden gewelddadige demonstraties plaats. De communistische milities hakten in op de demonstranten, waarbij veel mensen zwaargewond raakten. In april van datzelfde jaar gingen studenten van de universiteit van Kabul massaal de straat op om te demonstreren. Vijftig van hen moesten dat met de dood bekopen. Toen hij de berichten daarover aanhoorde, slaakte papa een zucht van verlichting en zei: 'Geprezen zij Allah dat we uit Kabul weg zijn. Jij zou een van de leiders van die demonstranten zijn geweest, dochter, nietwaar? Wat zou er dan met ons zijn gebeurd?'

In juni verenigden meerdere stammen die bekendstonden als de moedjahedien (een Perzisch woord dat strijders betekent) zich in Afghanistan met elkaar. Van overal op aarde kwamen mensen naar Afghanistan om het verzet te helpen met de strijd tegen het Russische leger.

Toen bereikte ons voor de verandering ook eens goed nieuws. Oom Hakim, zijn vrouw Rabeha en hun dochters Zarmina en Zeby hadden toestemming gekregen om Afghanistan te verlaten. Ze reisden naar India en van daaruit naar Frankrijk. Later zouden ze zich misschien aansluiten bij Farid in Bahrein. Maar onze blijdschap voor hen werd getemperd door het feit dat met hun vertrek de kleine kring familie rond moeder in Kabul weer was gekrompen, waardoor we ons nog meer zorgen over haar maakten.

Papa bleef contact houden met zijn vriend van het ministerie en zo ongeveer elke week hoorde ik hem een diepe zucht slaken voordat hij aan zijn bureau plaatsnam om een in uitstekende bewoordingen gevat pleidooi voor hulp te schrijven. Ineens, onverwacht, ontving papa het nieuws waarop wij hadden gehoopt. Papa's vriend was rustig blijven proberen om een visum voor moeder los te peuteren om een bezoek aan India te mogen brengen. Uiteindelijk had hij toestemming voor haar reis gekregen en de volgende dag vertrok moeder uit Kabul.

Wat waren we blij toen moeder door de poort van het vliegveld kwam aanlopen alsof ze een weekendje langskwam en onze hereniging geen zaak van leven of dood was. Het had zes maanden geduurd voordat we weer bijeen konden komen, de zes langste maanden van ons leven.

Ondertussen was papa druk aan het bellen met zijn vele connecties, waarvan hij de meeste had opgedaan in de periode dat hij in Europa woonde. Hij vertelde ons dat zijn goede vriend die voor de CIA werkte ons zou komen opzoeken. Toen de Amerikaan bij ons thuiskwam, zagen mijn moeder en ik tot onze schrik dat de geheim agent een grote aantrekkelijke vrouw bleek te zijn.

Nadat ik van de verbazing was bekomen, werd Amerika er des te aantrekkelijker op; in dat land konden vrouwen alles doen. Tot onze grote vreugde hoorden papa en ik dat ze onze visa tegen het einde van de week geregeld kon hebben en meteen ook onze vlucht had kunnen boeken. We gingen naar Amerika, tenminste dat dacht ik.

Maar moeder wilde niet dat we ons in Amerika vestigden. 'Het zijn allemaal gangsters daar,' beweerde ze. 'Wij passen niet bij dat soort mensen.'

Papa zei: 'Ja, sommige Amerikanen in Chicago zijn gangster, maar verreweg de meeste Amerikanen zijn tamelijk gewoon.'

'Het leven daar is te hard, Ajab,' zei moeder. 'Je zult er moeten werken als taxichauffeur, of portier. Nadia zal haar studie geneeskunde moeten opgeven. Zij en ik zullen vloeren moeten boenen. Maryam zal geen enkele kans hebben. Ze zal ongeschoold blijven. Ze zal hamburgers moeten keren in een of andere obscure tent.'

Ik beet op mijn lip om niet in lachen uit te barsten. Moeder had te veel Amerikaanse films gezien.

Papa en ik pakten onze koffers om naar Amerika te verhuizen.

Moeder en Nadia bleven proberen ons over te halen in India te blijven.

Papa aarzelde toen moeder hem vertelde dat ze een 'voorgevoel' had dat er iets vreselijks zou gebeuren als we de ons bekende wereld zouden achterlaten en naar Amerika zouden vluchten.

Ik had eveneens een 'voorgevoel', namelijk dat moeder deed alsof, en dat ze haar 'instinct' gebruikte om vader te overtuigen. Maar ik durfde mijn beschuldiging niet te uiten. Het belangrijkste doel was bereikt: ons gezin was weer bijeen. Al het andere zou ik wel kunnen doorstaan, al meende ik dat we gek zouden zijn als we het leven in India niet inruilden voor het leven in Amerika, een rijk land met vele aantrekkelijke mogelijkheden.

Nadia was het helemaal met moeder eens en papa was niet in staat zijn vrouw en oudste dochter te weerstaan. Er werd besloten de Amerikaanse visa af te wijzen en in India te blijven.

Het bleek een verkeerde beslissing. Vanaf dat moment is niets in ons leven meer goed gelopen.

Sinds mijn eerste dag in India, jaren geleden, had ik van India gehouden. Ik had genoten van elke vakantie in dat land. Maar nadat eenmaal was besloten dat we permanent in India zouden blijven, drong tot me door dat ik in een vreemd land verbleef, met vreemde gewoonten en talen. Diep in mijn binnenste vond ik dat ik in India geen toekomst had. Ik werd alsmaar lustelozer en niks beviel me nog.

De grootste vijand voor bannelingen is een zee van tijd. Allemaal waren we de weg kwijt. Papa en mama raakten zo gedeprimeerd dat het ten koste ging van hun gezondheid. Uit pure wanhoop besloten ze naar Frankrijk te reizen en een maand lang bij oom Hakim en zijn familie op bezoek te gaan.

Nadat ze van die reis waren teruggekeerd, waren ze gelukkiger en meldden dat mijn lieve nichten Zeby en Zarmina zich goed aanpasten. Het grote nieuws was dat Farid naar Londen was gereisd en daar een Afghaans meisje had ontmoet op wie hij verliefd was geworden. Farid ging trouwen!

Het verbaasde ons zeer, want de knappe Farid was zijn hele leven een toegewijd playboy geweest, met vele meisjes die zijn aandacht wilden trekken. Hoewel we zo onze twijfels hadden, waren wij gelukkig als Farid gelukkig was.

Mijn stemming verbeterde toen ik de berichten over onze familie hoorde en mijn ouders na een maand afwezigheid terugzag. Ik wist niet dat we in de nabije toekomst zoveel verdriet zouden meemaken.

Nog geen week na hun terugkeer werd papa ernstig ziek. Hij werd haastig naar het ziekenhuis gebracht, waar doktoren nieuwe tumoren aantroffen in zijn blaas. Hij werd geopereerd en moest aanvullende behandelingen ondergaan. Weer vreesden we onze rots in de branding kwijt te raken.

Papa verbleef enkele weken in het ziekenhuis en terwijl Nadia op school zat, waren moeder en ik om de beurt bij papa. Ik deed de nachten en moeder was er overdag.

Tot moeder op een dag niet meer uit het ziekenhuis terugkeerde.

Toen ze niet verscheen, meenden we tot onze grote schrik dat ze een ongeluk had gekregen. Vooral door mijn herinnering aan de gehoornde koe voelde ik me er niet gerust op. In een land waar koeien vrij mogen rondlopen kon er van alles gebeuren. Ik stond in dubio en wist niet of ik bij papa moest blijven of op pad moest gaan om moeder te zoeken.

Op dat ogenblik kwam Nadia binnen en zei: 'Moeder is ziek geworden. Ze heeft pijn in haar buik en wordt onderzocht.'

De artsen gaven uiteenlopende verklaringen voor de klachten van moeder, maar in geen daarvan was sprake van een ernstige ziekte. Wekenlang vloog ik van het ene ziekenhuisbed naar het andere, tot mijn beide ouders ten slotte werden ontslagen. Papa herstelde snel, maar moeder werd met de dag bleker en zieker.

Aan het eind van 1981, en na verschillende specialisten te hebben bezocht, kregen we verschrikkelijk nieuws te horen. Mama had maagkanker. De kanker was uitgezaaid. Ze had niet lang meer te leven. Ze bleef maanden in het ziekenhuis, maar nadat het ziekenhuis zijn best had gedaan, namen we moeder mee naar huis, waar ik haar kon verzorgen. Ik deed haar in bad. Ik voedde haar. Ik masseerde haar. Ik hield van haar. Maar ondanks mijn zorg ging haar toestand alarmerend snel achteruit. Ze kermde van de pijn tot de dokter haar morfine voorschreef en me uitlegde hoe ik haar elke vier uur kon injecteren.

In het voorjaar van 1982 was mijn lieve moeder helemaal uitgemergeld, met diep in de kassen liggende ogen. Ik droeg haar uitgeteerde lichaam in mijn armen van de ene kamer naar de andere. Op een avond smeekte ze me wanhopig: 'Dochter, als je echt van me houdt, laat me dan sterven.'

Die bittere nacht heb ik sterk liggen twijfelen. Al vroeg in de ochtend van 11 juni 1982 werd ik wakker, zonder te weten of ik het kon doorzetten. Die ochtend keek ze me zonder een woord te zeggen aan. Haar hart sprak tot het mijne en herinnerde me aan haar laatste verzoek. Het was het zwaarste moment van mijn leven toen ik mijn moeder weer een injectie gaf. Ik had de dosis bewust verhoogd.

Terwijl ze me vastberaden in de ogen keek, knikte ze me tevreden toe. Mijn gezicht zou het laatste beeld zijn dat ze in dit aardse leven zou zien. Ze was mijn moeder en had mijn hele leven van me gehouden. En ik hield zoveel van haar dat ik het meest moeilijke verzoek kon vervullen dat iemand je kan doen.

Ik drukte haar kleine vervallen lichaam tegen me aan. Voor een allerlaatste keer keken we elkaar aan.

Toen, zomaar, was mijn moeder voor altijd vertrokken.

12

Op 30 oktober 1982, bijna vier maanden na de dood van mijn moeder, namen papa en ik de drastische stap om van India naar Amerika te reizen, naar het land waarover ik als kind al droomde. Hoewel we graag naar een vredig Afghanistan hadden willen terugkeren, was dat niet mogelijk. Als we naar onze woning in Kabul waren gereisd, zouden we worden gearresteerd en geëxecuteerd.

In Amerika zouden we gelukkig zijn geweest, als we ons geen zorgen hadden gemaakt over de situatie in Afghanistan. De opstand van de islamitische moedjahe-dien tegen de Sovjettroepen bleef een wurgende patstelling. Na vier jaren met de aanwezigheid van Russische militairen was ons land een vazalstaat van Moskou geworden: nog altijd beheersten de communisten onze steden, terwijl het platteland door guerrilla's werd gecontroleerd.

Vlak nadat we waren aangekomen, ontmoetten we op het vliegveld in Washing-ton D.C. de zus van mijn moeder, tante Shagul, haar zoon Nasir, zijn vrouw Khatol en een andere nicht, Razia. Tante Shagul had veel weg van mijn prachtige moeder, zowel in fysiek opzicht als in de manier waarop ze zich gedroeg. Dus toen ze mijn voorhoofd overdekte met kussen, werd ik getroost door haar liefde en warmte.

Meerdere leden van de Hassen-familie waren voor ons uit naar Amerika gereisd. Dankzij hun goede diplomatieke contacten hadden ze aan het troosteloze bestaan van vele Afghaanse vluchtelingen kunnen ontkomen. Talloze vluchtelingen, die gewend waren een eigen woning te hebben, zagen zich plotseling gedwongen in een tentenkamp te wonen, waar ze niets omhanden hadden, arm en ongezond waren en in ellende leefden. Shagul had zich in Noord-Virginia gevestigd. Enkele familiele-den van de kant van mijn vader waren in diezelfde omgeving neergestreken.

Die eerste maanden verkeerde ik in een trance en probeerde de weg te vinden in die veilige en comfortabele nieuwe omgeving. Enthousiast wilde ik alles zelf ervaren van het land dat ik had leren kennen via films en popmuziek, maar al na korte tijd vielen me verwarrende tegenstrijdigheden op. De Amerikanen in mijn dromen waren rijk en onbekommerd, woonden in prachtige huizen, aten de heerlijkste gerechten, hadden liefdevolle relaties en brachten hun avonden dansend op muziek door.

Maar het land en de inwoners zaten ingewikkelder in elkaar. Maar weinig Amerikanen waren zo rijk dat ze zich nergens om hoefden te bekommeren. De meeste mensen die ik zag, leefden heel bescheiden, of waren regelrecht arm. En vele hardwerkende immigranten hadden weinig tijd om te dansen. Dat was mijn eerste shock.

Een tweede shock ervoer ik nadat ik zag hoe Amerikaanse ouders en kinderen met elkaar omgingen. Ik was gewend aan een cultuur waarin vaders een onaantastbaar gezag hadden en volledige gehoorzaamheid verlangden. Afghaanse kinderen dienden hun ouders niet van repliek. Je zag ze wel maar hoorde ze niet. Amerikaanse kinderen waren veel assertiever en gingen de discussie niet uit de weg, je zag ze in het openbaar driftbuien hebben. In de supermarkt hoorde ik kinderen ruziën over wat ze wilden eten en in de winkels hoorde ik ze zeuren om bepaalde soorten speelgoed en kleding. In mijn cultuur was zoiets ongehoord.

En ik kreeg nog een derde shock te verwerken. Met mijn pasgekochte korte rokken en bikini's wilde ik mijn vleugels uitslaan en me bevrijden van mijn vaders invloed en onze traditionele, morele taboes. In Amerika werd gesproken over de rechten van vrouwen en ik wilde deel uitmaken van die beweging. Maar tot mijn ontzetting verwachtten papa en andere familieleden dat ik bleef leven als een conservatief moslimmeisje, al woonde ik in een land waar men niets wist over onze tradities en men er niks om gaf. Mijn familieleden waren het er allemaal over eens dat Maryam Khail niet naar de discotheek mocht.

Amerikaanse meisjes konden zich niet alleen kleden zoals ze wilden, gaan waarheen ze wilden, zonder begeleider, en met jongens bevriend zijn, maar in Amerika bestond ook een voor een Afghaans meisje ongekende seksuele vrijheid. Kort na aankomst ontmoette ik een Amerikaans meisje dat zwanger was. Ik informeerde naar haar echtgenoot en deinsde vol afgrijzen terug toen ik hoorde dat ze ongehuwd was. In verwarring flapte ik eruit: 'Maar als je niet getrouwd bent, hoe kun je dan zwanger raken?'

Ze beet me toe: 'Dit is Amerika. Als je daar problemen mee hebt, ga dan maar weer terug naar je eigen land.'

Al snel verhuisden papa en ik vanuit het huis van tante Shagul naar een keurig appartementje in de buurt. Korte tijd later kreeg ik een baantje aangeboden in een Afghaans restaurant. Hoewel ik als serveerster aan de slag ging, en niet als kok in een snelbuffet, herinnerde ik me dat het de grootste angst van mijn moeder was dat Amerika voor mij zou betekenen dat ik aan het werk moest met hamburgers en een onbevredigend leven zou leiden.

In mijn beleving betrof het een tijdelijke baan op weg naar iets beters. Ik was vastbesloten naar de universiteit te gaan. Ik zwoer dat ik geld zou sparen en een auto zou kopen, zodat ik daarmee naar de universiteit kon rijden. Ondertussen werkte ik. Al gauw was ik graag gezien door de klanten van het restaurant, voornamelijk ballingen zoals ik. Ik voelde me behoorlijk voldaan, al kon dat van mijn vader niet gezegd worden. Na de aanvankelijke stimulans van de vele bezoeken die we aflegden, werd hij erg somber. Zijn ellende had een oorzaak. Toen moeder stierf, leek ze de helft van papa's vitaliteit in haar graf te hebben meegenomen. Na haar dood was hij wekenlang blijven huilen en zijn tranen fungeerden als een verdovingsmiddel voor zijn ellende. Hoewel zijn tranen waren opgedroogd, duurde zijn depressie voort.

Mijn vierde shock onderging ik onder invloed van een hele reeks huwelijksaanzoeken. In de omgeving woonden vele ongetrouwde Afghanen en het leek wel alsof ze allemaal op zoek waren naar een bruid. Door de komaf en de goede reputatie van de familie van mijn vader wilde elke man zijn eigen familie met die van mij verbinden. Binnen de kortste keren had mijn vader er een dagtaak bij, moest hij aanzoeken afhandelen voor de hand van zijn dochter.

Papa vatte zijn taak serieus op. Met hart en ziel begon hij zich in te zetten om zijn jongste dochter te laten trouwen. En hij wilde per se dat ik met een Afghaanse Pathaan zou trouwen. Dat was de schuld van mijn zus. Kort voordat moeder stierf, had Nadia iets verschrikkelijks bekend. Mijn zus was in het geheim verliefd geraakt op een vreemdeling en met hem getrouwd. Niet alleen kenden mijn ouders de man niet, maar Nadia had ook enkele taboes doorbroken: ze was in het huwelijk getreden met een man die niet tot onze stam behoorde of tot onze sekte van het moslimgeloof. Hij kwam niet eens uit ons land. Ze was getrouwd met een Iraanse sjiitische moslim.

Wie niet op de hoogte is van de twee grootste islamitische sekten, moet weten dat dit de soennieten en sjiieten zijn. De soennieten en de sjiieten hebben sinds de dood van onze profeet Mohammed, die geen echte opvolger heeft aangewezen, onenigheid met elkaar. Degenen die het nauwst in contact stonden met de profeet waren het niet eens over wie de islam zou moeten leiden. Volgens de geschiedenis ontstond er een vreselijke ruzie, waarbij elke groep een eigen opvolger aanwees, zodat de islam in twee delen uiteenviel. Nu, na vele eeuwen bittere strijd, zijn de twee sekten nog steeds onderling verdeeld. Soennitische ouders verzetten zich nog altijd heftig tegen een huwelijk van hun kinderen met sjiitische families en sjiitische families zijn daar niet minder fel op. Er zijn mensen omgebracht om minder.

Aanvankelijk probeerde Nadia de pijn te verzachten door te zeggen dat ze verliefd was op een sjiiet en van plan was haar leven met hem te delen. Alleen ik wist dat ze al verder was gegaan en met hem was getrouwd. Maar wat mijn ouders betreft, was het al bijna even erg als wanneer ze hem had gehuwd. Ze waren overweldigd door de schrik, al hoopten ze dat Nadia bij haar positieven zou komen en het nooit op een huwelijk zou laten uitlopen.

Beiden werden door de ziekte en de dood van moeder afgeleid van de ongewenste liefde van Nadia. Zodra we ons in Virginia vestigden, had papa de tijd om aandacht te besteden aan de ongehoorzaamheid van zijn oudste dochter. Omdat hij op zo'n grote afstand van de in India verblijvende Nadia niks kon uitrichten, concentreerde hij zich op zijn jongste kind, en dacht na over de eindeloze reeks huwelijksaanzoeken die ik kreeg.

Mij werd niets gevraagd. In zijn hart en hoofd bevond mijn vader zich nog altijd in Afghanistan, waar de keuze van een echtgenoot nog te belangrijk wordt gevonden om aan de kinderen over te laten. Het laatste waarop ik zat te wachten was een echtgenoot. Ik was pas twintig jaar, woonde nog maar net in een bijzonder opwindend land en zat vol plannen om mijn studie te financieren. Beleefd vroeg ik mijn vader om te wachten, me enige tijd te geven. Hij en moeder hadden altijd beweerd niets te voelen voor een huwelijk voordat de opleiding was afgerond.

Maar geleid door zijn Pathaanse vrees over het feit dat zijn dochter vrij in het wild rondliep tot ze een echtgenoot had, ging papa stug zijn eigen weg.

Mijn maag kromp ineen. Ik had het gevoel verzeild te zijn geraakt in een groot familiedrama. Alle mensen van wie ik hield waren druk in de weer om mij te laten trouwen. Nooit miste ik mijn moeder meer dan nu, want ik wist dat als zij had geleefd ze een einde had gemaakt aan alle druk om te trouwen. Moeder had gewild dat haar dochters een universitair diploma op zak hadden voordat ze het huwelijksbootje instapten. Maar moeder was dood en begraven, ver weg in India. Zij kon me niet langer beschermen.

Ik was stomverbaasd toen de rest van mijn familie zich zonder meer achter papa schaarde. Plotseling was er een enorme familiecampagne op een twintigjarig meisje losgelaten. Tante Shagul herinnerde me stilletjes aan mijn plicht tegenover de familie. 'Het verlies van je moeder is zo moeilijk geweest voor je vader,' zuchtte ze. 'En de inspanning om in een nieuw land te leven en zijn zorgen over de ongelukkige liefde van Nadia zijn te veel voor hem. Nu moet jij hem niet ook nog eens ongehoorzaam zijn.'

Ik kreeg zelfs een telefoontje van oom Hakim uit Frankrijk, waarin hij zinspeelde op de gemoedstoestand van papa. 'Je vader is eenzaam, Maryam. Hij heeft iets nodig waarover hij zich weer kan verheugen. Een kleinzoon zou hem uit de put helpen.'

Ik bromde, want ik wist dat ik degene zou zijn die dat kind ter wereld moest brengen.

Ik besefte dat mijn toestand hachelijk was, want andere familieleden bemoeiden zich met mijn leven en herhaalden in koor: 'God ziet toe, Maryam. Hij zal je belonen. God zal ervoor zorgen dat je de gelukkigste vrouw op aarde wordt.'

Niets was voor mijn familie zo belangrijk als dat ik ging trouwen, snel ging trouwen.

Maar ik had altijd gezworen niet tegen mijn zin te zullen trouwen. Al te goed kende ik de details van de tragische levens van vrouwen als grootmoeder Mayana en mijn nicht Amina, en zovele andere uitstekende vrouwen. Maar mijn schuldgevoel over het verdriet van mijn vader en het verlangen een goede dochter te zijn, botsten met de belofte die ik op jonge leeftijd had gedaan.

Maanden achtereen zwom ik tegen de stroom in en hield gesprekken over een huwelijk op afstand. Ik hoopte dat papa genoeg zou krijgen van het praten met potentiële echtgenoten. Ik bad dat iets of iemand zou ingrijpen. Elke dag voelde ik de spanning stijgen. Mijn hart ging tekeer terwijl ik zat te wachten tot papa me kwam vertellen dat hij een echtgenoot voor me had uitgekozen. Nog nooit had ik me zo alleen gevoeld, was ik zo bang geweest. In mijn eentje tegenover de wens van zoveel anderen merkte ik dat mijn weerstand wankelde.

Op een dag werd papa ziek. Hij zei me dat hij dacht dat hij niet lang meer onder ons zou zijn en binnenkort naar moeder zou gaan. Door dit soort gesprekken verslapte mijn weerstand even en uiteindelijk gaf ik toe. Ik boog mijn hoofd. Met een gemaakte lach probeerde ik me beter te voelen door het iedereen naar de zin te maken. En ik zei: 'Papa, als ik jou gelukkig kan maken door te trouwen, dan trouw ik. Het maakt me niet uit welke man je voor me kiest. Als jij gelukkig bent, ben ik het ook.'

Ineens leefde papa weer op. Plotseling was hij weer energiek en organiseerde per telefoon ontmoetingen met verschillende huwelijkskandidaten.

Ik voelde me enigszins opgelucht nu ik mijn arme papa zo blij had gemaakt, maar nadat hij even een dutje was gaan doen, moest ik kokhalzen tot ik er moe van werd. Ik vervloekte mezelf dat ik was gezwicht.

Mijn gehoorzaamheid werd alom geprezen. Ik was een goede dochter. Ondanks mijn eigen gevoelens, luisterde ik naar het gebod van mijn vader. Anders dan mijn zus, volgde ik de Pathaanse tradities.

Gedurende een korte periode deed het me echter goed en keek ik er zelfs naar uit. Ik meende dat een gearrangeerd huwelijk voordelen had. Meisjes alleen werden niet in clubs toegelaten. Eenmaal getrouwd, kon ik erop uitgaan om te dansen. In mijn naïviteit dacht ik niet goed na. In mijn dommigheid begreep ik niet dat dit het belangrijkste gevecht van mijn leven was.

Korte tijd later vertelde papa me dat hij een bruidegom had uitgekozen en dat de man van zijn keuze een uiterst deugdzaam man was.

Mijn aanstaande echtgenoot heette Kaiss. Hij was vijfendertig jaar, vijftien jaar ouder dan ik. Hij was een meter vijfenzeventig lang. Hij was niet lelijk. Maar hij was evenmin knap. Hij was Pathaans en kwam uit hetzelfde gebied in Zuid-Afghanistan als onze familie. Als jongeling had papa zijn vader gekend, al hadden ze elkaar daarna niet meer gezien. Mijn vader vond het uiterst belangrijk dat zijn dochter met een Pathaan trouwde.

Er werd me verteld dat de bruidegom graag een verbintenis wilde aangaan met de dochter van Ajab Khail, de khan van de Khail-stam, al betrof het slechts een honoraire titel.

Kaiss had mijn vader voor zich weten te winnen door overdreven beleefd te zijn en voortdurend van alles te beloven. Hij zou mijn vaders zoon zijn, niet zijn schoonzoon. Om vooruitgang te boeken, stemde hij in met alle voorwaarden die mijn vader voor het huwelijk stelde.

'Ja, uiteraard moet Maryam haar universitaire opleiding voltooien. Daar zal ik voor zorgen,' beloofde hij met vleiende stem terwijl hij met onverholen trots naar me keek. 'Ik heb een goede baan in een hotel. De studie van uw dochter zal voorrang krijgen, zelfs op alles wat ik eet.'

Nou ja, hij is in elk geval hoffelijk en inschikkelijk, zei ik bij mezelf. Ik vergat dat Afghanen, om iets te krijgen wat ze graag willen hebben, zich maar al te vaak voordoen als iemand die ze niet zijn.

Toevallig was Nadia vanuit India op bezoek. Ze had papa nog niet verteld dat ze in het geheim was getrouwd met een man die in de ogen van een Pathaan weerzinwekkend was. Mijn zus was er alles aan gelegen om mij met Kaiss te laten trouwen, omdat ze meende dat de gelukzalige toestand van mijn vader op het moment van mijn trouwen een goede gelegenheid zou zijn om haar huwelijk te bekennen. Papa zou zo blij zijn met mijn huwelijk dat hij door het hare minder zou zijn beledigd.

'Hij lijkt me erg aardig.' Nadia lachte naar me. 'Je moet zo snel mogelijk met hem trouwen.'

'Ja, voor jou zal het makkelijker zijn om met een Iraniër thuis te komen als papa zich over mijn Pathaan kan verheugen,' mompelde ik sarcastisch.

'Wie ben je wel, Maryam, een prinses die op haar droomprins zit te wachten? Er is toch niemand anders in het spel? Alsjeblieft zeg, trouw met deze Kaiss. Even door de zure appel heen bijten.' Mijn zus keek me koket aan. 'Maryam, in jouw plaats had ik dit offer graag gebracht. Dat is wat het betekent om deel uit te maken van een familie. Een goede dochter offert haar eigen belangen op voor de naam van de familie.'

Ik knikte. Mijn zus had gelijk. Ik was niet verliefd op een ander. De romantische liefde kende ik niet. Ik was gestrikt vanwege mijn respect en zorgen voor mijn vader. Na de dood van mijn moeder was hij alles voor me geworden, vader en moeder tegelijk. Als ik er na de aankondiging van de verloving nog mee zou kappen, zou mijn gedrag werkelijk de dood van mijn vader tot gevolg hebben. Als ik hem zoveel verdriet zou aandoen, werd mijn leven ondraaglijk.

Ik zou de Pathaanse weg volgen en een gehoorzame dochter zijn. 'Goed,' zei ik tegen Nadia. 'Ik zal het doen.'

Ik was achterlijk en naïef, ik negeerde wat ik in mijn jeugd had geleerd over gedwongen huwelijken.

Mijn tevreden vader overlegde met een stralende Kaiss en haastig werd een huwelijksdatum afgesproken.

Kaiss leek zijn geluk niet op te kunnen en deed alsof hij het met Maryam Khail geweldig had getroffen. Door het gedrag van mijn verloofde begon ik te geloven dat ik na de bruiloft door mijn echtgenoot op handen zou worden gedragen. Op de een of andere manier was ik vergeten dat Pathaanse vrouwen voor hun huwelijk als godinnen worden behandeld en na het huwelijk als dienstmeisjes.

Nadat het huwelijk was aangekondigd en vrienden en familieleden de naam van de bruidegom ter ore kwam, werden we tot onze verbijstering van alle kanten gewaarschuwd. Twee vrienden van de familie, allebei geboren in Kabul, belden mijn vader op om hem te verwittigen. 'Ajab, je moet dit huwelijk niet door laten gaan. Deze man is gewelddadig, hij heeft een vreselijk slechte reputatie. Iedereen in Kabul die hem kent, vindt hem gevaarlijk.'

Een akelige gedachte schoot door mijn hoofd: het kwaad dat ik was ontvlucht, had me naar Amerika gevolgd... en nu zat ik in de val.

'Papa?' gilde ik, en wilde dat hij de verloving afblies.

Maar papa was beledigd. Boos begon hij Kaiss te verdedigen, de man die hem zo goed was bevallen met zijn kletspraat dat hij zijn zoon zou worden. Later, toen de twee vrienden die het beste met ons voorhadden ons huis hadden verlaten, verzekerde papa me: 'Het is hun woord tegen het woord van Kaiss, dochter. En ik geloof Kaiss.'

Maar vervolgens hoorde ik dat toen oom Hakim het goede nieuws aan zijn gezin vertelde, zijn dochters tot zijn schrik in gegil waren uitgebarsten: 'Nee! Hij is verschrikkelijk. Hij is gemeen en gewelddadig! Je moet het huwelijk tegenhouden.'

Ik smeekte mijn vader: 'Er klopt iets niet! Alsjeblieft, papa, stel het huwelijk in elk geval uit tot we deze beschuldigingen hebben nagetrokken.'

Maar papa was furieus over het feit dat ik dergelijke kwaadsprekerij over een zo geslaagde partij geloofde.

Pas na de trouwerij hoorde ik dat een ander in Amerika wonend familielid door haar schoonzoon was gewaarschuwd over mijn aanstaande echtgenoot en tante Sha-gul had gebeld. 'Ik ken die slechterik. Het is een crimineel. In Afghanistan heeft hij wegens mishandeling in de gevangenis gezeten. Je moet het huwelijk afblazen.'

Mijn tante schudde haar hoofd. 'Het is te laat.'

'Je zult het leven van je nicht ermee redden. Alstublieft, bel haar vader.'

'Het is te laat.' Mijn tante heeft nooit gebeld.

Vol bange voorgevoelens was ik op de avond voor de trouwerij de wanhoop nabij. In de val, niet in staat de moed te vinden om mijn vader te schande te zetten, mijn familieleden teleur te stellen en mijn bruidegom kwaad te maken, trok ik mijn prachtige witte trouwjurk aan en zette mijn modieuze hoed op. Ik keek in de spiegel. Vanbuiten zag ik er knap uit, maar vanbinnen was het een en al wanhoop en angst. Ik wilde dat ik de moed had om het gebouw te ontvluchten, een auto op te zoeken en ver weg te rijden.

Maar een dergelijke daad zou mijn vader vreselijk hebben gekwetst. Ik zou hem beslist ombrengen. Dat kon ik niet.

Ik legde mijn geloften af en toen was ik getrouwd. Het leek maar even te duren. Na de trouwerij werd er in de trouwzaal een enorme receptie gehouden. Kaiss stapte zo trots als een pauw in het rond, nam goedbedoelde felicitaties in ontvangst, terwijl ik me teruggetrokken opstelde en spijt en angst om voorrang vochten.

Kort na de trouwerij vertrokken Kaiss en ik naar onze nieuwe woning, een appartement in een flat naast het hotel waar hij werkte.

Om de een of andere reden nam geen van de vrouwen in mijn familie me apart om me voor te bereiden op wat ik moest weten over de huwelijksnacht. Zodra we zijn appartement in stapten, werd ik door Kaiss besprongen. Hij trok mijn kleren van mijn lijf en duwde me de slaapkamer in. Omdat ik niet eerder met een man had geslapen, was ik overweldigd door zijn aanval. Hij joeg me de stuipen op het lijf. Die eerste 'genotvolle' huwelijksnacht behandelde Kaiss me zo wild dat ik op de eerstehulpafdeling van het ziekenhuis belandde.

Nadat ik daar was verzorgd, huilde ik als een kind. 'Breng me terug naar mijn vader,' beet ik Kaiss toe. Ik haatte het huwelijksleven evenzeer als ik had gevreesd, hoewel er nog maar een paar uur was verstreken.

Kaiss bracht me naar huis en ik rende naar binnen om mijn vader te zien. Huilend ging ik bij hem op schoot zitten. 'Ik wil hier blijven,' smeekte ik.

Papa vroeg: 'Wat is er in vredesnaam aan de hand?'

'Ze heeft buikpijn,' zei Kaiss met een grappig stemmetje, terwijl hij zijn ogen omhoog draaide vanwege de verbazing van mijn vader.

Papa wist niet hoe hij met een dergelijk gevoelig onderwerp moest omgaan. Hij had zijn vrouw nodig om zo'n lastig vrouwelijk onderwerp aan te kunnen.

Papa duwde me zachtjes van zich af. 'Ga naar huis, Maryam. Ga naar huis, naar je echtgenoot.'

Mijn schouders zakten naar beneden. Ik kon nergens heen. Het was een nachtmerrie, een nachtmerrie die ik zelf had geschapen.

Kaiss meesmuilde en leidde me weg. We keerden terug naar het appartement, waar hij me weer aanviel zodra de deur achter ons was dichtgetrokken.

Mijn huwelijk met Kaiss was een ongenadige worsteling. Mijn echtgenoot was gemeen en bruut. Mijn dagelijkse leven bestond uit een miserabele cyclus van huishoudelijke werkzaamheden, werken in een restaurant en verkrachting. Er werd niet langer gesproken over dineren bij maanlicht of dansen in de discotheek. Mijn man werkte, at en verkrachtte zijn vrouw. Dat was zijn leven. Soms drong zich de beangstigende gedachte bij me op dat de oudste broer van mijn vader misschien gereïncarneerd was in Kaiss.

Enige tijd later was het tijd om me in te schrijven aan de universiteit. Wat verlangde ik naar verandering, naar het volgen van colleges met gelijkgestemde jongeren, om mezelf te verbeteren en een paar uur bij mijn man weg te zijn.

Maar mijn echtgenoot lachte me uit en zei: 'Absoluut niet. Je kunt er niet naartoe. Ik wil geen carrièrevrouw. Ik wil een vrouw zoals mijn vader had, een vrouw die me gehoorzaamt.'

Het was alsof hij me een klap in het gezicht had gegeven. Plotseling zag ik alle beloften die hij voorafgaand aan het huwelijk had gedaan in rook opgaan. 'Je hebt mijn vader beloofd dat je me zou toestaan een universitair diploma te behalen,' stamelde ik.

'Uiteraard heb ik dat beloofd,' sneerde Kaiss. 'Ik moest wel met een goed verhaal komen. Een echte handelaar weet het product te slijten dat hij kwijt wil. Ik was het product. Ik moest mezelf aan die waardeloze vader van je verkopen om zijn dochter te pakken te krijgen.'

Ik zou geen seconde langer zwichten voor het beest dat ik voor me had, beloofde ik mezelf. Beslist niet. 'Toch ga ik naar de universiteit,' zei ik. 'Je kunt me niet tegenhouden. Dit is Amerika.'

Kaiss sprong op me af, pakte mijn hoofd met beide handen beet en drukte mijn schedel zo hard samen dat ik elk moment een dodelijk gekraak verwachtte te horen. 'Je weerspreekt me niet. Begrepen? Als je weer tegen me ingaat, zul je dat bezuren.'

Ik strompelde mijn kamer binnen. Mijn leven begon te lijken op het miserabele leven van grootmoeder Mayana. Ik was niet anders dan mijn nicht Amina. Ik stond er zelfs nog beroerder voor dan zij, omdat ik geen onschuldige kinderen had die me aan mijn beestachtige echtgenoot bonden. Ik leefde het onderworpen leven waarvan ik gezworen had dat het me nooit zou overkomen. Ik was stom, stom, stom! Ik had mezelf voor de gek gehouden met mijn dromen over geluk, perfectie en nachtenlang dansen. Mijn hoofd ging als een razende tekeer, ik probeerde te bedenken hoe ik aan Kaiss kon ontvluchten en een scheiding kon aanvragen.

Binnen een paar weken veranderde de zaak toen ik me misselijk begon te voelen. Ik moest voortdurend overgeven. Het lukte me niet om iets binnen te houden. Ik had een dokter nodig, maar Kaiss weigerde en gaf pas toe toen ik niet langer mijn bed uit kon komen.

De dokter onthulde dat er naar zijn mening goed nieuws te melden was. 'U bent niet ziek. U bent zwanger. Gefeliciteerd.'

Ik keek Kaiss tersluiks aan, wellicht zou het nieuws hem gelukkig maken en zou hij nu de vriendelijke echtgenoot worden zoals hij dat had voorgespiegeld, als ik hem maar een zoon kon geven.

Onverschillig haalde Kaiss zijn schouders op. Volgens de dokter moest ik me maandelijks laten controleren, waarna zijn gezicht lichtrood kleurde. Nadat we de kliniek hadden verlaten, begon Kaiss te vloeken: 'Die smerige inhalige klootzak van een dokter. Hij krijgt geen cent van me. Je gaat niet naar die hufter toe om elke maand je benen voor hem te spreiden.'

Ik hield me stil, maar noteerde de datum van onze volgende afspraak, in de wetenschap dat ik me voor de gezondheid van mijn kind niets van Kaiss moest aantrekken. Toen ik een maand later het appartement wilde verlaten, ging Kaiss voor de deur staan. 'Je gaat niet, Maryam. Mijn moeder is nooit naar een dokter gegaan. Na negen maanden ging ze haar kamer in en beviel van een kind. De volgende dag was ze weer terug en was alles net als anders. Je zult hetzelfde doen als mijn moeder!' Hij gaf me een harde duw en plofte vervolgens zelf weer neer op de bank om televisie te kijken.

Kaiss had geen moment geloofd dat ik hem zou weerstaan. Maar zoals mijn lichaam het kind in mijn buik voedde, zo voedde mijn kind mijn moed. Nonchalant wandelde ik in de buurt van de deur, rende vervolgens naar buiten en schreeuwde: 'Ik ga wel naar de dokter!' Ik spurtte naar buiten en sprong in een taxi, voordat Kaiss me te pakken kon krijgen.

Voor het eerst begreep ik waarom Amina naar haar slaande echtgenoot was teruggekeerd om haar kleintjes te beschermen. Hoewel mijn kind nog in mijn buik zat
en ik het gezichtje van mijn baby nog nooit had gezien, werd ik al overweldigd door
de liefde voor mijn kind.

Na mijn afspraak wandelde ik trillend naar huis terug, doodsbenauwd over wat
me daar stond te wachten. Langzaam ging ik ons appartement binnen, klaar om weg
te rennen als Kaiss me zou aanvallen.

Maar Kaiss liep lachend op me af. 'We moeten voor je zorgen. Je vader zei dat als
ik goed voor je zorgde je me een zoon zou schenken.'

Ik aarzelde en vreesde nog steeds dat het een truc was om me onverwacht te pakken te krijgen. 'En als het een meisje is?'

'Als het een meisje is, hoop ik dat het in je buik zal sterven. Ik wil alleen maar een
zoon.' Hij bracht zijn gezicht vlak voor het mijne en keek me strak aan: 'Heb je
gehoord wat ik zei? Ik zal alleen een zoon accepteren.'

Ik knikte, te bang om het oneens te zijn met de wet van Kaiss, wetend dat ik hem
met geen mogelijkheid kon verzekeren dat het kind dat in mij groeide een jongen
zou zijn.

In de komende maanden sloeg hij me minder vaak en minder hard, al was mijn
bestaan nog altijd onzeker en beangstigend.

Op 27 januari 1984 werd ik met stekende rugpijn wakker. Terwijl Kaiss me naar
het ziekenhuis reed, bad hij tot God: 'Allah! Laat het een zoon zijn! Het maakt me
niet uit of hij blind is of mank loopt, als het maar een zoon is.' De hele tijd dat ik
in de verloskamer lag, bleef Kaiss deze bizarre mantra opzeggen. Ook ik begon te
bidden dat het een jongen zou worden, want ik was als de dood dat Kaiss onze baby
zou vermoorden als het een meisje was.

Allah hielp me door me een gezond jongetje te schenken. Iedereen was opgelucht
en blij. Plotseling was Kaiss voorkomend en lief, trots dat hij bij iedereen over zijn
grote en knappe zoon kon snoeven. Met betraande ogen kwam papa mijn kamer
binnenrennen. Ik had hem iets geschonken waarvoor hij kon leven, eindelijk had
hij de zozeer gewenste kleinzoon.

Op die wonderbaarlijke dag kon je zelfs van Kaiss houden.

Maryams oudste zoon Duran met zijn grootvader.

13

Toen mijn dierbare baby ter wereld kwam, waren de talloze ontberingen en beproevingen die ik met zijn vader te verduren had voor even vergeten. Mijn liefde voor mijn zoon was groter dan ik ooit had verwacht. Voor het eerst sinds mijn desastreuze huwelijk bevond ik me op een goede plek. Ik hield mijn zoon Duran in mijn armen en bekeek zijn lieve gezicht, perfecte ogen, armpjes en beentjes. Een gezond klein jongetje had alle pijn verdreven die ik in mijn leven had gevoeld, en ik was overweldigd door vreugde.

Ik heb zelfs mijn man geprezen, hoezeer dat ook de werkelijkheid geweld aandeed, want ik wilde hoe dan ook voorkomen dat hij zou uitbarsten in zijn gebruikelijke driftbuien, die mijn zoontje angst zouden kunnen aanjagen. Aanvankelijk ging alles goed. Kaiss was in de zevende hemel vanwege het feit dat hij de vader was van een zoon, al vond hij het niet nodig veel tijd met Duran door te brengen. Zijn futloze houding als vader kwam papa en mij goed uit, want zonder de druk van de aanwezigheid van Kaiss waren we in de gelegenheid om van Durans babytijd te genieten.

En terwijl ik naar het gelukkige gezicht van papa keek, die zijn eerste kleinkind vasthad, rechtvaardigde ik mijn miserabele huwelijk. Sinds hij door kanker was getroffen, nog voordat ons land verloren was geweest en nog voor moeder was gestorven, had ik hem niet meer zo gelukkig gezien. Door met Kaiss te trouwen, had ik een forse deuk opgelopen, maar papa was op zijn plek en dat schonk me enige troost. Kijkend naar het babygezichtje van Duran, dat straalde van onbedorven geluk, kon ik de Afghaanse vrouwen die ik kende voor het eerst beter begrijpen, vrouwen die de wreedheden van hun man in stilte hadden verdragen. Niks kon ze deren, alleen het kind was van belang.

Papa was een heel ander mens geworden. Met een tevreden gezicht sloeg hij voor Duran aan het winkelen, voorzag mijn zoon van alles wat hij nodig had, of het nu het laatste model kinderwagen was of een symbolische gouden lepel. Nu ik zag hoe papa zijn kleinzoon verwende, speet het me zeer dat mijn moeder dit alles moest missen. Wat zou zij ervan genoten hebben oma te zijn! Tussen Kaiss en mij lag nog een diepe afgrond, dat spreekt voor zich, want ik zou nooit in staat zijn te houden van deze wrede man, mijn echtgenoot en de vader van mijn zoon. Maar ik bedacht dat ik misschien kon leren hem te tolereren, in elk geval lang genoeg om ons kind op te voeden. Maar al gauw begon Kaiss erover te klagen dat de baby zijn slaap verstoorde. Hij verordonneerde dat Duran en ik naar papa's woning moesten verhuizen. Mijn gevoelloze man wist niet hoeveel plezier hij papa, Duran en mij daarmee deed.

Maar ik had moeten inzien dat de vrede niet lang zou aanhouden, want Kaiss was iemand die uit was op confrontatie. De problemen begonnen weer toen ik de kleine Duran meenam naar het gemeenschappelijke zwembad van het appartement. Om ervoor te zorgen dat Kaiss niet jaloers werd, een irrationele jaloezie die vaak de aanleiding vormde voor zijn boze buien, had ik de gewoonte aangenomen om briefjes achter te laten waarop precies stond aangegeven wanneer ik was vertrokken en wat mijn plannen inhielden.

Binnen een uur verscheen Kaiss in het zwembad. Toen ik merkte dat mijn echtgenoot des duivels was, liepen de rillingen me over de rug. Hij sprak met zachte en dreigende stem: 'Maryam. Kom naar huis. Nu.'

Arme baby Duran jammerde, omdat hij wist wat hem stond te wachten. Hij had al kennis gemaakt met de verbale explosies van zijn vader. Verschillende zwemmers keken naar Kaiss, zagen zijn kwade blik en klommen uit het zwembad om bezorgd op een afstandje te gaan zitten. In een wanhopige poging een publieke scène te voorkomen, haastte ik me om onze spullen te verzamelen en te doen wat hij zei.

Kaiss liep weg. Ik greep onze natte handdoeken, pakte Duran op en liep vlug achter mijn echtgenoot aan. Ik kromp ineen bij de gedachte dat het net leek alsof ik een gehoorzame vrouw was, en dat ik dat ook daadwerkelijk was. Toen Kaiss de deur van ons appartement met een dreun achter zich dichttrok en ik nog vlug Duran in zijn bedje probeerde te leggen, dacht ik wanhopig na. Wat was er gebeurd? Wat was de aanleiding voor zijn woede geweest? Ik had niets gedaan waaraan hij zich had kunnen storen. Maar ik wist dat er een aanval aan zat te komen.

Zwaar ademend kwam Kaiss achter me staan. Ik meende dat hij me alleen maar zou verkrachten, wat in ons huwelijk vaak is gebeurd. Hij pakte me bij mijn hand, trok me ruig de keuken in en drukte me met mijn rug tegen het aanrecht aan. Had hij een of andere aanranding in gedachten? Toen opende hij een van de keukenlades en trok een van onze grootste messen tevoorschijn.

Ik verstijfde. Ik ben altijd doodsbenauwd geweest voor messen.

Kaiss greep me met een hand bij mijn keel en begon ondertussen met de ander in mijn badpak te snijden. Snakkend naar adem zag ik mijn badpak op de grond vallen. Ik werd helemaal uitgekleed. Hij drukte de scherpe kant van het mes stevig tegen mijn hals. Als ik nu zou bewegen, liep ik een flinke wond op, ook als Kaiss geen snijdende beweging maakte. Hij boog zich over mijn gezicht en fluisterde met ziedende stem: 'De volgende keer dat mijn vrouw met andere mannen in de buurt een badpak draagt, zal ik haar vermoorden.' Ik kromp ineen van de pijn toen hij expres met het scherpe lemmet van het mes in mijn nek sneed. Ik voelde het bloed bij mijn hals omlaag stromen. Bij de aanblik van het bloed verwijdden de ogen van Kaiss zich.

Ditmaal zal hij me werkelijk ombrengen, dacht ik, wanhopig om me heen kijkend naar iets waarmee ik mezelf en Duran kon redden.

Op dat moment gilde mijn baby vanuit zijn bedje. Hij had honger.

Kaiss sloeg me in mijn gezicht en trapte tegen mijn been. 'Ga voor die baby van je zorgen,' commandeerde hij ruw.

Duran had het leven van zijn moeder gered.

Terwijl ik een hand op de wond drukte, rende ik naar mijn zoon. Hij kirde toen hij me zag. Met één hand pakte ik hem op en rende naar de badkamer. Daar bond ik met mijn vrije hand een kleine handdoek om de wond. Ik nam Duran mee naar de keuken en voedde hem. Toen stelde ik hem op zijn gemak tot hij sliep.

Ik keerde terug naar de badkamer en bestudeerde mijn nek met een handspiegel. De huid rond mijn keel was gekneusd door de greep van Kaiss, maar de snee was niet diep en bloedde niet meer. Ik slaakte een zucht van verlichting, want ook al zou de wond gehecht moeten worden, dan nog zou Kaiss me niet naar de eerstehulp-afdeling laten vertrekken.

Toen ik op mijn tenen naar Durans kamer probeerde terug te sluipen, waar ik had willen slapen, werd ik door Kaiss van achteren besprongen, waarna hij me worstelend naar ons bed sleurde, nog enkele klappen uitdeelde en me pijnlijk verkrachtte.

De volgende ochtend ontwaakte Kaiss zonder dat zijn slechte stemming was veranderd. Hij ging op zijn knieën in ons bed zitten, pakte mijn gezicht in zijn handen, sloeg me een paar minuten alle kanten op en duwde zichzelf op me. Alleen door me te verkrachten scheen hij plezier aan seks te beleven. Ik probeerde hem weg te duwen, terug te vechten, maar toen hij me begon te smoren gaf ik het op en onderwierp me aan zijn vernederingen. Voor mijn zoon moest ik in leven blijven. Als Kaiss me zou vermoorden, zou mijn kleine baby niemand hebben om voor hem op te komen.

Ten slotte liet Kaiss me met rust, het was tijd om te douchen en naar zijn werk te gaan. Pas nadat hij uit ons appartement was vertrokken, stortte ik in en barstte in huilen uit. Maar ik vermande mezelf voor mijn baby en verdrong de gedachte aan mijn afschuwelijke bestaan.

Later die dag ontmoette ik een van onze buren, die de enorme bult op mijn voorhoofd en de sneden in mijn lippen bestudeerde. Diezelfde buurman had me al eerder aangesproken over mijn bulten en blauwe plekken. 'Wat is er met jou gebeurd?' had hij gevraagd.

'O, ik ben gevallen,' had ik fluisterend geantwoord, zijn blik ontwijkend.

'Alweer?' vroeg hij. 'Je bent wel erg onhandig voor je leeftijd.'

'Dat zal wel,' zei ik, in verlegenheid gebracht, en draaide me om.

'Het klopt niet,' sprak hij met ernstige stem. 'Je moet bij hem weggaan.'

Ik begon te blozen van schaamte. Vernederd door mijn hulpeloosheid maakte ik me vlug uit de voeten. De tranen rolden me over de wangen. Ik moest denken aan een vrouw in een vergelijkbare situatie en ik zag in herinnering een allang vergeten gezicht voor me.

Toen ik zestien jaar was, kwam een prachtige vrouw, die Jamila heette en naast ons woonde, naar onze voordeur gerend. Ik stond in de woonkamer toen ze zonder te kloppen naar binnen stoof. Ik was er vast van overtuigd dat ze door een horde wilde honden achternagezeten werd. Ik pakte Jamila vast en liet haar in een stoel plaatsnemen. 'Wat is er in godsnaam aan de hand?' vroeg ik. Ik riep de kinderjuffrouw Muma en vroeg haar een glas water te halen. 'Schiet op!' riep ik.

De al op leeftijd rakende Muma kwam met onvaste stap op ons toegesneld, een glas jus in haar ene hand en een koude, natte doek in de andere.

'Och, och,' zei Muma met zachte, troostende stem.

'Wat is er gebeurd?' gilde ik, al zag ik ook wel dat ze in elkaar was geslagen. Mijn ouders hadden al gefluisterd over de droevige situatie waarin ze zich bevond, maar zo ernstig waren haar wonden nog niet eerder geweest. Jamila had altijd in stilte geleden, had de ene smoes na de andere verzonnen, dat ze over een van haar kinderen was gestruikeld, dat ze met haar voet achter een deur was blijven hangen, dat ze zo onhandig was, allemaal om haar blauwe plekken en schrammen te verklaren. Maar ondanks alle voorwendsels wist iedereen dat de echtgenoot van Jamila vrouwen sloeg.

Het was voor het eerst dat Jamila haar toevlucht had gezocht in ons huis. Ze jammerde: 'Hij zal me vermoorden, dat weet ik zeker. Kan ik hier misschien overnachten?'

'Ja natuurlijk, natuurlijk,' zei ik en vroeg me af wat we zouden kunnen doen om haar brute echtgenoot achter slot en grendel te krijgen. In die tijd was ik zo naïef om te geloven dat een vrouw die gerechtigheid wilde daar alleen maar naar hoefde te streven.

In die periode zat Nadia in India en we woonden in een appartement waar ik een eigen slaapkamer had. 'Je kunt in mijn slaapkamer overnachten, Jamila,' zei ik. 'Je man zal het niet wagen om zich in mijn slaapkamer te vertonen.'

Opgelucht knikte ze, al bleef ze huilen. Ik bestudeerde haar gezicht. Op haar trouwdag had Jamila er prachtig uitgezien, maar door het huwelijk was ze sterk verouderd. Elk jaar van haar huwelijk was haar gezicht er slechter gaan uitzien. Nu was het hele gezicht van Jamila opgezwollen en het zachte vlees zat onder de bloeduitstortingen. De arme Jamila had er vreselijk van langs gekregen.

'Waar heeft hij je mee geslagen, Jamila?'

'Het was allemaal mijn schuld,' huilde ze. 'Toen de baby begon te huilen, ben ik uit de keuken weggelopen. Daardoor is zijn eten verbrand. Hij had honger en kreeg niets te eten. Het is allemaal mijn schuld,' herhaalde ze.

'Stop, Jamila. Het is niet jouw schuld. De afgelopen twee weken is je baby ziek geweest. Je moest voor haar zorgen.'

'Nee... nee... het is mijn schuld. Ik heb dat pak slaag verdiend.'

Ik haalde diep adem. Ik haatte het dat Afghaanse vrouwen zich verontschuldigen voor het gedrag van hun mannen. Als een vrouw in elkaar werd geslagen, was het haar schuld. Als een vrouw werd vermoord, zou het wel een prostituee geweest zijn en moest het aan haarzelf gelegen hebben. Nooit hadden de mannen het gedaan. De vrouwen kregen alle schuld in de schoenen geschoven.

Die nacht deed ik geen oog dicht, terwijl Jamila lag te huilen. Ik herinner me hoe kwaad ik was over haar deemoedigheid, over het feit dat ze niet voor zichzelf kon opkomen! Niemand kon slapen, want de arme Jamila bleef de hele nacht huilen.

De volgende ochtend was Jamila in de woonkamer een kop thee aan het drinken, toen haar echtgenoot voor de deur stond. Kinderjuffrouw Muma liet hem binnen.

Hij stapte op zijn vrouw af en leek zich in geen enkel opzicht voor haar meelijwekkende uiterlijk te schamen.

'Oké. Ga naar huis, Jamila. Het logeerpartijtje is over.'

Ik was des duivels en gechoqueerd omdat die bruut zich, ondanks alle droevige en meelijwekkende sporen op het gezicht van Jamila, niet eens verontschuldigde.

Ik was zo kwaad dat ik begon te snuiven, waardoor Jamila's echtgenoot me voor het eerst opmerkte.

'Waarom ben jij niet op school?'

'Ik neem je vrouw mee naar de dokter. Ze heeft vreselijk te lijden omdat u haar hebt afgeranseld.'

'Ze gaat nergens heen,' sneerde hij.

Nu er andere vrouwen bij waren, wist Jamila de moed te verzamelen om zich tegen hem te verzetten. 'Maryam brengt me naar het vrouwencentrum en zal daar melden wat je me allemaal hebt aangedaan,' zei ze in een uitbarsting waaruit opvallend veel trots sprak.

Jamila's echtgenoot stapte op haar af zodat hij haar vol in het gezicht kon slaan. De klap was zo hard dat haar hoofd achteroversloeg. Ze liet haar kop thee vallen. 'Ja? Als je dood bent, kun je helemaal nergens melding van maken. Hou nu je kop, kom naar huis en zorg voor die kinderen van je.'

Vervolgens draaide hij zich om en liep naar buiten.

Jamila stortte in, huilend.

Ik sloeg mijn armen om haar heen. 'Jamila, kom mee. Hij moet gestraft worden.'

'Nee. Nee. Ik kan niet weg. Hij zal me echt vermoorden. En wat gebeurt er dan met de kinderen?' Nadat ze dat had gezegd, trok ze zich uit mijn armen los en wankelde naar buiten. In de loop der jaren hielden we goed contact, maar ze heeft ons nooit meer om hulp gevraagd, ondanks het feit dat ze vaker dan voorheen werd geslagen.

Ik had altijd gedacht dat ik boven deze strijd stond en nooit zoals Jamila zou worden. Opgevoed door een aardige vader die zijn vrouw en dochters nooit sloeg, meende ik sterk te zijn en niet vatbaar voor dergelijke agressie. Maar nu voelde ik me even machteloos als de vrouw met wie ik eens zoveel medelijden had gehad. Nu had iedereen medelijden met mij.

Ik wist dat het geweld van Kaiss escaleerde en dat ik in het belang van mijn zoon bij hem weg moest gaan. Anders dan Jamila, Amina en andere Afghaanse vrouwen bevond ik me in Amerika en mijn situatie verschilde werkelijk van die van hen. Hier kon ik bij mijn mishandelende echtgenoot weggaan. Hier hadden vrouwen rechten.

Ik ondernam actie. Eerst benaderde ik mijn vader. 'Papa, ik weet dat je het woord scheiding niet wilt horen. Ik weet dat het taboe is voor Pathaanse vrouwen. Maar ik ben zo stom geweest met Kaiss te trouwen om jou een plezier te doen. Ik ben met hem getrouwd zodat er ten minste een van je dochters met een Pathaan zou trouwen.'

Papa keek me verrast aan, waardoor ik me afvroeg hoe het kon dat een vreemdeling mijn blauwe plekken zag, terwijl mijn vader, die ik dagelijks ontmoette, niets in de gaten had.

De tranen biggelden over mijn wangen. 'Het huwelijk had niet moeten doorgaan. Jij was gewaarschuwd dat Kaiss een gewelddadig man is. Papa, dat klopt: ik word geregeld door mijn man geslagen. Hij doet me pijn. Zijn gewelddadige buien zijn angstaanjagend. Uiteindelijk zal hij me vermoorden, papa. Is dat wat je wilt?'

Papa zei niets, maar kwam uit zijn stoel overeind, sloot de voordeur en sloeg zijn armen om me heen. Plotseling ging mijn droeve stemming over in vreugde. Op zijn eigen manier zei mijn vader me dat ik bij hem moest komen wonen. Hoewel het voor Pathaanse vrouwen verboden is om van hun man te scheiden, zou mijn vader accepteren dat ik bij mijn echtgenoot wegging.

En toen zei papa: 'Dochter, vergeef me voor wat er is gebeurd. Het is mijn fout. Ik ben degene die deze beestachtige echtgenoot voor je heeft uitgezocht.'

Ik huilde in de armen van mijn vader en vergaf het hem. Voor het eerst had hij de verantwoordelijkheid genomen voor wat ik moest ondergaan.

Drie dagen later kwam Kaiss het appartement van mijn vader binnenvallen en smeekte om hem nog een kans te geven. 'Ja, ik heb je dochter gekwetst, Ajab, dat geef ik toe. Ik hou zoveel van Maryam dat ik uit jaloezie mijn verstand heb verloren. Maar dat zal nooit meer gebeuren. Ik zweer het.'

Papa staarde hem aan.

Ik keek naar Kaiss en vroeg me af hoe het kon dat zo'n boosaardige man er zo charmant kon uitzien. De valse tranen rolden over de wangen van mijn gewelddadige echtgenoot. Hij greep mijn vaders hand en begon die te kussen. 'Ik vraag u om vergeving voor mijn talloze tekortkomingen.'

Net op dat moment ontwaakte Duran uit zijn middagdutje en zag zijn vader. Hij kirde van plezier toen hij hem herkende.

Papa staarde naar Duran en vervolgens naar mij. Aan zijn gezicht viel duidelijk af te lezen wat hij vond: je zoon heeft een vader nodig.

Ik hoorde de stem van mijn moeder in mijn oor fluisteren: 'Je echtgenoot wil verdelen en heersen, Maryam. Ga weg, dochter, ga weg.'

Door mijn vader in de ogen te kijken probeerde ik hem te overreden en een stille boodschap over te brengen. Hij zal in herhaling vervallen, papa. Hij zal het weer doen.

Hulpeloos keek papa de andere kant op.

Kaiss wierp zichzelf aan mijn voeten. 'Alsjeblieft, Maryam. Alsjeblieft. Ik beloof je dat ik vanaf vandaag alleen maar liefde en respect voor je zal tonen.'

Hulpeloos keek ik naar de beide Pathaanse mannen, mijn echtgenoot en mijn vader, die zich tegen mij samenspanden.

Ik was verenigd met alle Pathaanse vrouwen die ooit hadden geleefd. We hadden geen rechten, geen macht. We waren te zwak om ons te verdedigen. Grootmoeder Mayana had me altijd verteld dat een vrouw moet gehoorzamen, toegewijd en vol zelfopoffering, om haar Pathaanse komaf waard te zijn. Geen enkele keer ben ik het met haar eens geweest, maar ondanks al mijn strijdbare praatjes als kind, bleek ik, toen ik eenmaal een vrouw was, eveneens zwak te zijn.

Zoals ik had verwacht, schraapte mijn vader zijn keel en voerde aan: 'Maryam, keer terug naar je eigen woning. Begin opnieuw, dochter. Dat is voor je zoon het beste.'

Zonder dat er iemand voor me opkwam, merkte ik dat de kracht die ik voorheen had gevoeld wegvloeide. Waarom? Dat wist ik niet. Door mijn Afghaanse opvoeding had ik geen gevoel van eigenwaarde meer.

Met een diepe zucht begon ik de spullen van Duran bijeen te rapen. Kaiss tilde onze zoon op. Ik sprak geen woord terwijl ik achter Kaiss aan de woning van mijn vader verliet.

Toen Nadia ons later op vakantie vanuit India opzocht, was ik weer aan het werk. Omdat ik me nooit op mijn gemak voelde als ik mijn zoon met zijn vader achterliet, had ik mijn zus en mijn vader gevraagd op hem te passen, zodat mijn zus kon genieten van de grappige capriolen van mijn zoon. Op een middag keerde ik terug naar huis om het diner voor Kaiss klaar te maken voordat ik naar mijn werk vertrok. Ik stond in de keuken te koken toen hij binnenkwam en achter me ging staan. Plotseling kneep hij zo hard als hij kon in mijn billen. Ik gilde en draaide me om. 'Dat doet pijn, Kaiss! Waarom deed je dat?'

'Nou Maryam,' fluisterde hij op dreigende toon, 'dat deed ik omdat je een strakke broek draagt en je reet er bijzonder sexy uitziet.'

Omdat ik aannam dat hij probeerde me een compliment te geven, hoe raar hij dat ook deed, zei ik: 'Dankjewel.'

Maar voor ik me kon bewegen, greep hij een mes en sneed mijn broek aan de achterkant open.

De adem stokte in mijn keel, ik probeerde me aan hem te ontworstelen en weg te gaan.

Hij balde zijn vuist en stompte me zo hard als hij kon in mijn maag.

Ik viel achterover op de vloer.

Hij trapte me tegen mijn buik en gilde: 'Dit is mijn wet, Maryam: mijn vrouw mag haar gat niet aan andere mannen laten zien!' Hij schopte me nogmaals. 'God mag weten hoeveel mannen eraan hebben gedacht dat ze hun pik in je staken!'

Ik duwde hem bij me vandaan, krabbelde overeind, rende naar de badkamer, de enige kamer die op slot kon. Vlug smeet ik de deur achter me dicht en sloot hem af.

Hijgend bestudeerde ik mijn gezicht in de spiegel. Ik herinnerde me niet dat Kaiss me in mijn gezicht had geslagen, maar mijn lippen begonnen al op te zwellen. Bij nader onderzoek trof ik een diepe wond op mijn rug, waar Kaiss mijn broek van mijn lijf had gesneden.

Ik bleef in de badkamer zitten tot ik hoorde dat Kaiss de televisie aanzette, waarna ik naar buiten kroop om mijn baas in het restaurant te bellen. 'Het spijt me,' fluisterde ik. 'Ik ben ziek. Ik kan vanavond niet komen.'

Ik hoorde mijn baas luid uitademen. 'Maryam, als je blauwe plekken op je gezicht hebt, blijf dan thuis. Maar als Kaiss je alleen maar tegen je benen heeft geschopt en je de wonden niet kunt zien, zou ik toch echt graag willen dat je vanavond komt werken. Er is maar weinig personeel.'

Ik slaakte een onderdrukte kreet. Iedereen wist wat voor schertsvertoning mijn leven was. Ik was een deerniswekkend schepsel, niet in staat me tegen een man te verdedigen. Nog nooit had ik me zo nutteloos gevoeld. Ik begon te huilen.

'Kind,' fluisterde mijn baas dringend in de telefoon. 'Ga weg bij hem voordat hij je vermoordt.'

De rest van de avond gedroeg ik me tegen Kaiss alsof het een gewone avond was, maar toen ik de volgende dag Duran meenam om een bezoek aan papa te brengen, belde ik hem vanuit de veilige omgeving van mijn vaders woning op: 'Kaiss, dit kan zo niet langer doorgaan. Ik wil dit huwelijk beëindigen. Ik zal goed voor je zoon zorgen. Je kunt hem zien wanneer je dat wilt.'

'Maryam!' gilde hij. 'Kom terug naar waar je thuishoort. Je hoort bij mij!'

'Kaiss, luister goed. Trouw met een andere vrouw. Trouw met iemand die niet klaagt als je haar slaat. Trouw met een vrouw die net zo gehoorzaam is als je moeder. Ik zal me niet langer door jou laten misbruiken.'

'De enige manier waarop jij me zult verlaten, Maryam, is als je dood bent,' dreigde hij. 'Je kunt bij me weggaan als we je lichaam begraven.'

De koude rillingen liepen over mijn rug, maar ik gaf niet toe. 'Maandag zal ik contact opnemen met een advocaat. Maandag zal ik de scheiding aanvragen.' Ik hing de hoorn op de haak. Hoewel ik bang was, voelde ik me optimistischer dan ik me jaren had gevoeld. Ik had uiteindelijk besloten mijn leven weer in eigen hand te nemen.

Kaiss belde mijn vader en grauwde hem toe, terwijl hij voor het eerst zijn charmante masker af liet: 'Neem afscheid van je dochter, Ajab. Haar dagen zijn geteld.'

Het was te laat tot papa doorgedrongen dat hij het wat Kaiss betreft bij het verkeerde eind had. Hij had een vals product aangesmeerd gekregen. Vanaf de eerste dag had zijn schoonzoon hem bedrogen.

De politie werd gewaarschuwd, maar die maakte ons duidelijk dat persoonlijke dreigementen in het Amerikaanse rechtssysteem pas iets voorstellen als er geweld op volgt. Voor de eerste keer verlangde ik naar het Afghaanse systeem, een land waar het dreigen met lichamelijk geweld stuit op stammengeweld.

De volgende avond ging de telefoon van papa. Een nauwe vriend van Kaiss waarschuwde hem: 'Hij zal me vermoorden als hij weet dat ik je bel, Ajab. Hij is van plan iets te doen. Haal je dochter en kleinzoon en vlucht.'

Papa protesteerde. 'In de Verenigde Staten bestaat er zoiets als een rechtbank. Wat kan deze bullebak doen? Hij zal worden gestraft.'

'Alsjeblieft, Ajab, vertrek. Kaiss heeft iemand in de arm genomen om de klus voor hem op te knappen. Hij meent het.'

Papa begreep hem niet. 'Wat voor klus?'

'Moet ik het voor je spellen? Ik zeg je dat je schoonzoon iemand heeft ingehuurd om je dochter te vermoorden! Haal Maryam en de baby daar weg. Vertrek uit de stad. Zeg tegen niemand waar je naartoe gaat! Ik breng mijn eigen leven in gevaar door je dit te vertellen!'

Toen ik hoorde waarover hij had gesproken, werd ik hysterisch. 'Een huurmoordenaar?'

Maar papa was nog altijd niet overtuigd en meende dat het een onbeduidende bedreiging was, bedoeld om me angst aan te jagen, zodat ik weer naar Kaiss zou terugkeren. Ik wist dat het anders zat. Ik kende Kaiss. Het was een brute gewelddadige vent. Hij had al eerder geprobeerd me te vermoorden. Er was een grens overschreden. Mijn echtgenoot en ik waren op een dood punt aanbeland. Nooit kon ik meer naar Kaiss terugkeren. Maar hij zou me niet laten gaan.

Farid belde ons meestal om de paar dagen en nu belde hij vanuit Parijs. Papa vertelde hem over de laatste ontwikkelingen. Farid hoorde hem zwijgend aan en zei: 'De vriend van Kaiss spreekt de waarheid, oom. Denk maar na. Wat heeft hij erbij te winnen als hij jou waarschuwt? Deze man is overduidelijk bang dat hij betrokken raakt bij een onderzoek naar een moord.'

'Misschien is hij net zo gek als Kaiss,' zei papa, terwijl er hoop in zijn stem doorklonk. Het laatste wat hij wilde doen was zijn comfortabele huis ontvluchten.

'Ik kom naar jullie toe,' zei Farid.

'Vanuit Parijs?'

'Ja. Blijf in je appartement. Sluit de deuren goed af. Ik vlieg met de eerste vlucht naar jullie toe.'

Farid hield zich aan zijn woord. Binnen vierentwintig uur zat hij in papa's appartement. Mijn neef was even prachtig als hij altijd al was geweest. Met zijn vertrouwde guitige ogen keek hij me aan en zei met veel medeleven: 'Maak je geen zorgen, kleine broer van me. Je grote broer zal je beschermen.'

Farid zou me er altijd aan blijven herinneren dat ik als klein kind had gedaan alsof ik een jongetje was.

Maar door mijn angst kon ik me niet verheugen over het weerzien met Farid.

'Farid, hij heeft een huurmoordenaar ingehuurd. Hij zal me echt vermoorden en dan haalt hij mijn zoon bij me weg en vlucht hij naar Afghanistan.'

Farid troostte me en regelde alles. Duran en ik zouden vertrekken en zo ver mogelijk weg reizen, zonder de Verenigde Staten te verlaten. Die nacht reed hij me naar het vliegveld, waar ik mijn baby oppakte en in een vliegtuig naar Los Angeles, Californië, stapte. Daar woonden goede vrienden en familieleden van Farid, die me zouden afhalen en in veiligheid zouden brengen.

Nadat ze papa's woning hadden afgesloten en papa zijn spullen had ingepakt, zochten papa en Farid me in Los Angeles op. Ik had het gevoel dat alles goed zou aflopen, dat ik kon blijven leven om mijn zoon te kunnen zien opgroeien. We begonnen aan een nieuw leven, een leven zonder geweld, pijn en woede, althans dat dacht ik.

14

Ik vroeg de scheiding aan en, gezien het geweld van Kaiss, de volledige voogdij over Duran. Alimentatie hoefde ik niet. Ik wilde geen geld van Kaiss. Ik wilde alleen maar mijn kind opvoeden, in vrede en zonder te worden mishandeld.

Het stelde me gerust dat ik nu zo ver weg was. Ik begon me weer een beetje mens te voelen, was soms zelfs even gelukkig. Duran was een vrolijk, robuust kind dat zijn vader helemaal niet leek te missen. Al gauw sprak hij een paar woorden en pikte mijn koosnaam in de familie op, Malo. Hij probeerde hem uit te spreken, maar het kwam eruit als Mano. Nooit heb ik een mooier geluid gehoord dan wanneer mijn kleine Duran me riep: 'Mano! Mano!'

Toch was het gevaar nog wel degelijk aanwezig en onze angst voor Kaiss had tot gevolg dat we ons adres en telefoonnummer geheim moesten houden en alleen aan de meest naaste familieleden konden geven. Op een ochtend belde mijn tante uit Texas. Kaiss had alle leden van de familie opgebeld en beweerd dat hij niets liever wilde dan mij de gelukkigste vrouw ter wereld maken. Hij had gezegd dat hij zoveel van zijn vrouw en zoon hield en ze zo miste. Toen hij merkte dat mijn tante leek te aarzelen, richtte hij zijn aandacht op haar en tegen zijn valse charisma was ze niet bestand. Zonder te weten dat ze het slachtoffer van een bedrieger was, gaf ze Kaiss mijn telefoonnummer en adres. Na slechts een paar telefoongesprekken was ze ervan overtuigd dat alleen zij de ware Kaiss kende. Ze zei: 'Maryam, het is een goede man. Hij zal zijn veranderd. Hij zal nu een goede man voor je zijn.'

In mijn cultuur was een scheiding zo ondenkbaar dat de meeste familieleden wilden dat ik mijn miserabele levenslot als vrouw zou aanvaarden en het misbruik in stilte zou verdragen, zoals vrouwen in Afghanistan dat altijd hadden gedaan.

Ik legde de telefoon neer en rende gillend naar mijn vader: 'Tante heeft hem ons adres gegeven!'

Op dat moment ging de telefoon weer over. Ik greep hem en dacht dat het mijn tante weer zou zijn. 'Maryam,' hoorde ik Kaiss gemeen fluisterend zeggen, 'als je de lucht in vliegt, zal ik je bij je benen grijpen. Als je onder de grond verdwijnt, zal ik je bij je kop pakken. Je kunt je niet voor mij verschuilen!'

Met een angstige zucht hing ik op.

Weer ging de telefoon. Papa rende eropaf om hem van repliek te dienen en hoorde slechts: 'Ajab. Ik kom naar Los Angeles. Ik kom Maryam en jou vermoorden. Zo nodig zal ik zelfs mijn eigen zoon vermoorden. Denk je dat ik bang ben voor een elektrische stoel? Ik zal geschiedenis schrijven. Een Afghaanse man die zijn eer verdedigt zal zijn leven opofferen omdat het hem bevrediging schenkt zijn vrouw, zoon en schoonvader te doden.'

'Als je geschiedenis wilt schrijven,' schreeuwde papa terug, 'ga dan de jihad uitvechten in Afghanistan! Vecht tegen de Russen! Ga! Maar bel ons nooit meer op!'

Papa smeet de hoorn op de haak. Mijn lieve vader had in zijn hele leven nooit iemand kwaad gedaan, maar op dat ogenblik had hij de energie van een krijger. Ik ben ervan overtuigd dat als Kaiss daar op dat moment zou zijn verschenen, hij hem op leven en dood zou hebben bevochten.

Hoewel ze hun medeleven betoonden, vertelde de politie ons weer dat ze niets tegen mondelinge dreigementen konden uitrichten. Eerst zou Kaiss een van ons fysiek moeten aanvallen voordat ze hem konden arresteren. We waren gefrustreerd toen we erachter kwamen dat het Amerikaanse rechtssysteem uiterst rechtvaardig was tegenover de misdadiger, maar veel minder tegenover het slachtoffer.

Mijn advocaat diende enkele formulieren in bij de rechtbank, waar dat ook goed voor mocht zijn.

Kaiss belde opnieuw. Ditmaal was hij tot mijn verbazing kalm. 'Oké, ik geef het op. Maar ik wilde je zeggen dat ik je niet heb geslagen omdat ik je haatte. Ik heb je geslagen omdat ik van je hield. Ik wilde niet dat een andere man naar je keek, Maryam. Als ik kon toveren, zou ik je altijd in mijn zak bij me dragen. Maar ik kan niet toveren. Dus omdat ik van je hou, zal ik je laten gaan. Ik zal toestaan dat je van me scheidt... op één voorwaarde. Dat je nooit met een ander trouwt.'

Ik gaf hem het gewenste antwoord, alleen maar omdat ik niet wist wat ik anders moest. 'Oké. Daar stem ik mee in. Ik zal nooit meer trouwen. Waarom zou ik? Jij hebt me geleerd dat het huwelijk een nachtmerrie is. Ik wil alleen maar dat je me met rust laat, zodat ik mijn zoon in alle vrede kan opvoeden.'

'Prima. Laten we dat afspreken. Laten we samenwerken zodat we een moeder en een vader voor onze zoon kunnen zijn.'

'Goed,' zei ik en voelde enige opluchting. Was Kaiss bij zinnen gekomen? Had hij uiteindelijk beseft dat het er in Amerika anders aan toegaat dan in Afghanistan, dat Amerikaanse mannen niet gewend zijn hun vrouwen te slaan?

Een week later belde Kaiss opnieuw, met de mededeling dat hij zijn zoon regelmatig moest zien. Hij ging in Los Angeles wonen.

Ik raakte in paniek maar kon niets doen om hem tegen te houden. Amerika is het land van de vrijheid. Nadat Kaiss naar Los Angeles was verhuisd, haalde hij zijn 'beste product' weer tevoorschijn en presenteerde zich met zijn vriendelijkste gezicht aan mijn vader. Nog nooit was er iemand geweest die zich zo goed van zijn taak had gekweten. Hij ging er helemaal voor. Tot mijn afgrijzen leek mijn vader, die zag hoe charmant hij was, weer voor hem te vallen en te vergeten wat voor monster Kaiss had bewezen te zijn.

Maar ik liet me niet bedriegen. Ik wist wat voor beest er achter dat masker van beschaving zat. Zijn optreden maakte me opstandig.

Ik wilde niet dat hij bezoekrecht kreeg zonder toezicht. Dus ging ik elke keer mee als Kaiss kwam om tijd door te brengen met onze zoon. Tijdens ons vijfde of zesde uitstapje zat ik op een bank voor een drogisterij toe te kijken hoe mijn zoon met zijn vader speelde. Kaiss keek me aan en lachte, wees op de drogisterij achter me. 'Maryam, ik heb wat tandpasta nodig. Zou je die voor mij willen kopen?'

Ik lette niet goed op. 'Natuurlijk,' zei ik en rende de winkel in om een tube te kopen. Toen ik vijf minuten later terugkeerde, waren Kaiss en Duran nergens meer te bekennen. Mijn hart sloeg over. Als een gek begon ik heen en weer te rennen, op zoek naar Kaiss en mijn baby. Ik vervloekte mijn stommiteit.

Mijn advocaat geloofde niet dat ik nog altijd zo naïef was. Hij zei: 'Het hof heeft nog niet besloten je de volledige zorg toe te kennen. Dus kunnen we niet stellen dat Duran door zijn vader is ontvoerd.'

Ik was radeloos. Ik gaf mijzelf de schuld en vroeg me af of ik mijn zoon ooit zou terugkrijgen. Ik wist niet waar ik heen moest, wat ik moest doen. Ik nam plaats bij de telefoon en wachtte af. Een kwellende week later belde Kaiss. Met een meesmui-lend lachje zei hij: 'Ik geef je een dag om terug te keren naar Virginia. Ik geef je een dag om weer als mijn vrouw bij me te komen wonen. Anders knijp ik ertussenuit en neem ik je zoon mee terug naar Afghanistan. Dan zul je hem nooit meer terugzien.'

Ik had wel vleugels willen hebben om meteen naar mijn zoon te kunnen vliegen. Ik gaf mijn baan op en liet mijn nieuwe huis en papa achter. De volgende dag zat ik in Virginia. Om mijn baby terug te krijgen, was ik vastbesloten om elke ellende te doorstaan. Binnen een paar minuten nadat ik Kaiss' appartement betrad, nog vóór ik de kans had mijn zoon in de armen te sluiten, werd ik verkracht en geslagen.

Kaiss had vier dagen vrij genomen van zijn werk. Gedurende die eindeloze dagen en nachten verkrachtte hij me meermaals. Toen hij weer aan het werk ging, werd ik in onze slaapkamer opgesloten en door een van zijn vrienden bewaakt, een Afghaan-se moedjahedien die naar de Verenigde Staten was gereisd om behandeld te worden voor verwondingen die hij had opgelopen in de strijd tegen de Russen. Het was een harde en wrede man zonder enig medelijden. Een ideale bewaker.

De meeste Afghaanse mannen staan wantrouwig tegenover vrouwen. Allemaal denken ze dat vrouwen promiscue zijn en afgezonderd moeten worden van mannen die geen lid zijn van de familie, omdat ze zich anders schuldig maken aan de meest verderfelijke seksuele handelingen. Mijn bewaker nam de leugen van mijn man, dat ik een immorele vrouw was, als waarheid aan. Hij was ervan overtuigd dat ik weigerde thuis te blijven om voor mijn zoon te zorgen, en dat ik zo onbetrouwbaar was dat ik geslagen en in onze woning opgesloten moest worden. Zonder toezicht zou ik mijn trouwe echtgenoot en onze zoon verlaten, ontsnappen om te gaan dansen en seks te hebben met vreemdelingen.

In werkelijkheid verbleef ik daar slechts voor Duran, die in de week dat hij zonder zijn moeder was geweest een trauma had opgelopen. Als ik ook maar even uit zijn zicht verdween, begon hij als een speenvarken te krijsen. Bezorgd vroeg ik me af wat hem was overkomen in de periode dat zijn vader voor zijn eten en verschoning had gezorgd. Kaiss had weinig geduld. Wellicht had mijn baby honger geleden of was hij geslagen.

Na een maand keerde mijn gevangenisbewaarder, de vriend van mijn man, terug naar de oorlog in Afghanistan. Kaiss voorzag ons appartement van zware sloten en kwam op de vreemdste momenten langs om er zeker van te zijn dat ik niet probeerde te ontsnappen.

De heilige maand ramadan begon, maar voor het eerst sinds de Russen ons land waren binnengetrokken, slaagde ik er niet in me aan de regels van het vasten te houden. De voortdurende druk en misbruik eisten hun tol en ik was verzwakt. Ik had zoveel gewicht verloren dat mijn botten te zien waren. Ik wist dat ik zou sterven als ik er niet in slaagde te vluchten. Maar ik moest mijn ontsnapping zorgvuldig plannen, anders zou ik mijn baby voor altijd kwijt zijn. Ik wist echt niet waar ik heen moest. In mijn familie geloofden ze allemaal dat het goed met me ging nadat Kaiss me had gedwongen papa te bellen om hem ervan te verzekeren dat hij zich aan zijn belofte had gehouden om een toegewijd en liefhebbend echtgenoot te zijn. Waarschijnlijk waren ze allemaal opgelucht dat ik de familie niet langer bezoedelde met de schande van mijn voorgenomen scheiding.

Maar al sneller dan ik had gedacht kwam er verandering in de situatie.

Op een middag tijdens de ramadan wandelde Kaiss de keuken in en zag dat ik voor Duran en mij wat te eten klaarmaakte. 'Moet je nou eens zien,' zei Kaiss laatdunkend, 'je bent tijdens de ramadan aan het eten. Je bent moreel bedorven door het westen.'

Omdat ik niet wilde dat hij me zou slaan, beet ik op mijn tong. Kaiss had een slechte bui en dat liep altijd uit op een pak slaag.

'Je ziet er afschuwelijk uit,' schreeuwde hij, 'afschuwelijk en triest.' Hij keerde zich naar mijn baby. 'O Duran, je moeder is zo lelijk.'

Ik reageerde niet. Duran begon zachtjes te huilen. Als zijn vader in de buurt was, begon mijn kleine kindje al bang te worden voor geweld en gevaar.

Ik zweeg.

Kaiss gaf me een duw. 'Bier. Ik wil bier. Ga naar de supermarkt en haal wat bier voor me,' commandeerde hij.

'Kaiss, drink alsjeblieft geen bier tijdens de ramadan.'

'Haal bier voor me, kreng!' Toen hij zijn mond opende, zag hij eruit als een wild beest: 'Wie ben jij dat je me dit verwijt! Jij vast zelf niet eens! Als ik mijn vasten breek, wil ik dat met bier doen!'

Ik zuchtte diep, draaide me om en wilde weglopen, terwijl ik zachtjes mompelde: 'Hypocriet.' Te laat merkte ik dat ik luider had gesproken dan mijn bedoeling was.

Kaiss was des duivels: 'Wat zei je daar, kreng?' Hij greep me bij mijn arm, trok me achteruit, greep me met zijn handen bij mijn nek, kneep mijn adem af en schudde me door elkaar. Alles werd vaag. Ik kon baby Duran angstig horen krijsen. Ik probeerde hem weg te duwen, zodat ik mijn zoon voor het laatst kon zien, maar ik zag slechts zwarte schaduwen. Ik werd hysterisch. Door brutaal te reageren, had ik mijn baby zijn moeder ontnomen. Nu zou Duran door een waanzinnige worden opgevoed.

De telefoon ging, waardoor de woedeaanval van Kaiss werd onderbroken. De greep van zijn vingers verslapte. 'Ik zal je later vermoorden,' zei hij droogjes terwijl hij opstond om de telefoon op te nemen.

Ik kokhalsde, probeerde wanhopig lucht in te ademen.

Kaiss sprak in de telefoon, liep vervolgens het appartement uit en sloeg de deur met een klap achter zich dicht.

Ik kroop naar mijn baby, drukte hem stevig tegen me aan, maar ik kokhalsde nog steeds. Duran begon me op mijn gezicht te kussen. 'Mano, Mano,' huilde hij met zijn lieve stemmetje.

Worstelend bereikte ik de telefoon. Ik belde de politie en bad tot Allah dat ik het telefoongesprek kon afronden voordat Kaiss terugkeerde. Als hij wist dat ik de autoriteiten had gewaarschuwd, zou hij beslist afmaken waar hij aan begonnen was.

Het appartement vulde zich met politieagenten. Een van hen schreef mijn verklaring op en een ander maakte foto's die mijn verwondingen moesten bewijzen. Weer anderen onderzochten de kamers om aanwijzingen voor onze worsteling te vinden. Voordat Kaiss terugkeerde, werden Duran en ik naar een veilige plek gebracht waar mishandelde vrouwen verbleven en waar ik zou wachten tot ik te horen kreeg dat ik weer weg kon.

Eindelijk luisterde er iemand naar me en kwam de ernst van de situatie onder de aandacht van de autoriteiten. Kaiss werd gearresteerd, maar werd een paar uur later weer vrijgelaten, na het betalen van een borg. Gezien de ernst van de zichtbare verwondingen die ik had opgelopen, stemde de rechter in met een contactverbod voor Kaiss. Over twee weken zou een hoorzitting plaatsvinden.

Tijdens de hoorzitting vertelden Kaiss en zijn advocaat de ene na de andere leugen.

Volgens hen was ik degene die misbruik had gepleegd en had ik Kaiss geregeld geslagen.

Kaiss had nooit gedreigd me te vermoorden of Duran te ontvoeren.

Kaiss was een heilige. Zijn vrouw was de ware boosdoener.

De rechter bestudeerde de bewijzen, waaronder de foto's die de politie van mijn verwondingen had genomen. Ik kreeg de volledige voogdij over mijn zoon, al kreeg Kaiss tot mijn grote afschuw en wanhoop het recht om hem te bezoeken. Ik wist dat Kaiss al bij het eerste bezoek zou proberen Duran te ontvoeren en naar Afghanistan te vluchten. Ik moest iets ondernemen, omdat ik mijn baby anders voorgoed kwijt zou raken.

15

Ik keerde met mijn zoon terug naar Los Angeles en probeerde ondertussen te bedenken hoe ik iets aan de bezoekregeling kon veranderen. Mijn advocaat was het met me eens dat Duran inderdaad uit Amerika dreigde te worden meegenomen naar Afghanistan. We besloten te wachten tot het eerste bezoek van Kaiss en dan zouden we hem vertellen dat hij ons in de rechtszaal zou ontmoeten. Daar zouden we ons juridisch op voorbereiden.

Terwijl ik in Virginia was om mijn zoon uit handen van Kaiss te redden, had mijn zus Nadia in India haar opleiding in de geneeskunde afgerond en was bij papa komen wonen. Ik was zo blij als ik onder de omstandigheden kon zijn, maar ik keek met angst en beven uit naar de dag dat Kaiss van zijn bezoekrecht gebruik zou maken.

Op woensdag 30 juli 1986 stond hij voor de deur. Nadia en ik waren een maaltijd aan het bereiden voor gasten die we hadden uitgenodigd. Papa zat met Duran in de woonkamer. De conciërge klopte aan en waarschuwde dat Kaiss beneden stond en had gezegd dat hij was gekomen om zijn zoon te bezoeken.

'Laat hem niet binnen,' instrueerde ik hem, terwijl ik de rillingen over mijn lijf voelde lopen.

Ik wist dat er iets vreselijks stond te gebeuren. Met brekende stem zei ik: 'Zeg hem dat hij wettelijke toestemming moet hebben van een Californisch gerechtshof voordat hij zijn zoon kan bezoeken. Maandag zullen we elkaar in de rechtszaal treffen.'

Ik wist dat Kaiss het niet zomaar zou opgeven. Ik waarschuwde mijn zus. 'Nadia, als Kaiss voor de deur staat, moet je hem niet binnenlaten. Dan zal hij Duran meenemen. Als dat gebeurt, zullen we Duran nooit meer terugzien. Hij heeft gedreigd Duran naar Afghanistan te ontvoeren. We moeten alert zijn.'

Maar Nadia probeerde me om te praten: 'Ach toe nou, Maryam. Je hebt de familie met dit huwelijk al zoveel moeilijkheden bezorgd! Je bent gescheiden van Kaiss. Hij kan je niets meer aandoen. Maak het niet erger dan het is. Laat die arme man toch binnen. Hij wil alleen maar zijn zoon zien.'

Ik stond versteld van de reactie van mijn zus. Hoewel we vanaf mijn geboorte al een haat-liefdeverhouding hadden gehad, dacht ik dat we die fase nu we volwassen waren wel achter de rug zouden hebben. Daar kwam bij dat ik haar alles had verteld wat er tussen Kaiss en mij was voorgevallen. Mijn zus wist dat hij had geprobeerd mij te vermoorden. Dan zou ze me toch wel bijstaan in mijn strijd tegen Kaiss?

Tot mijn schrik en verbazing stemde papa met Nadia in. 'Wat kan er gebeuren, dochter? We zijn er allemaal bij. Hij is tenslotte wel de vader van de jongen. We vragen alleen maar van je om een man zijn zoon te laten zien.'

'Nee!' schreeuwde ik. Om aan te geven dat ik niet overdreven reageerde, zei ik: 'De advocaat zei zelf dat we Kaiss niet bij Duran in de buurt moesten laten. Geen denken aan. Nee!'

Nadia trok me aan mijn arm naar de slaapkamer waar we met ons tweeën gebruik van maakten. 'Kijk, Maryam,' zei ze. 'Papa en ik hadden het heerlijk rustig totdat jij met al je gedoe weer terugkwam. Heb je dan niet door dat je dit weer buiten alle proporties opblaast? Wat kan hij nou uitrichten als we er met ons drieën bij zijn? Niets toch?'

Papa was achter ons aan gelopen en was het eens met mijn zus. 'Maryam, we moeten aardig voor hem zijn. Als we vriendelijk zijn, zal hij zich eveneens vriendelijk opstellen. En als je niet toestaat dat je zoon zijn vader ziet, zal hij later een hekel aan je hebben. Is dat wat je wilt? Wil je dat Duran een hekel aan je krijgt?'

Vol ongeloof staarde ik mijn vader aan en herinnerde me dat Kaiss hem eveneens had bedreigd. Wat was er aan de hand? Klaarblijkelijk had mijn zus mijn vader tijdens mijn verblijf ervan overtuigd dat ik had overdreven. Uiteindelijk zei ik: 'Ik ken deze man veel beter dan jullie. Hij weet niet hoe hij aardig moet zijn. Maar het is een geslepen vent. De advocaat zei...'

'O ja, we weten hoe advocaten zijn,' zei Nadia geringschattend.

'We wonen in een democratisch land,' zei papa terwijl hij naar de deur liep. 'Wees redelijk. Ik ga naar beneden en breng hem naar boven.'

Ik probeerde achter mijn vader aan te lopen om hem tegen te houden, maar Nadia ging voor me staan en ik viel terug op het bed. Mijn zus rende naar de deur en deed die achter zich op slot. Ik vond het onvoorstelbaar wat er gebeurde. Ik rukte aan de deurkruk. Ik gilde. Ik luisterde aan de deur. Ik hoorde stemmen. Ik stelde me voor dat Kaiss de kleine Duran beetpakte en het gebouw uit rende, een vliegtuig pakte en mijn baby ver weg voerde, naar een plaats waar ik hem niet kon terugvinden.

Toen zag ik de deurkruk bewegen en mijn zus stak haar hoofd de kamer in. 'Hij wil met je spreken. Probeer je een beetje in te houden.'

Ik rende de kamer in en zag dat Kaiss mijn zoon kuste. Hij lachte me hartelijk toe en zei vervolgens tegen papa: 'Ik zal naar Los Angeles verhuizen om bij mijn zoon te kunnen zijn.' Hij keek weer naar mij. 'Ik wil alleen maar een vriend voor je zijn, meer niet.'

Hij richtte al zijn aandacht op Nadia, zijn woorden een en al schijnheiligheid. 'Als Maryam maar gewild zou hebben dat ik bij haar terugkwam. Hoewel ze heeft geprobeerd me te laten arresteren en in de gevangenis te krijgen, heb ik het haar vergeven. Ik hou nog altijd van je zus.'

Ik balde mijn vuisten en wond me vreselijk op over zijn gevlei. Tandenknarsend zei ik tegen hem: 'Ik zal nooit meer bij een man wonen die me slaat.'

'Toen ik jou sloeg, Maryam, was dat omdat ik van je hield.'

Buiten zinnen van woede liep ik de kamer uit, ik was niet in staat deze schijnvertoning langer aan te zien.

Kaiss riep: 'Goed, ik zal niet meer van je vragen bij me te komen wonen. Maar ik verhuis naar Los Angeles om bij mijn zoon te kunnen zijn.'

Papa en Nadia spanden samen en drongen er beiden op aan dat hij aanschoof bij de gasten die we hadden uitgenodigd.

De slimme Kaiss had door dat hij in Nadia een vriend had. Hij verdubbelde zijn inspanningen om bij haar en mijn vader in de gunst te komen.

Toen de gasten waren gearriveerd, presenteerde Kaiss zich, ondersteund door Nadia, als gastheer die hen thee en frisdrank aanbood. Hij was zo'n getalenteerd acteur dat hij hen allemaal voor zich wist in te nemen. Ik kon het niet uitstaan wat hij deed. Toen ik het niet langer kon aanzien, nam ik Duran in de armen en ging naar mijn kamer.

Kort daarna kwam Nadia me achterna. Ze ging op de rand van mijn bed zitten. 'O mijn god, Maryam, hij wil je nog altijd hebben. Zelfs na alles wat je hebt gedaan. En hij is zo lief, een geweldige man. Weet je zeker dat je hem niet nog een kans wilt geven?'

'Nadia, nu moet je jezelf toch eens horen. Je wilt hem nog een keer de gelegenheid bieden mijn botten te breken. Wil je toestaan dat hij weer probeert me te vermoorden?' Ik sloeg mijn handen voor mijn gezicht. 'Laat je niet beetnemen door zijn toneelspel, Nadia.' Ik begon te hijgen. 'Alsjeblieft, geloof mij, je zus, en niet de man die een gevaar voor me vormt.'

Maar Nadia negeerde mijn smeekbedes en maakte me duidelijk dat ze vond dat ik me hysterisch gedroeg.

Ik raakte helemaal van slag door het gebrek aan begrip van mijn zus.

Al snel vertrokken onze gasten, evenals Kaiss. Hij was sluw, nu hij een zwakke schakel had ontdekt in de keten waarmee ik hem van mij afschermde. Nog geen uur na zijn vertrek belde hij Nadia op: 'Nadia, laat me alsjeblieft terugkomen. In dit koude hotel voel ik me alleen.'

Ondanks mijn gegil vertrok Nadia uit het appartement van papa om Kaiss op te halen. Binnen een uur waren ze terug. Vriendelijk stond papa zijn bed voor hem af. Ik plaatste het kinderbedje naast mijn bed, want ik wist dat Kaiss, als hij ook maar even de kans kreeg, Duran zou weghalen, zelfs als we sliepen.

De volgende dag, op donderdag 31 juli, hielden twintig van onze vrienden een picknick in het Maria Del Ray Park. Wij waren eveneens uitgenodigd. Kaiss had Nadia gevraagd of hij ook een uitnodiging kon krijgen. Ik voelde de angst in mijn lichaam opkomen. Er stond iets te gebeuren, maar ik wist niet precies wat hij van plan was. Met zoveel mensen in de buurt zou hij Duran vast niet durven ontvoeren. De laatste keer had ik niet goed opgelet, maar dat zou me niet weer overkomen. Ik zou Duran nooit meer met zijn vader alleen laten.

Ondanks hun protesten bleef ik thuis met Duran en weigerde nogmaals een openbare schertsvertoning bij te wonen. Die dag was mijn zoon zo dierbaar voor me. Het speet me dat hij de picknick moest missen en dat onze vrienden niet konden zien hoe knap hij was in zijn fraaie, kleine blauw-wit gestreepte shirt en donkerblauwe korte broekje.

Met enkele van onze vrienden keerden papa en Nadia terug van de picknick. Tot mijn wanhoop was Kaiss nu geaccepteerd als lid van de familie. Het sprak voor zich dat zijn optreden ondertussen tot in de perfectie was uitgevoerd. Allemaal waren ze even opgetogen over die schoft, alsof hij een onderscheiding had gewonnen als 's werelds beste echtgenoot. Verschillende familieleden namen me apart om me hun complimenten over Kaiss toe te voegen. 'Wat een prachtkerel!' Een ander zei: 'Hij heeft de barbecue op zich genomen.' Een derde vertelde me: 'Hij vroeg me een leverkebab voor je te bewaren, Maryam. Hij zei dat hij lever heerlijk vond, maar dat hij graag wilde dat jij hem kreeg.'

Ik negeerde mijn familieleden en keek achterdochtig toe hoe Kaiss in de keuken rondhing bij mijn zus. Ik zat ondertussen naar de televisie te kijken, samen met Duran, die een flesje jus dronk. Mijn familieleden spraken nog altijd over Kaiss en deden dat zo luid dat ik kon meeluisteren.

'Maryam is niet goed bij haar hoofd dat ze hem laat gaan.'

'Ja, dat vind ik ook. Hij houdt nog steeds van haar. Hij wil haar terug hebben.'

'Zelfs nadat ze hem heeft laten arresteren.'

Het leek wel alsof ik in een gekkenhuis was beland. Hoe konden mijn familieleden en vrienden zo zijn betoverd door Kaiss? Ze kenden zijn geschiedenis toch? Op het punt om het uit te gillen, legde ik Duran op de vloer voor de televisie neer en zei: 'Papa, zou je op de baby willen passen terwijl ik even naar de badkamer ga?' Om er zeker van te zijn dat Kaiss nog altijd met mijn zus in gesprek was, wierp ik een blik de keuken in. Gerustgesteld keek ik naar mijn dierbare baby, glimlachte en zei: 'Mano gaat even naar de badkamer. Ik ben zo terug.' Mijn kleine schattebout keek me aan en lachte, terwijl hij met zijn vingers zwaaide: 'Dag, Mano.'

Ik bleef lang naar hem kijken, bewonderde mijn prachtige zoon en wist dat niets in mijn leven zo belangrijk was als mijn baby. Ik draaide me om en rende naar de badkamer om me op te frissen en piekerde over een manier waarop ik mijn familie van het ware karakter van Kaiss kon overtuigen. Ik moest iets bedenken om hen te tonen dat het totaal geen zin had om te proberen mij ervan te overtuigen samen te wonen met een man die een moordenaar in de dop was.

Ik sloeg mijn handen voor mijn gezicht en dacht na over de situatie, overwoog de woorden waar mijn familie en vrienden naar zouden luisteren. Ik had te maken met een traditie van vrouwenhaat die vele generaties terugging. Pathaanse vrouwen klaagden niet en scheidden nooit van hun echtgenoten.

Niemand maakte zich druk om het feit dat Kaiss had geprobeerd me te vermoorden. Niemand maakte zich druk om het feit dat hij had gedreigd ook papa en baby Duran te vermoorden. Uit pure wanhoop ontsnapte me een grom, zozeer was ik geraakt door de onverschilligheid van degenen die zeiden dat ze van me hielden. Het leek wel alsof mijn familie liever had dat ik in uiterst ellendige omstandigheden leefde, dat ik dagelijks werd geslagen, dat ik door mijn echtgenoot als seksslaaf werd misbruikt, dan dat ik een onafhankelijke, Pathaanse vrouw kon zijn door te scheiden.

Voor het eerst begreep ik volledig waar grootmoeder Mayana tegenaan was gelopen. Wederom verbaasde ik me over de volslagen hulpeloosheid van haar leven.

Ik rechtte mijn rug en voelde de woede in me opkomen. Mijn familie had het bij het verkeerde eind en het was aan mij om hen daarop te wijzen. Ik was anders dan grootmoeder Mayana, een vrouw die gebogen had voor de onderwerping aan mannen. Ik was Maryam Khail. Ik woonde niet langer in Afghanistan. Ik woonde in Amerika, een land waar de rechten en behoeften van vrouwen werden erkend.

Ik zou deze zaak voor eeuwig en altijd aanpakken. Ik zou Kaiss weten kwijt te raken. Ik zou elke regel van een beschaafde samenleving breken door alle vernederende details te onthullen van de gruweldaden die deze crimineel had begaan, van de pakken slaag tot de verkrachtingen.

Ik stapte de woonkamer in, waar mijn ogen automatisch naar mijn zoon zochten, wat ik altijd deed om er zeker van te zijn dat mijn zoon veilig was. 'Waar is Duran?' vroeg ik.

Papa legde uit: 'O, zijn vader heeft hem meegenomen naar het winkelcentrum om wat drinken te halen.'

Mijn mond viel open. Ik verstarde. 'Wat? Heb je Kaiss toegestaan Duran mee te nemen?'

Papa wuifde mijn bezwaren geringschattend weg. 'Stel je niet aan, Maryam. Ze zijn alleen maar even de straat overgestoken. Ze zijn wat vruchtensap gaan halen.'

Zonder een woord te zeggen rende ik het appartement uit, de trap af en de straat over, waar ik wanhopig van de ene winkel naar de andere vloog, en weer terug. De winkeliers daar kenden Duran. Maar geen van hen had mijn baby gezien.

Ik rende weer terug het appartement in. Daar waren Kaiss en Duran evenmin aanwezig. Ik begon te gillen: 'Bel de politie! Laat iemand de politie bellen!'

Mijn familieleden begonnen aan mijn armen te trekken, zeiden dat ik rustig moest gaan zitten, verzochten me dringend mijn emoties in de hand te houden. 'Kalm aan, Maryam. Ze komen wel terug. Maak je geen zorgen.'

Ik schudde hen van me af, zodat ik de politie zelf kon bellen. Vol afschuw hoorde ik hen vertellen dat ze niets voor me konden betekenen. De rechter had toegestaan dat Kaiss bezoekrecht had. Maandag zouden we daar iets aan veranderen. Maar het duurde nog drie dagen voordat het maandag was.

Ik werd helemaal gek. Ik huilde. Ik krijste. Ik gilde naar mijn vader en zus en beschuldigde hen ervan dat mijn baby door hun schuld was ontvoerd. Ondanks mijn waarschuwingen hadden ze Kaiss onderschat. 'Jullie hebben die ontvoerder ons huis binnengelaten. Jullie hebben mijn zoon aan hem meegegeven!'

Ik greep mijn handtas en sleutels, en vluchtte de kamer uit. Op weg naar Los Angeles International Airport overtrad ik elke snelheidslimiet. Het was een wonder dat ik niet verongelukte, want ik huilde tranen met tuiten en was nauwelijks in staat om te zien. God stond me bij die dag, want ik kwam zonder schade op het vliegveld aan. Vervolgens rende ik naar binnen en stormde van de ene luchtvaartmaatschappij naar de andere en smeekte de medewerkers me te helpen. Zodra ze mijn verhaal hadden aangehoord, grepen ze allemaal naar hun papieren, controleerden de vluchten op zoek naar de naam van Kaiss.

Niets.

Ik weigerde te vertrekken, zelfs nadat ik te horen had gekregen dat mijn echtgenoot en zoon niet van LA International waren opgestegen, als ze tenminste onder de opgegeven naam hadden gereisd.

Ik belde mijn vader, in de hoop dat Kaiss bij zinnen was gekomen en Duran naar huis had teruggebracht.

Niets.

Ik bleef de hele nacht op het vliegveld, want ik dacht dat Kaiss zich verstopt had om te wachten tot een specifieke vlucht zou vertrekken.

Niets.

Om zes uur 's ochtends belde ik mijn vader weer. Maar de baby was nog altijd weg. Papa smeekte me thuis te komen, maar dat weigerde ik. Uiteindelijk reed hij naar de luchthaven om me om te praten, waarna ik huilend in zijn armen viel en ermee instemde met hem mee naar huis te rijden. Ik huilde de hele rit.

Nadia probeerde me gerust te stellen. 'Ach, Maryam, hij heeft het eerder gedaan. Hij doet het alleen maar omdat hij je terug wil hebben. Hij belt je wel.'

'Nee. Ditmaal is het anders. Ik zal Duran nooit meer zien.'

Met de kleren en het kussen van Duran in mijn handen zat ik op bed. Duran zou ondertussen van pure angst zitten te huilen. Het was een moederskindje. Hij kende zijn vader niet, wist alleen dat hij angst opriep.

Ik snikte. Ik rende naar de keuken. Ik wilde mezelf ombrengen. Haastig verborg mijn familie alle scherpe voorwerpen.

Steeds zag ik het laatste beeld voor me dat ik van Duran had opgevangen, zijn prachtige lachende gezichtje, zijn schattige mondje waarmee hij me kusjes toewierp en riep: 'Dag, Mano!' Ik huilde bittere tranen, miste mijn zoon nu al heviger dan ik kon verdragen. Ik wilde mijn baby terug. 'Duran!' Ik moest mijn zoon terugkrijgen. Zonder hem kon ik niet leven. Ik moest dat kleine wezentje vasthouden dat in mijn lichaam was gemaakt. 'Duran!'

Ik viel op bed neer en koesterde het verdriet waar ik door was overmand. Diep in mijn binnenste was ik ervan overtuigd dat ik Duran nooit meer zou zien.

Op mijn vijfentwintigste was mijn leven voorbij.

16

Papa nam de touwtjes in handen en gebruikte al zijn contacten om na te gaan waar Kaiss zich bevond. Al gauw ontdekten we langs welke weg Kaiss het land uit was gereisd. Precies zoals ik met mijn bange voorgevoelens had gevreesd, had Kaiss voorafgaand aan zijn bezoek aan Los Angeles zijn ontsnapping zorgvuldig gepland. Hij wist dat als hij zich maar bij de familie geliefd kon maken er vanzelf een moment zou komen waarop ik niet in de directe nabijheid zou zijn. Ik was zo stom geweest om op het toezicht van papa te vertrouwen. Vijf korte minuten in de badkamer en alles was verloren.

Buiten op straat had de sluwe Kaiss een huurauto geparkeerd. Zodra papa had toegestaan dat hij Duran mee naar buiten nam, onder het voorwendsel dat hij wat koude frisdrank wilde kopen, was Kaiss in zijn wagen gesprongen, had Duran in de gordels vastgezet en was Los Angeles uitgereden, via Californië en Washington State richting Canada. Eenmaal in Canada had hij zich in een klein dorpje schuilgehouden. Na een week vluchtte hij naar Europa. Daar regelde hij de documenten om naar Afghanistan te reizen, de enige plek op aarde waarvan hij wist dat hij er door stammen zou worden beschermd en buiten bereik van Amerika zou zijn.

Al snel kreeg ik in de gaten dat de Amerikaanse overheid niks kon doen als Kaiss de Verenigde Staten had verlaten. In Afghanistan hadden ze geen enkele bevoegdheid.

Helaas hadden de gebeurtenissen mijn gelijk bewezen: alleen ik kende Kaiss, een bruut, opgevoed door een andere bruut. Ik was alleen op de hoogte gebracht van zijn verleden omdat Kaiss tijdens een van die weinige keren dat hij aardig was geweest, iets over zijn jeugd had losgelaten.

De vader van Kaiss was een onontwikkelde, wrede man. In zijn vroegste herinneringen zag Kaiss een huishouden voor zich met een boosaardige vader, twee geïntimideerde vrouwen en vele kinderen. Als kind hing Kaiss aan zijn moeder, die door haar echtgenoot gruwelijk werd mishandeld. Kaiss' vader had zo'n opvliegend karakter dat alle kinderen zich uit de voeten maakten als hij verscheen. Toen Kaiss vier was, werd bij zijn moeder tuberculose vastgesteld. Zijn vader was woest op zijn vrouw en gaf haar een enorm pak slaag omdat ze een besmettelijke ziekte had opgelopen. De vader nam iemand in de arm om de moeder van Kaiss bij haar kinderen vandaan te halen en naar een door een familie gerunde boerderij te brengen, waar ze werd opgesloten in een kleine, donkere kamer. De arme vrouw kreeg maar één keer per dag te eten en moest in die kleine kamer, zonder toilet, zien te overleven. In de loop van de tijd verslechterde haar toestand en uiteindelijk stierf ze.

De ene dag had Kaiss een moeder en de volgende dag niet meer. Zonder de bescherming van zijn moeder werd Kaiss vaak geslagen, en zo leerde hij zelf wreed te zijn. Hij bleek een lastig kind te zijn, dat dieren pijn deed en zijn jongere broertjes en zusjes sloeg. Trots bekende hij me dat hij meerdere mensen had neergestoken om een kleinigheid, op een keer liet hij me zelfs zien hoe hij met een klein mes de meeste schade kon aanrichten.

Dat was in Afghanistan, dacht ik, waar het ene monster het andere grootbrengt. Zou dat ook het lot zijn van mijn baby? Zou het lieve karakter van mijn baby door zijn vader worden vernietigd? Zou het allerliefste kindje van de wereld opgroeien tot een hardvochtige tiran, net als zijn vader?

Mijn wonden waren vers en nogmaals opengehaald door een familie die glimlachend op mijn waarschuwingen had gereageerd, zelfs toen ze allemaal door Kaiss waren beetgenomen. Daar kwam bij dat ik tot mijn afschuw wist dat Kaiss niet echt van Duran hield. Hij was alleen maar trots dat hij een zoon had gekregen en wilde daarover in Afghanistan tegen andere Afghaanse mannen opscheppen, maar in mijn bijzijn had hij nooit enige gevoelens voor hem getoond. Plotseling herinnerde ik me alle gelegenheden dat Kaiss zich heel snel aan Duran had gestoord, tegen hem had geschreeuwd, mij in zijn bijzijn had geslagen en, bij een gelegenheid, zelfs had gedreigd Duran een klap te geven. Alleen omdat ik de kwade hand van zijn vader had tegengehouden, was mijn zoon niks overkomen.

Bovendien kende Duran zijn vader nauwelijks. Het grootste deel van zijn leven had hij niet in de buurt van zijn vader gewoond. Mijn lieve papa was zijn vaderfiguur. Mijn bange zoon zou om zijn moeder en grootvader huilen. Als dat gebeurde, zag ik Kaiss zeer goed in staat om mijn kleine zoon te slaan.

Mijn baby was amper twee jaar oud, te jong om te begrijpen dat zijn moeder niet aanwezig was. Ik wist dat hij naar mij uitkeek, net zoals ik naar hem verlangde.

Ik belde het lievelingsfamilielid van Kaiss, een halfzuster genaamd Zena, die in Duitsland woonde. Er klonk een onechte vriendelijkheid in haar stem door en ze zei niets te weten over de verblijfplaats van Kaiss. Ze zwoer op de Koran dat ze me het zou vertellen als ze er iets over zou horen. Omdat ik voelde dat ze loog, zinspeelde ik op de liefde voor haar eigen kinderen, maar ze benadrukte dat ze nergens van wist.

Ik vermoedde dat Kaiss en Duran bij haar woonden. Een week later kwam ik in Duitsland aan, want ik had zo snel ik kon een reis naar dat land geregeld. Gelukkig was de Duitse politie zeer behulpzaam en kwam meteen in actie, maakte documenten gereed en vergezelde me naar de woning van Zena.

Zena schrok zich een ongeluk toen de politieagenten haar huis binnendrongen. 'Wat heb ik gedaan?' gilde ze, terwijl ze krampachtig haar boezem vasthield. 'Waarom ben jij hier?'

De agenten doorzochten de woning maar vonden niets. Ze scheidden Zena van haar kinderen en ondervroegen ze allemaal individueel. Bang geworden, doorbrak Zena haar zwijgen en bekende de agenten dat Kaiss en Duran hier inderdaad enkele weken hadden gelogeerd en dat ze daar inderdaad waren geweest toen ik per telefoon om informatie had gevraagd. Ook bekende ze in tranen dat Kaiss mijn zoon wreed had behandeld en dat hij haar had bekend hem alleen maar te hebben meegenomen om mij te kunnen kwetsen. Toen ontdekte de Duitse politie dat Kaiss en Duran een week voor mijn komst van Frankfurt naar Moskou waren gevlogen en van daaruit naar Kabul.

Nu zat mijn kleine jochie gevangen in een door geweld verscheurd, gevaarlijk land. Het was september 1986 en in Afghanistan woedde een hevige oorlog. Eerder dat jaar waren er nieuwe wetten aangenomen waarin elke man ouder dan achttien werd verplicht in het leger te dienen. Zou Kaiss in dienst moeten en gedwongen worden aan de strijd deel te nemen? Als dat zo was, welke vreemdeling zou dan op mijn baby moeten passen? Ik las over grote offensieven in de Panjshirvallei, nabij Kabul, waar de moedjahedien tegen de Russen vochten. De troepen van de Sovjet-Unie en Afghanistan leden grote verliezen, maar meer nog vreesde ik het feit dat er ook onder burgers veel slachtoffers vielen. Het meest verontrustend was de bom die op Kabul International Airport ontplofte in dezelfde periode dat Kaiss naar Kabul vloog. Daarbij waren meer dan tweehonderd burgers gedood en gewond geraakt. Een ander gevaar betrof een verslag waarin melding werd gemaakt van een kort geleden ingesteld programma van de Sovjet-Unie, dat erop gericht was baby's en jonge kinderen van Afghaanse ouders naar de Sovjet-Unie te sturen, waar ze gedurende tien jaar zouden worden geïndoctrineerd.

Afghanistan was geen goede plek voor mijn zoon. Alleen de gedachte aan de onrust en het gevaar waaraan mijn onschuldige baby blootstond, maakte me al gek en zorgde ervoor dat ik op mijn knieën neerviel en in een waanzinnig gekrijs uitbarstte.

Een paar weken nadat ik uit Duitsland was teruggekeerd, kreeg ik per post een grote bruine enveloppe toegestuurd. Er stond geen afzender op. Trillend van angst vroeg ik me af wat erin zou zitten.

Ik opende hem. In de enveloppe zat een recente foto van mijn schattige zoontje die me een kushandje toewierp. Onder aan de foto had Kaiss met grote letters geschreven: 'Dag, Mano!'

Het werd zwart voor mijn ogen en ik viel op de grond.

17

Mijn leed was ondraaglijk.

Ik werd er bijna gek van.

Ik hing de muren van ons appartement vol met foto's van baby Duran. Vaak kuste ik de foto's en zei hardop: 'Allah, hoe gaat het met mijn zoon? Heeft hij honger? God, heeft mijn zoon het koud?'

Op een doordeweekse dag was ik boodschappen aan het doen en zag hoe een jongetje zijn moeder om een reep chocolade vroeg. Ze wilde het hem niet geven en hij begon te huilen. Ik kon het niet aanzien, opende vlug een reep en bood hem aan het jongetje aan. Achterdochtig deinsde zijn moeder achteruit toen ik haar aansprak: 'Geef hem die reep. Geef hem die reep, alstublieft. Mijn zoontje hield ook zo van repen, maar hij is nu verdwenen en ik kan hem niks meer geven.' Terwijl ik naar het gezichtje van haar kindje keek, barstte ik in tranen uit en holde door de winkeldeur naar buiten. De vriendelijke vrouw rende achter me aan en volgde me naar mijn auto, waar ze me snikkend aantrof. Ze legde haar arm om mijn schouder en huilde met me mee.

Omdat ik mijn emoties niet onder controle had, begon ik plekken te vermijden waar kinderen kwamen. Thuis voerde ik gesprekken met mezelf en sliep met de lievelingsdeken van mijn zoon en zijn lievelingsknuffel. Door mijn depressieve toestand kreeg ik allemaal opgezwollen rode vlekken op mijn huid, die jeukten en branden. Geen enkel medicijn hielp.

De dreigementen van Kaiss bleven me achtervolgen en hielden me nachtenlang uit mijn slaap. Hij had altijd gezegd: 'Maryam, als je weggaat, zal ik je op de een of andere manier weten te vinden en vermoorden, maar eerst zal ik je zoon vermoorden. Het laatste wat je zult zien, is je stervende zoon.' Had hij Duran mee naar Afghanistan genomen om hem te doden?

Zelfs als zijn vader hem niet zou vermoorden, vreesde ik dat mijn baby in de oorlog om het leven zou komen. Voor de inwoners van Kabul bleef het in 1986 slecht gaan. Uitgeputte, vermagerde en getraumatiseerde vluchtelingen stroomden de stad in, wat een van de grootste volksverhuizingen van de geschiedenis tot gevolg had. De bevolking van Kabul verdubbelde tot meer dan twee miljoen inwoners. Er waren al vijf miljoen Afghanen uit hun vertrouwde omgeving weggetrokken, van wie vier miljoen als vluchteling in het buitenland waren beland. Het ging om verbijsterende aantallen mensen.

Ik was de gebeurtenissen in Afghanistan blijven volgen vanaf het moment dat ik was gevlucht, en nadat mijn baby in Kabul was beland raakte ik nog meer geobsedeerd door het nieuws uit het land. Op de televisie werd verslag gedaan van bomexplosies, beschietingen, moordpartijen en ellende. De voorgaande maanden waren er naar schatting meer dan twaalfduizend Afghaanse burgers gestorven. Volgens nieuwsberichten had de situatie in Afghanistan veel weg van genocide. Vanaf het begin had de stam van mijn vader tegen de Russische indringers gevochten en ik had gehoord dat er in de provincie Paktia, waar mijn voorouders vandaan kwamen, zevenhonderd verzetsstrijders waren gesneuveld.

Hoe zou een klein jongetje een dergelijke slachting kunnen overleven? Meteen na zijn geboorte had ik hem beschermd, in veiligheid gehouden en ervoor gezorgd dat hij gelukkig was. Wie zou nu zijn lievelingsmaaltje voor hem koken? Wie zou hem nu warm houden? Wie zou hem nu verhaaltjes voorlezen? Wie zou nu verstoppertje met hem spelen en hem aan het lachen maken?

Kaiss was er de man niet naar om zijn tijd aan een kleuter te verspillen.

Papa probeerde me te troosten. 'Ik bid tot Allah dat Duran gauw zal terugkeren.' Hij hield even stil en was toen zo stom om te zeggen: 'Maar je weet in elk geval dat je zoon bij zijn vader is.'

Ik nam niet de moeite om mijn vader nogmaals ervan te overtuigen dat Kaiss een brute man was die tegen zijn eigen zus had toegegeven dat hij niet van Duran hield. Ik liep eenvoudigweg bij hem vandaan.

Nadia kon niet toegeven dat ze het bij het verkeerde eind had gehad. 'Je had bij Kaiss moeten blijven. Dit zou allemaal niet gebeurd zijn als je bij je man was gebleven.'

'En dood zou zijn geslagen?' vroeg ik haar met een van ongeloof overslaande stem.

'Hij heeft je alleen maar geslagen omdat je hem tegensprak.' Nadia haalde haar schouders op. 'Je had niet zo onbeleefd moeten zijn.'

Nadia was afgeleid van mijn problemen omdat papa haar uiteindelijk toestemming had gegeven om met haar sjiitische Iraanse vriend te trouwen, zonder te weten dat Nadia al jaren eerder met hem was getrouwd. Nu haar huwelijk eindelijk openbaar was, zag haar leven er rooskleurig uit, terwijl het mijne ondraaglijk was.

Ik had bedacht dat ik stiekem naar Afghanistan zou afreizen om mijn zoon op te sporen, maar vader had al gevreesd dat ik dat van plan zou zijn, dus verborg hij mijn paspoort en zei dat hij het op een veilige plek voor me bewaarde. Niets kon hem

ervan overtuigen dat ik iemand in de arm moest nemen die me naar het door oorlog
verscheurde Afghanistan kon brengen, om mijn zoon op te eisen en met hem naar
Amerika terug te keren. Hoewel ik er indertijd anders over dacht, had papa misschien gelijk, want in die periode draaide de oorlog tegen Rusland op volle toeren
en de grenzen waren gesloten. Zelfs voor geharde strijders viel het niet mee om zich
in het land te verplaatsen. Het was verboden gebied. In de ogen van de door oorlog
verscheurde Afghanen was het simpel: je stond aan hun kant of erbuiten. Mijn zoon
bevond zich aan kun kant; ik erbuiten.

Papa had nooit het contact verloren met familieleden of vrienden die in Afghanistan waren achtergebleven. Nu belde hij met die mensen en vroeg steun aan iedereen die hij kende om uit te zoeken waar mijn zoon verbleef. 'Ik zal ervoor zorgen
dat jij je zoon terugkrijgt, Maryam, echt waar,' beloofde hij me oprecht.

Acht maanden nadat Duran was meegenomen, kreeg mijn vader een adres in
handen. Voor het eerst wisten we waar Kaiss en Duran woonden. Meteen jakkerde
ik naar het ministerie van Buitenlandse Zaken in Los Angeles, en meende in mijn
naïviteit dat de Amerikaanse regering nu troepen zou sturen om mijn zoon uit handen van zijn vader te redden. 'We kunnen niets doen,' kreeg ik van de beambte te
horen. 'De Verenigde Staten hebben geen diplomatieke banden met deze regering.'

Omdat ik een land gewend was waarin leiders vaak reageerden op de persoonlijke
behoeften van mensen, schreef ik naar het kantoor van president Reagan en smeekte de Amerikaanse president om me te helpen mijn zoon terug te krijgen. Ik kreeg
een formele brief terug met precies hetzelfde bericht als ik al van het ministerie had
ontvangen. De Verenigde Staten hebben geen diplomatieke banden met Afghanistan.

Toen ik weer instortte, toonde papa me een krantenartikel over een klein jongetje
in Florida dat ontvoerd was geweest en vermoord. 'Waarom laat je dit aan me zien?'
vroeg ik hem met paniek in mijn stem. Had hij iets vergelijkbaars over Duran ontdekt en was dit de manier waarop papa dat nieuws wilde inleiden?

'Besef hoeveel geluk je hebt,' antwoordde papa. 'Jouw zoon is niet ontvoerd en
vermoord door een vreemdeling. Hij is tenminste nog bij zijn vader, Maryam.'

Ik kon slechts mijn hoofd schudden en me verbazen over zoveel gebrek aan begrip
en compassie van mijn eigen familie.

Toen liet Kaiss me via in Afghanistan verblijvende vrienden en familieleden van
mijn vader een bericht overbrengen: 'Als Maryam een voet op Afghaanse bodem zet,
zal ik die afhakken en haar lichaam terugzenden naar Los Angeles.'

Vrienden en familieleden in Kabul bleven pogingen ondernemen om Duran te
zien te krijgen. Sommigen van hen namen zelfs eten en cadeautjes voor Duran mee,

maar aan de deur stuitten ze op een boze Kaiss die hen met de dood bedreigde. We kwamen erachter dat Kaiss niet langer sympathiseerde met zijn Afghaanse landgenoten maar een marionet van de Russen was geworden. Hij leverde eten aan de Russen en verdiende daarmee een aardige boterham. Kaiss bevond zich in elk geval niet aan het front en hoefde Duran daardoor niet aan vreemden over te laten. En al hielp hij de vijand van mijn land, toch hoopte ik dat hij een deel van het geld dat hij van de vijand kreeg, gebruikte om voor mijn baby te zorgen.

Een vrouw slaagde erin Kaiss te ontmoeten en Duran te zien, alleen maar omdat Kaiss niet wist dat ze een vriendin van ons was. Ze meldde ons dat ik me geen zorgen hoefde te maken, dat mijn zoon leefde, al huilde hij veel en riep hij elke keer als de vrouw de kamer in kwam: 'Mano! Mano!' Ze was van slag toen ze hoorde dat ik het van schrik uitgilde door haar woorden.

Vaak had ik gebeden dat mijn zoon me was vergeten, zodat hij minder hoefde te lijden. Maar blijkbaar was Duran nog steeds zo getraumatiseerd dat hij nog altijd naar me uitkeek, ook al hadden wij elkaar al vele maanden niet gezien. Nu ik dat wist, deed het me nog meer pijn en treurde ik nog heviger. Vrienden en familieleden spraken stilletjes de vrees uit dat ik van pure angst zou sterven en niet lang meer te leven had.

Toen ik hoorde dat verschillende nichten aan mijn lijkwade werkten, wist ik dat ik sterk moest zijn. Als ik zou sterven, wie zou dan blijven proberen mijn zoon terug te krijgen? Ik wist dat als ik eenmaal begraven zou zijn, er binnen de kortste keren niemand zich meer iets van het akelige lot van mijn zoon zou aantrekken.

Op dat moment besloot ik dat ik geen andere keuze had dan door te gaan met mijn leven.

18

In oktober 1987 nam ik een baantje in een videowinkel, werk dat ik zonder veel nadenken kon doen. Ik leende video's uit en nam terugbezorgde video's weer in ontvangst. Nog nooit had mijn baas zo'n betrouwbare medewerker gehad. Ik werkte als een robot, kwam vroeg op het werk, werkte in een razend tempo en bleef lang doorwerken, zonder dat ik daarvoor extra betaald hoefde te worden. Ik richtte me volledig op de winkel en mijn hele sociale leven bestond uit het contact met de klanten. Meermaals werd ik door mannen mee uit gevraagd. Ik sloeg alle uitnodigingen af. Ten slotte vroeg een van hen me: 'Ben je misschien lesbisch?'

Ik haalde mijn schouders op en nam niet de moeite uit te leggen dat mijn leven door een man en een huwelijk was verwoest.

Rond die tijd bracht Nadia een meisje ter wereld. Kijkend naar de baby van mijn zus kreeg ik weer enig plezier. Mijn nichtje, Suzie, werd een richtpunt in mijn leven. Hoewel ik nu en dan nog in mijn verdriet opging, was ik wel weer zover gekomen dat ik mijn leven kon oppakken.

Kort na de geboorte van mijn nichtje wandelde er een grote, uit het Midden-Oosten afkomstige man de winkel in. Ik vroeg om zijn videokaart en identiteitsbewijs. Het identiteitsbewijs dat hij overhandigde was van een ander, waarna hij uitlegde dat hij op bezoek was bij zijn zwager en hier een film voor zijn familie kwam huren. Toen hij zei dat hij uit Saudi-Arabië kwam, zei ik zonder erover na te denken: 'Heb je al je vier vrouwen hier mee naartoe genomen?'

Hij lachte op zijn gemak en was niet beledigd: 'Niet alle Saudische mannen hebben vier vrouwen, weet je. Ik heb er zelfs geen een.'

Al gauw kwam hij dagelijks langs en korte tijd later vroeg hij me of ik met hem uit eten wilde.

'Waarom niet,' antwoordde ik zonder veel enthousiasme.

Veel moslims denken dat Saudi-Arabië en de Saudi-Arabiërs achtergebleven zijn, voornamelijk omdat vrouwen door velen van hen zo hardvochtig worden behandeld. Maar mijn Saudiër was een echte gentleman en ik vond hem erg interessant.

Toen vroeg hij me tot mijn verbazing: 'Geloof je in liefde op het eerste gezicht?'

'Absoluut niet.'

'Nou, ik wel. Meteen toen ik je voor de eerste keer zag, was ik verliefd op je. Wil je met me trouwen?'

Ik barstte in lachen uit en vroeg hem om me naar huis te brengen.

De volgende dag keerde hij met een andere Saudiër terug naar de videowinkel. Zijn vriend was een donkere, knappe man met een snor en levendige groene ogen. 'Dit is mijn vriend Khalid,' zei hij.

Hij richtte zich tot Khalid: 'Khalid, dit is het meisje met wie ik wil trouwen.'

Hij keek me weer aan: 'Maryam, ik moet vandaag weer naar Saudi-Arabië terug, maar Khalid zal op je passen. Denk tijdens mijn afwezigheid alsjeblieft na over mijn verzoek.'

Ik lachte en dacht dat Saudische mannen vast en zeker snel verliefd werden. Misschien had het te maken met de gesloten samenleving in hun land. Uiteraard was ik niet van plan ooit nog in het huwelijk te treden, dus voor mij stelde zijn aanzoek weinig voor en had het meer weg van een grap.

Khalid kwam vaak langs in de videowinkel en praatte dan wat met me. Nooit sprak hij over zijn vriend. Dat deed ik evenmin.

Langzaam verstreek de tijd. Mijn leven stond in het teken van twee dingen, het werk en het rouwen om mijn zoon, al werd ik opgewonden toen in 1989 de Russen werden verslagen en uit Afghanistan verdreven. Hierdoor leefde mijn hoop op dat ik eens in staat zou zijn het land in te komen om mijn zoon weer op te eisen. Kleine Duran was ondertussen vijf jaar oud en nog te jong om zonder moeder te kunnen. Maar net toen ik me zou opmaken om erheen te reizen, stortte alles weer in. Zodra de Russen waren teruggetrokken en de krijgsheren zich van hun belemmeringen hadden ontdaan, begonnen ze zich te verzetten tegen de door de Russen gesteunde overheid. De ene dag streden de krijgsheren tegen de Russen, de volgende dag waren ze elkaar aan het bestrijden. In korte tijd was er in het land een burgeroorlog uitgebarsten.

Ik pakte mijn bagage weer uit, want ik wist dat Afghaanse strijders zouden doorvechten tot ze erbij neervielen. Angstvallig volgde ik de ene grote veldslag na de andere, van de slag bij Jalalabad, de val van Kabul, tot de strijd om de controle over heel Afghanistan.

Zou mijn zoon ooit in een land leven waar vrede heerste?

Het contact met Khalid de Saudiër werd een vast onderdeel van de dag. Hij huurde zoveel films dat ik op een keer vroeg: 'Hoe kun je nog toekomen aan je studie? Je kijkt voortdurend naar films!' De knappe Saudiër zei niets om zichzelf te verdedigen en lachte me slechts vriendelijk toe.

Tot hij me op een dag belde en me vroeg hem te adviseren: 'Maryam, wat is het meest romantische restaurant aan het strand? Ik wil een heel bijzondere vrouw uit eten vragen en zou haar graag naar de allerbeste plek meenemen.'

Ik stelde voor: 'In Redondo Beach is een prachtig Indiaas restaurant met het beste uitzicht op de pier.'

Toen ik die avond de winkel afsloot, kwam Khalid net aanlopen. 'Maryam, kan ik je vragen of je misschien naar dat restaurant wilt komen? Ik wil je graag met die bijzondere dame laten kennismaken.'

'Dat is aardig van je Khalid, maar nee. Ik ben vanavond erg moe.'

'Je hebt vast honger.'

'Ja, maar ik ben te moe om een avondje uit te gaan.'

'Alsjeblieft. Je hebt gezegd dat je daar heerlijk kunt eten.'

Voor het eerst bestudeerde ik Khalid zorgvuldig en vroeg me af waarom hij iemand nodig had om hem te vergezellen bij een afspraak met een speciale dame. 'Alsjeblieft.'

'Ach, vooruit dan maar.' Ik had honger en bedacht dat ik door naar een restaurant te gaan mezelf de moeite van het koken bespaarde. En Khalid had vast een goede reden om me aan zijn vriendin voor te stellen. Hij was bovendien erg aardig. Misschien wilde hij mijn onbevooroordeelde mening over de vrouw.

We wachtten dertig minuten op zijn bijzondere afspraak, maar ze kwam maar niet opdagen. Uiteindelijk zei ik: 'Hare majesteit is laat. En ik verga van de honger.'

Khalid ging staan. 'Blijf even zitten.' Hij liep weg. Ik nam aan dat hij degene ging opbellen met wie hij had afgesproken.

Binnen een paar minuten was Khalid terug. Hij had een roos met een lange steel bij zich en er stond een brede grijns op zijn gezicht. Hij schonk me de roos. 'Maryam, jij bent die bijzondere dame waarop ik al mijn hele leven heb gewacht.'

Verrast knipperde ik met mijn ogen, want ik vond het een idiote situatie. 'Khalid, wat is dat met die Saudiërs? Eerst doet je vriend me tijdens onze eerste afspraak een aanzoek. En nu zeg jij me dat ik een bijzondere dame ben. Is dat normaal in Saudi-Arabië? Vallen goede vrienden op hetzelfde meisje en willen ze allebei met haar trouwen?' Ik plaagde hem. 'Dat is een nationale gewoonte waar ik nog nooit van heb gehoord.'

Khalid lachte. 'Maryam, ik kan niet voor mijn vriend spreken. Maar hij bevindt zich in Saudi-Arabië en heeft me gisteren net laten weten dat het erg moeilijk is om een vrouw uit een ander land naar Saudi-Arabië te brengen. Ik denk dat hij het heeft opgegeven. Maar ik, ik ben hier. En ik blijf hier. Ik wil meer van je zien.'

Aanvankelijk nam ik hem niet serieus. Maar hij bleef me elke dag bellen en al snel merkte ik dat ik naar zijn telefoontjes begon uit te kijken. Langzaamaan werden onze afspraken serieuzer. We kregen erg goed contact met elkaar.

Op een dag vroeg hij me: 'Maryam, waarom kijk je zo droevig?'

Sinds ik mijn zoon was kwijtgeraakt, was ik veel meer gaan nadenken. Ik kwam erachter dat mensen zelden spreken over de dingen die het meest voor ze betekenen. Sinds mijn baby van me was weggenomen, had ik de herinneringen aan mijn lieve Duran op een heel bijzonder plekje weggestopt. Nooit had ik hem iets over mijn geheim verteld.

Khalid keek me zo vriendelijk en zorgzaam aan dat ik de andere kant opkeek. 'Op een dag zal ik je erover vertellen, Khalid, maar niet nu.'

Die nacht dacht ik veel over Khalid na. Hij was de allervriendelijkste man die ik ooit had ontmoet. Ik had hem nooit zijn stem horen verheffen. Nooit had hij kritiek op me gehad. Nooit hadden we ruziegemaakt. Als we het ergens over oneens waren, spraken we er in alle rust over. Khalid respecteerde me. Respect van een man was iets wat weinig Afghaanse vrouwen kenden.

Khalid was het tegenovergestelde van Kaiss.

Daarom werd ik verliefd op Khalid.

Toen ik mijn zus vertelde dat ik verliefd was geworden op een Saudische man, reageerde ze nukkig: 'Een Saudiër? Mijn god, Maryam!'

'Ja. Een Saudiër. Een Saudiër die de aardigste man is die ik ooit ben tegengekomen.'

'Heb je enig idee hoe het voor een vrouw is om in Saudi-Arabië te wonen?'

'Zeg het eens, Nadia, kan het leven van een vrouw in Saudi-Arabië beroerder zijn dan het leven van een vrouw in Afghanistan?'

'Nou, dat is het wel,' hield ze vol. 'Heb je enig idee hoe Saudische mannen tegen hun vrouwen aankijken?'

'Beter dan de manier waarop Afghaanse mannen tegen hun vrouwen aankijken. Luister, deze Saudische man behandelt me met respect en met liefde. Het is een heel goede vent. Er is in Afghanistan geen enkele man die tegen hem op kan.'

Nadia keek me aan. 'Weet papa ervan?'

'Nee. En dat ga je hem niet vertellen ook. Je hebt mijn leven al een keer verwoest, Nadia. Ik wil niet dat je dat nog een keer doet.'

Ik geef toe dat ik aarzelde om papa erover te vertellen. Sinds Duran was ontvoerd, had papa geen geluk meer gekend. Hij zou niet blij zijn als ik een vriend had, maar een afspraak met een Saudiër zou al helemaal niet door hem worden toegejuicht, want Afghaanse mannen zijn van mening dat andere islamitische mannen minder waard zijn dan zij. Zelfs de koning van Saudi-Arabië was niet goed genoeg om met een Pathaanse vrouw te trouwen.

Om geruzie te voorkomen, gebruikte ik een goede vriendin als alibi, waardoor ik eenvoudiger met Khalid kon afspreken.

Op een heel bijzondere avond vertelde ik Khalid over alles wat me was overkomen. Zonder uit te zijn op medeleven sprak ik over de bruutheid van mijn eerste man en zei dat hij me had misbruikt. Ten slotte ging ik in op het verlies van Duran. Door de pijnlijke herinneringen welde mijn angst over de veiligheid van Duran weer op, want Afghanistan was nog steeds een hel. Voordat ik alles had opgebiecht, lag ik huilend in de armen van Khalid.

Khalid was aardig, veegde de tranen van mijn gezicht. 'Je moet altijd blijven hopen, Maryam. Op een dag zal je zoon weer terugkomen.'

Toen vroeg Khalid of ik met hem wilde trouwen.

Voor het eerst in jaren was ik gelukkig toen ik zei: 'Ja. Ja, Khalid, ik wil met je trouwen.'

19

Met papa ging het minder goed. Ik durfde het hem niet zelf te vertellen, dus schreef ik hem een oprecht briefje dat ik op zijn kussen legde.

Papa, ik ben verliefd geworden op een fantastische man. Hij is teder en aardig, alles wat Kaiss niet was. Khalid komt uit Saudi-Arabië. Ik wil je toestemming vragen om met hem te trouwen. Als je die niet geeft, zal ik toch met hem trouwen. Vertel me gauw of je met mijn huwelijk instemt. Je liefhebbende dochter, Maryam.

Wat had ik papa graag instemmend zien lachen, maar hij reageerde helemaal niet. Er ging een maand voorbij zonder dat ik ooit de moed had om erover te beginnen. Toen vroeg mijn vader of ik hem naar het vliegveld wilde brengen. Hij vertrok naar Parijs voor een drie maanden durende vakantie en om een bezoek te brengen aan oom Hakim en andere familieleden. Toen vader me een afscheidskus gaf, overhandigde hij me een dikke enveloppe. Hij keek me ernstig aan. 'Maryam, denk goed na over wat ik in deze brief heb geschreven. Ik hoop dat je er positief op reageert.'

Toen vertrok hij, zonder het gebruikelijke liefdevolle afscheidsritueel. Ik vreesde het ergste en stopte de brief in mijn handtas om hem thuis in ons appartement te kunnen lezen.

Dochter, als je met deze Khalid trouwt, zul je me nooit meer zien. Dan zul je niet langer mijn dochter zijn. Khalid is een Saudi-Arabiër. De samenleving waar hij vandaan komt, is de meest behoudende die er bestaat. Daar zul je het beslist niet redden. In Saudi-Arabië hebben mannen de voogdij over hun kinderen. Als jij met deze man trouwt en kinderen krijgt en hij besluit bij je weg te gaan, dan zal hij je kinderen niet eens hoeven te ontvoeren. Ze zullen voor de wet al van hem zijn.

Hij verblijft slechts in de Verenigde Staten om er te kunnen studeren en als hij naar Saudi-Arabië terugkeert, zal hij je verlaten. Dan zul je ontroostbaar zijn.

Heb je dan niets geleerd, Maryam?
Vergeet niet dat je, als je Duran ooit wilt terugzien, niet moet hertrouwen. Je
moet geduld hebben en wachten tot je zoon weer naar jou terugkeert. Ik
probeer uit te zoeken hoe we Duran te pakken kunnen krijgen en terug kunnen
brengen, maar als jij een nieuwe man neemt, zal niemand in Afghanistan je
meer willen helpen.
Het belangrijkste nog, Maryam, is dat je een Pathaan bent. Het is jouw
plicht om met een Pathaanse man te trouwen. Vergeet de geschiedenis van je
familie niet. Mijn eigen moeder heeft het dapper uitgehouden onder het
harde regime van mijn broer. Ze is nooit hertrouwd. Ze leefde voor haar
kinderen. Tenzij je met een Pathaan hertrouwt, zul jij hetzelfde moeten
doen.

Wanhopig barstte ik in tranen uit. Hoe kon papa zijn eigen strijd vergeten tegen de oeroude tradities om met een vrouw te kunnen trouwen van wie hij hield, maar die niet tot zijn eigen stam behoorde? Hoe kon hij zo makkelijk zijn teruggevallen naar de duistere tijden van weleer? Wie kon er ooit gevaarlijker, gemener en oneervoller zijn dan de man met wie ik getrouwd was geweest, een Pathaanse man die speciaal voor mij was uitgekozen?

Ik moet bekennen dat ik sinds de dag dat Duran van me was gestolen steeds bozer op papa en Nadia was geworden. Ik vond dat mijn meest naaste familieleden het voor Kaiss mogelijk hadden gemaakt om Duran te ontvoeren. Zonder de steun die papa en Nadia aan Kaiss hadden gegeven, zou mijn baby nog altijd bij zijn moeder zijn geweest. Mijn woedde laaide weer op en ik wist dat ik niemand meer persoonlijke beslissingen voor mij wilde laten nemen, zelfs mijn vader niet.

Ik liep de keuken in, greep een schaar en knipte papa's brief in stukken. Vervolgens belde ik Nadia, die tijdelijk in Maryland woonde om daar haar klinische opleiding te volgen. Ik was zo boos dat ik haar door de telefoon toeschreeuwde: 'Ik ga met Khalid trouwen, of jullie het nu leuk vinden of niet! Dat kan me geen donder schelen.'

Nadia was zo geschrokken dat ik, de 'goede' dochter, zo agressief voor mezelf opkwam, dat ze geen woord wist uit te brengen.

Khalid en ik trouwden terwijl papa nog in Parijs was. We reden naar Las Vegas, voor een echte huwelijksreis. Voor het eerst in mijn volwassen leven had ik plezier. Uiteindelijk had ik de ware liefde gevonden, met een prachtige man.

Drie maanden later was van mijn moed weinig meer over. Nadat papa was teruggekeerd, durfde ik niet te bekennen dat ik was getrouwd. In plaats daarvan zei ik: 'Papa, ik heb je brief zorgvuldig doorgelezen. En ik heb erover nagedacht. Maar papa, ik hou echt van deze man. Met iemand anders zou ik nooit gelukkig kunnen zijn. Alsjeblieft, zou je hem een keertje willen ontmoeten? Je zult hem mogen, papa, echt waar.'

Papa sprak geen woord.

Ondertussen logeerde Khalid bij vrienden, terwijl ik probeerde vader om te praten. Al snel werd hij ongeduldig en stond erop mijn vader te ontmoeten.

Dus kondigde ik dat bij papa aan: 'Khalid komt vanavond langs. Wil je een beetje aardig doen?'

De arme Khalid was zo zenuwachtig dat hij een neef van hem meebracht. Later vertelde hij me dat hij om zichzelf moed in te spreken pas was gestopt met verzen uit de Koran opzeggen toen hij ons appartement binnenstapte.

Papa ontving de bezoekers met een koud en slap handje. Vervolgens pakte hij zijn krant, nam plaats in zijn favoriete stoel en dook weg achter de krant.

Khalid schraapte zijn keel en zei met zachte, lieve stem: 'Hoe gaat het met u, meneer?'

Papa gaf geen antwoord.

'Papa,' zei ik, in verlegenheid gebracht. 'Khalid heeft heel vriendelijk gevraagd hoe het met je gaat.'

Papa keek op van zijn krant. 'Aan welke universiteit studeer je?' blafte hij.

'Aan de University of Southern California.'

'Wat studeer je?'

'Bedrijfskunde.'

Papa gromde en liet merken dat hij niets meer te zeggen had. Hij ging staan, liep naar zijn slaapkamer en trok de deur achter zich dicht.

Ik ging achter hem aan. 'Doe niet zo raar, papa. Dat is beneden je waardigheid.'

Papa zei: 'Ik wil het nieuws doornemen. Doe de deur dicht als je weggaat.'

'Papa, je bent zelf niet met een echte Pathaanse vrouw getrouwd. Moet ik je eraan herinneren welke moeilijkheden je hebt moeten doorstaan om met mijn moeder te trouwen?'

'Dat is anders,' zei hij beslist, terwijl hij met zijn rug naar me toe ging staan.

'Anders? Hoezo? Omdat jij een man bent en ik een vrouw? Dit is beneden je waardigheid, papa. Je stelt me zo teleur.'

De volgende dag vertrok papa ineens naar Californië om Nadia in Maryland te bezoeken en haar met haar tweejarige dochter te helpen. Meteen bij aankomst beschaamde Nadia het vertrouwen dat ik in haar had gehad en vertelde papa opgewekt dat ik al was getrouwd. Via mijn zus liet papa me weten: 'Zeg Maryam dat ik haar nooit meer wil zien. Ik zal nooit meer met haar spreken.'

Ik ben niet het soort dochter dat kan leven zonder met haar vader te spreken, dus belde ik oom Hakim en vroeg hem of hij wilde ingrijpen. Papa zou altijd naar Hakim luisteren, ook al wilde hij van niemand anders iets aannemen. Dat had al snel resultaat.

Khalid en ik werden uitgenodigd om in Maryland langs te komen. Hoewel papa aanvankelijk afwijzend en bruut tegen mijn echtgenoot deed, begon hij het vriendelijke gedrag van Khalid al gauw te waarderen. Ten slotte stemde papa ermee in naar Los Angeles terug te keren om bij ons te komen wonen. En ik ging terug naar school om te gaan studeren, een opleiding tot ademhalingstherapeut. Met veel plezier volgde ik de lessen en ik hield van mijn man.

Na verloop van tijd konden Khalid en papa het erg goed met elkaar vinden en maakte ik voor het eerst sinds vele jaren deel uit van een gelukkige familie. Maar aan onze familiekring ontbrak iets, kleine Duran, die nog steeds in Afghanistan werd vastgehouden. Het knaagde aan me dat mijn arme baby vanaf de dag dat zijn vader hem mee naar Afghanistan had genomen nooit een moment van vrede had beleefd. Sinds die julidag in 1986 had mijn zoon de Russische oorlog meegemaakt en nu heerste er een burgeroorlog. Ondanks de val van Kabul werd de stad voortdurend met raketten bestookt, want geen enkele strijdende partij wilde de nederlaag toegeven. De socialistische regering vocht door tot het bittere einde. Hetzelfde gold voor de krijgsheren. Deze gewelddadige mannen zouden blijven vechten tot het hele land in puin lag. Ik kon de nieuwsuitzendingen nauwelijks aanzien, want ik zag dat Kabul in een grote berg puin was veranderd. Geen enkel gebouw leek nog intact. Waar in die puinhopen bevond zich dat jochie van me? Vele uren achtereen las ik in de Koran en bad voor de veiligheid van Duran.

Op een dag kondigde tante Shagul aan dat ze had besloten in januari 1990 de gevaarlijke reis naar Afghanistan te ondernemen, om een van haar dochters te ontmoeten die het land niet uit kon. Eenmaal daar zou ze Kaiss opzoeken, zodat ze mijn zoon te zien kon krijgen. Het was een vastbesloten vrouw en ik wist dat ze op de een of andere manier wel in contact met Duran zou weten te komen. Graag wilde ik haar speelgoed en kleding voor mijn zoon meegeven, maar ik was niet in staat een winkel met kinderkleren of een speelgoedzaak binnen te lopen zonder in te storten. Dus deden papa, Nadia en tante Shagul de inkopen voor Duran. Ze kochten allerlei spullen die voor een zevenjarige jongen aantrekkelijk zouden zijn. Het was nauwelijks voorstelbaar dat mijn baby tijdens het bezoek van tante Shagul al zeven zou worden, zijn verjaardag viel op 27 januari.

Ondanks het feit dat de stad werd beschoten, kwam tante Shagul veilig in Kabul aan. Het kostte haar weinig moeite om Kaiss op te sporen, want hij zat nog steeds in de catering. Eerst had hij voor de Russen gewerkt. Toen die werden verslagen, had hij zich ingezet voor de pro-Russische regering, totdat die uit de macht werd ontzet. Door zijn gebrek aan loyaliteit voor wat voor groep dan ook, kon hij zich eenvoudig aansluiten bij iedere machthebber. In de loop der tijd had hij een fortuin verzameld, zo werd ons tenminste verteld.

De woning van Kaiss was bijzonder voornaam, groot en mooi. Een bediende opende de deur, maar Kaiss verscheen bijna meteen om te zien wie er had aangebeld. Hij herinnerde zich tante Shagul van de familiebijeenkomsten en barstte in woede uit. Hij schreeuwde haar toe: 'Blijf uit de buurt van mijn zoon!'

Met zachte maar besliste stem sprak tante Shagul: 'Ik hoef hem alleen maar even te zien, Kaiss. Ik zal geen scène maken. Daar kun je van op aan.' Uiteindelijk liet Kaiss zich door haar rustige houding overtuigen haar binnen te laten.

Al snel kwam tante Shagul erachter dat Kaiss was hertrouwd, met een erg verlegen vrouw die in de woonkamer zat.

Kaiss riep Duran, die met een peinzende blik in zijn ogen de trap af kwam.

Tante Shagul zei dat haar mond openviel van verbazing, omdat Duran zo groot was geworden, en uitzonderlijk knap.

Mijn zoon keek naar zijn vader en vroeg hem rustig in het Engels: 'Wie is deze dame?'

Tante Shagul zei rustig: 'Ik ben je oudtante. Ik heb een paar cadeautjes voor je meegebracht.'

Met barse stem gromde Kaiss: 'Deze cadeautjes komen van de dame op die foto, die mijn secretaresse is geweest. Kom op, pak aan en neem ze mee naar je kamer.'

Rustig haalde Duran zijn cadeautjes en verliet de kamer zonder afscheid te nemen van tante Shagul. In de ogen van mijn tante leek het een treurig en gesloten kind.

Tante Shagul keek Kaiss aan: 'Weet hij niet dat het zijn moeder is?'

'Nee. En als u het hem vertelt, zal ik u vermoorden.'

Tante Shagul keek naar de vrouw van Kaiss. 'Hebt u kinderen?'

De vrouw keek geïntimideerd, te bang om te antwoorden.

'Nee,' antwoordde Kaiss in haar naam, 'die heeft ze niet. Ze is hier om voor mijn zoon te zorgen. Als mijn zoon volwassen is, zal ik haar zelf een kind laten krijgen.' Hij tuurde naar tante Shagul. 'Zo, nu hebt u hem gezien. De show is voorbij. En nu naar buiten. Als u het waagt terug te komen, zult u daar enorm spijt van krijgen.'

Tante Shagul voegde hem nog een verzoek toe: 'Kaiss, alsjeblieft, mag ik een foto van hem hebben? Voor zijn moeder.'

Hij opende de deur. 'Naar buiten. Ik zal een foto opsturen.'

Terwijl tante Shagul wegliep, riep Kaiss haar dreigend achterna: 'Zeg Maryam dat als ze het ooit waagt om in Kabul te komen, ik haar lichaamsdelen in een plastic zak naar haar vader zal opsturen.'

Sommige dingen veranderen nooit.

Tot mijn verrassing hield Kaiss zich aan zijn woord. Na bijna vijf jaar had ik eindelijk een nieuwe foto. Mijn baby was nu een jongetje, dat er heel ernstig en heel knap uitzag. Ik heb die foto wel honderdmaal gekust. Ik heb hem laten uitvergroten. Hij is ingelijst en opgehangen op de meest prominente plek in onze woonkamer. Eindeloos keek ik ernaar. Ik huilde tranen van vreugde, omdat hij er zo gezond uitzag. En ik huilde bittere tranen, omdat mijn zoon niet eens wist dat ik bestond.

20

Aan de burgeroorlog in Afghanistan kwam nooit een einde. Soms dacht ik dat de oorlog eeuwig zou duren. Toen de Sovjets uiteindelijk vertrokken, lieten ze een land achter dat tjokvol stond met het allernieuwste militaire materieel, dat in beslag werd genomen door de Afghaanse krijgsheren, die ten koste van de burgerbevolking bewezen dat ze zonder meer bruter en meedogenlozer waren dan de Russen. Toen de krijgsheren er niet in slaagden om het waar dan ook over eens te worden, barstte de burgeroorlog in alle hevigheid los.

Allemaal waren we als de dood dat Duran iets zou overkomen. In een poging mijn zoon alle ellende en waanzin te besparen, schreef papa een brief aan Kaiss, waarin hij hem aanbood te betalen voor een kostschool in India of een ander land, als Kaiss daar de voorkeur aan gaf. Hij zou de beslissing aan Kaiss overlaten, als hij mijn zoon maar buiten gevaar bracht. Mijn vader stuurde de ene brief na de andere. We kwamen nooit te weten of Kaiss ook maar een woord las van de intense correspondentie van mijn vader, maar meerdere van onze koeriers werden wel door Kaiss en zijn mannen tot bloedens toe geslagen.

Mijn vrienden die nog steeds in Kabul woonden en van mijn toestand hoorden, hebben meerdere pogingen ondernomen om mijn zoon terug te stelen. De ene poging stelde meer voor dan de andere. Vooral een van die vrienden was, samen met zijn jongere broer, vastbesloten iets recht te zetten en ze richtten zich volledig op mijn zoon. Ze hielden de woning van Kaiss in de gaten, zagen wanneer hij weg was en hoe laat Duran 's ochtends naar school ging.

Op een ochtend, net op het moment dat Duran op het punt stond naar school te vertrekken, parkeerden de twee broers hun auto op een plek in de buurt van de woning van Kaiss. Toen Duran naar buiten kwam, liep de broer van mijn vriend op hem af en drong er bij hem op aan naar mijn vriend te lopen, die in de auto zat te wachten.

Maar net zoals in de tijd dat mijn moeder mij had bang gemaakt toen ze vreesde dat ik door Shair Khan zou worden gekidnapt, had Kaiss zijn zoon ingepeperd dat hij voor losgeld zou kunnen worden ontvoerd. Dus toen hij door onze vriend werd benaderd, rende de arme gehersenspoelde Duran er luid gillend vandoor. Zijn vader, die anders dan verwacht thuis bleek te zijn, hoorde het en stoof naar buiten om zijn zoon te redden.

Mijn twee vrienden holden ervandoor, maar Kaiss zag en herkende hen.

Die nacht gingen Kaiss en een bende misdadigers gewapend met machinegeweren bij het huis van mijn vriend langs. De broer van mijn vriend werd bewusteloos geslagen en zou worden neergeschoten, maar zijn moeder wierp zich voor de voeten van Kaiss en smeekte hem in leven te laten. Kaiss wilde mijn vriend zien, maar die was op dat moment niet aanwezig, dus dreigde hij terug te komen en de hele familie te doden. Omdat Kaiss door degenen die aan de macht waren werd beschermd, bood de wet geen bescherming, en waren mijn vriend en zijn broer genoodzaakt het land uit te vluchten, naar Pakistan.

Die mislukte poging had ook voor mij ernstige consequenties, want samen met zijn vrouw en zoon vluchtte Kaiss weg uit Kabul, naar een onbekende bestemming. Nu hadden we geen idee meer waar mijn zoon zich bevond.

Rond dezelfde tijd hoorden gevluchte Afghanen voor het eerst van een nieuwe groep, opgestaan uit het betongruis waaruit eens de grootse gebouwen van Afghanistan waren gemaakt: de taliban. De groep was in 1994 uit Kandahar gekomen en stond onder leiding van een geestelijke, Mullah Mohammed Omar. Afghanen hoorden dat Mullah Omar en zijn toegewijde gewapende studenten op het toneel verschenen als verdedigers van de gewone man. Ze verzetten zich tegen de corruptie en de bruutheid van de krijgsheren door enkele meisjes van een arm gezin te bevrijden die op de weg naar Kandahar waren verkracht.

In eerste instantie ontvingen de Afghaanse burgers de taliban met open armen, want de Afghanen waren moe van het al vele jaren aanhoudende, genadeloze geweld en de niet-aflatende strijd tussen de krijgsheren van de moedjahedien.

Papa en ik waren voorzichtig optimistisch, want de taliban waren religieuze studenten (*talib* is Arabisch voor student, een term die in Afghanistan wordt gebruikt voor studenten in religieuze opleidingen, die de Koran in het Arabisch bestuderen). Hoewel papa nooit door een religieuze beweging geregeerd wilde worden, hoopten we dat een devote groep heilige strijders vrede in het land kon brengen.

We hadden nooit kunnen bevroeden dat de taliban voor onze arme landgenoten een onvoorstelbare onderdrukking, leed en onheil zouden meebrengen.

In deze bange tijd studeerde Khalid af en verraste me door over onze verhuizing naar Saudi-Arabië te beginnen. Khalid was afkomstig uit een groot gezin, met tien broers en zussen. Ik had meerdere van hen ontmoet toen ze ons in Los Angeles waren komen opzoeken. Ze hadden een goede indruk op me gemaakt.

'Maar voordat we gingen trouwen waren we het er toch over eens dat we niet in Saudi-Arabië gingen wonen?'

'We zullen er niet lang blijven. Ik wil alleen maar dat mijn familie je leert kennen.'

'Maar, Khalid, Saudi-Arabië?' Ik wilde niet het voor de hand liggende argument inbrengen, dat geen enkele weldenkende vrouw het in haar hoofd haalde om in de vergulde kooi van Saudi-Arabië te wonen.

'O, je zult het heerlijk vinden in Djedda,' verzekerde hij me.

Ik wist niet veel over het land van mijn echtgenoot, behalve dat vrouwen er nog altijd gesluierd over straat gingen, niet achter het stuur mochten zitten en dat Saudische mannen met meer dan één vrouw mochten trouwen. In de loop der jaren was de nodige ophef ontstaan over Amerikaanse vrouwen die in Saudi-Arabië vastzaten nadat hun echtgenoten met andere vrouwen waren getrouwd, of, erger nog, over Saudische mannen die hun half-Amerikaanse kinderen ontvoerden die hun moeders nooit meer te zien kregen.

Iedereen wist dat Saudi-Arabië geen vrouwvriendelijk land was. Het was niet gek dat ik liever in een land woonde waar vrouwen rechten hadden, zoals we allebei wisten. Afghanistan was eveneens een beangstigend land voor vrouwen om in te wonen en volgens de berichten verslechterde hun situatie met de dag. Waarom zou ik de Amerikaanse vrijheid verruilen voor een ander vrouwvijandig land?

Toch stemde ik ermee in om met Khalid naar Saudi-Arabië te verhuizen. Khalid liet de keuze aan mij, en beloofde me dat als ik niet wilde verhuizen, het niet door zou gaan. Door zijn houding begon ik hem des te meer te vertrouwen. Wat vooral meespeelde, was dat ik had gemerkt dat Khalid door het huwelijk niet was veranderd. Anders dan Kaiss was hij niet van de ene op de andere dag veranderd van een liefhebbende huwelijkskandidaat in een beest. Ik kon Khalid vertrouwen. Maar papa en Nadia zagen mijn verhuizing niet zitten. Opnieuw probeerden ze me te vertellen wat ik moest doen – een vergissing, want na het fiasco met Kaiss had ik gezworen dat mijn vader en zus nooit meer iets voor mij zouden beslissen.

Ik besloot het erop te wagen. Diep vanbinnen wist ik dat Khalid geen nare verrassingen voor me in petto had.

Mijn familie ging helemaal door het lint na mijn besluit. Papa werd ouder en wist dat zijn tijd op aarde als zevenenzeventigjarige er bijna op zat. Hij wilde zijn dochters bij hem in de buurt hebben. Maar ik zette mijn plannen om te verhuizen door en beloofde de helft van het jaar in Amerika te wonen.

Bij het afscheid op het vliegveld zei mijn vader botweg: 'Khalid, ik denk niet dat mijn dochter het goed zal doen in "een land dat er niet voor vrouwen is".' (Papa's bijnaam voor Saudi-Arabië.)

Khalid glimlachte zonder zich eraan te storen.

En zo belandde ik in Djedda, Saudi-Arabië. In het vliegtuig voelde ik de spanning stijgen toen Khalid me een in plastic verpakt zwart kledingstuk aanbood en uitlegde: 'Als we in Saudi-Arabië landen, moet je dit aandoen.'

Ik haalde de zwarte lichtgewicht mantel en sjaal uit de verpakking, schudde hem uit en bestudeerde voor de eerste keer de verplichte vermomming, *abaja* geheten, die door alle vrouwen in Saudi-Arabië wordt gedragen. Alles was zwart. Gezien het verzengende klimaat wist ik dat ik net een spook zou zijn, een gloeiend heet spook. Hoewel het kledingstuk er heel anders uitzag dan de geplooide boerka die door veel Afghaanse vrouwen wordt gedragen, was het doel ervan hetzelfde: de vrouw achter een gordijn wegstoppen. Mijn moeder had de Afghaanse wet gebroken door te weigeren een boerka te dragen. Ik had er nooit een aangehad, op die ene keer na, toen ik als klein meisje vrienden en familie voor de gek had gehouden, door te doen alsof ik een bedelaar was die geld had gevraagd om een bioscoopkaartje te kopen. Dit was uiteraard uitgelopen op een preek van mijn tantes, die vonden dat een bedelende vrouw aalmoezen voor eten moest gebruiken en niet voor frivool vermaak.

Als moeder nog had geleefd, weet ik zeker dat ze het kledingstuk eerder aan stukken had gescheurd dan dat ze haar dochter aan deze achterlijke traditie zou blootstellen. Ik zuchtte. Waar was ik aan begonnen?

Ongeveer een uur voordat ons vliegtuig in Djedda landde, viel me op dat de vrolijk kwebbelende en geanimeerde Saudische vrouwen stilvielen nadat ze hun abaja's en sjaals hadden aangetrokken. Sommigen gingen zelfs zo ver dat ze hun gezicht met een zwarte sluier afdekten. Zodra de levendige vrouwen zichzelf in zwarte schaduwen veranderden, veranderde de sfeer in het vliegtuig.

Op aandringen van Khalid deed ik de abaja over mijn kleren heen en drapeerde de sjaal losjes over mijn haar. Ik haalde mijn schouders op en dacht dat ik meer geluk had gehad dan de in Saudi-Arabië geboren vrouwen, want ik kon altijd nog vertrekken als ik het land te benauwd vond. Dat was tenminste mijn bedoeling.

21

Op 29 oktober 1994 kwam ik in Djedda aan. Djedda was een opmerkelijk mooie stad, met huizen en gebouwen in de schaduw van palmbomen, gelegen aan de Rode Zee. De familie van Khalid was zoals ik me die herinnerde, vriendelijk en erg blij dat ze me in hun eigen land konden verwelkomen. Ik voelde me er niet ongelukkig.

Toch zou ik liegen als ik zou zeggen dat Saudi-Arabië een vrouwvriendelijke omgeving was, ondanks het feit dat ik Djedda een heerlijke stad vond, vele nieuwe vrouwelijke vrienden maakte en dol was op de familie van mijn echtgenoot. Hoewel ik in Afghanistan was opgegroeid, een land dat bekendstaat om de discriminatie van vrouwen, kenden ze hier zoveel 'tegen vrouwen gerichte voorschriften' dat ik het moeilijk vond enthousiast te blijven.

Het ergerde me dat ik niet in staat was te rijden, al bracht Khalid me met alle liefde overal heen waar ik naartoe wilde. Bovendien kwam ik er na aankomst in Saudi-Arabië achter dat ik nergens heen kon reizen zonder schriftelijke toestemming van mijn echtgenoot. Het zou niet zo eenvoudig zijn uit Saudi-Arabië te vertrekken als ik had verondersteld. Als Khalid zou veranderen en mij in zijn macht wilde hebben, zou ik in de val zitten. Als vrouw was het ook moeilijk werk te vinden, al had ik in mijn vakgebied, ademhalingstherapie, veel ervaring. Evenmin was mijn sociale leven zoals ik dat gewend was, want op feestjes zaten de vrouwen bij de vrouwen en de mannen verwijderd van hen bij de mannen.

De lijst met beperkingen voor vrouwen was eindeloos.

Als mannen de macht in handen hebben, worden veel van hen wreed voor vrouwen. In dat opzicht vormden Saudische mannen geen uitzondering.

Zelfs sommige mannen in de familie van Khalid maakten zich schuldig aan wreedheid tegenover vrouwen. Een van de neven van mijn echtgenoot was met meer dan twintig vrouwen getrouwd. Omdat een man volgens de islam niet mag trouwen met meer dan vier vrouwen tegelijk, was die man voortdurend in de weer met trouwerijen en scheidingen. Zijn eerste vrouw was een volle nicht van hem. In Saudi-Arabië werd een huwelijk met een volle nicht gezien als een maatregel om een scheiding tegen te gaan, want veel mannen willen geen problemen in de familie door van een naast familielid te scheiden. Khalids veeltrouwende neef was extreem rijk en tijdens de ramadan gaf hij zijn vrouwen contant geld als ramadancadeau. Een van de jongere, meer aantrekkelijke vrouwen kreeg een groter bedrag dan de oudere, meer gewone vrouwen. Volgens de islam is het verboden om de ene vrouw meer te geven dan de ander, of het nu om geschenken gaat of persoonlijke aandacht. De Koran wordt op dit punt vaak door jaloerse vrouwen geciteerd. De vier vrouwen begonnen te ruziën en beledigden Khalids neef zozeer dat hij in een keer van al zijn vier vrouwen af wilde.

Hij scheidde van de tweede, derde en vierde vrouw, maar toen hij oog in oog met zijn eerste vrouw kwam te staan, zijn nicht, en de woorden: 'Ik scheid van jou,' wilde uitspreken, viel ze flauw. Toen de man zijn eerste vrouw uitgeteld op de vloer zag liggen, kreeg hij medelijden met haar en had hij niet de moed meer om van haar te scheiden. Nadat ze het goede nieuws had vernomen, vergat ze dat ze had gespeeld dat ze was flauwgevallen, sprong overeind en schreeuwde van vreugde: 'Allah zij dank! Allah zij dank!'

'Dus,' zei ik, 'betekent dit dat je nu de enige vrouw bent?'

Ze begon luid te lachen: 'Nee, Maryam! Korte tijd later is hij met drie andere vrouwen getrouwd. Mijn echtgenoot is iemand die vier vrouwen nodig heeft. Daar heb ik me bij neergelegd.'

Ze verheugde zich er zo over dat ik met haar heb meegelachen, al voelde het aan alsof ik huilde.

Ik wist dat Khalid graag kinderen wilde hebben en dat hij een geweldige vader zou zijn, maar na het verlies van mijn eerste zoon was ik zo bezorgd, dat ik meende niet zwanger te kunnen worden. Daar kwam bij dat ik in een land woonde waar mannen alle zeggenschap over de kinderen hebben en moeders geen rechten. Weliswaar was Khalid nog steeds dezelfde liefhebbende man als met wie ik was getrouwd, toch wist ik dat niets in dit leven zeker was. Het zat me dan ook niet lekker.

Tot Khalid op een dag totaal onverwacht zei: 'Maryam, wat er ook gebeurt, ik zal nooit een kind bij je weghalen.'

Ik keek hem dankbaar aan, maar beloofde niks.

Wat niet bijdroeg aan de situatie was dat sommige van mijn Amerikaanse vriendinnen die met Saudische mannen waren getrouwd vreselijke vernederingen moesten ondergaan. Een van hen was een Amerikaanse vrouw, Linda, die een Saudische man had ontmoet die in de Verenigde Staten op school zat, waarna ze met hem was getrouwd. Toen Mohammed zijn diploma had gehaald, verhuisde het gezin naar Saudi-Arabië. Tegen die tijd hadden Linda en Mohammed twee kinderen. Kort nadat ik met Linda had kennisgemaakt, was Mohammed met een Saudische vrouw thuisgekomen. Linda dacht dat het een familielid was, tot Mohammed haar zonder omhaal van woorden meedeelde dat het zijn nieuwe vrouw was en ze haar moest verwelkomen.

Linda was zo stomverbaasd geweest dat ze geen woord had kunnen uitbrengen. Mohammed had zich nooit zodanig gedragen dat ze had kunnen vermoeden dat hij zo lomp kon zijn.

De volgende dag belde ze me in tranen op. 'Maryam, alsjeblieft, kom hier. Neem verhuisdozen mee. Ik ga bij hem weg.' Linda dacht dat ze alleen maar een scheidingsadvocaat in de arm hoefde te nemen om Saudi-Arabië met haar kinderen te kunnen verlaten.

Khalid vond het zo sneu voor Linda dat hij me naar verschillende winkels bracht om dozen op te halen. Toen we bij haar woning arriveerden, was Linda de wanhoop nabij. Ze had met de Amerikaanse ambassade gebeld voor advies en daar hadden ze haar verteld dat er twee mogelijkheden waren. Ze zou het land kunnen verlaten, maar dan zouden haar kinderen in Saudi-Arabië moeten achterblijven. De Saudische regering zou haar geen toestemming verlenen haar kinderen mee te nemen. Die kinderen behoorden aan haar man toe. Ze had ze weliswaar ter wereld gebracht, maar volgens de Saudische wet had ze geen ouderlijk gezag. De tweede mogelijkheid was in Saudi-Arabië te blijven en haar man met een andere vrouw te delen. Omdat ze haar kinderen niet wilde verlaten, bleef Linda in de vreselijke omstandigheden zitten. De nieuwe vrouw veranderde haar aanvankelijk zo liefhebbende man in een hatelijk en kwaadaardig heerschap.

Later dat jaar maakte een andere vriendin van me, Joyce, iets vergelijkbaars mee toen haar man haar met een tweede vrouw verraste. De echtgenoot van Joyce was nog meedogenlozer dan Mohammed. Tegen de tijd dat hij een tweede vrouw nam, haalde hij zijn kinderen bij Joyce weg en bracht ze onder bij zijn in een andere stad wonende broer. Joyce mocht haar kinderen slechts eenmaal per maand 'bezoeken'. Ze durfde beslist geen scheiding aan te vragen en bij Ahmed weg te gaan, want hij had gedreigd dat ze haar kinderen dan nooit meer te zien zou krijgen.

Door dergelijke verhalen nam het verdriet over het verlies van mijn zoon toe, al zou ik in de zevende hemel zijn geweest als ik de kans had gehad Duran eens per maand te zien.

Khalid maakte me zeer gelukkig toen hij bij de Rode Zee een kleine stadswoning met drie slaapkamers vond. Het uitzicht was fantastisch en het geluid van de kabbelende golven was ongelofelijk kalmerend.

Toen raakte ik onverwacht zwanger. Khalid was buiten zinnen van vreugde. Hij was in alle opzichten zo anders dan Kaiss dat ikzelf eveneens opgewonden raakte. Khalid stond erop me bij elk bezoek aan de dokter te vergezellen. Ik ontdekte hoe fijn het is om zwanger te zijn met een liefhebbende man aan mijn zijde.

Uiteraard hoopte iedereen in mijn omgeving dat het een jongetje zou worden, zo gaat dat nu eenmaal in Saudi-Arabië. Ik herinnerde me dat een nicht van Khalid aan me vroeg: 'Hoe gaat het met dat gezonde jongetje in je buik?'

Ik trok mijn wenkbrauwen op en lachte: 'Ditmaal zou ik graag een gezond meisje willen hebben.'

'Nee! Nee! Nee! Zeg dat nou niet,' siste ze, en zwaaide bijgelovig met haar handen om mijn woorden uit te wissen. 'Maryam, je moet nooit de wens uitspreken dat je een meisje wilt! Meisjes zijn niet goed. Je moet een jongetje wensen. Alleen als je een jongetje ter wereld brengt, zal de familie je respecteren.'

Ik kneep mijn lippen samen om haar niet stevig van repliek te dienen.

Ook andere dingen van het leven in Saudi-Arabië begonnen me te vervelen. Op een dag belde Khalid met de kabelmaatschappij om een televisieschotel op onze nieuwe woning te laten plaatsen. Ik zat in de woonkamer terwijl onze huishoudelijke hulp aan het opruimen was, toen de man arriveerde. Voor het eerst verhief Khalid zijn stem tegen me en commandeerde: 'Ga meteen naar de slaapkamer, Maryam, en blijf daar tot ik je roep.'

Ik vond het vreselijk dat onze hulp had gehoord dat mijn man me op zo'n toon had toegesproken. 'Waarom?' vroeg ik.

'Omdat ik dat heb gezegd.'

Nadat de medewerker van de kabelmaatschappij was vertrokken, hadden we onze eerste ruzie. 'Waarom mag de schoonmaakster in de kamer blijven en word ik eruit getrapt?' vroeg ik hem.

'Omdat zij een schoonmaakster is, Maryam. Het zou niet fatsoenlijk zijn als jij in mijn huis door een vreemde gezien zou worden. Jij bent mijn vrouw. Zo eenvoudig is het.'

De volgende keer dat er een klusjesman in huis kwam, besloot ik iets uit te proberen. Ik beschermde mijn eerbaarheid met mijn abaja en sluier, en bleef met opzet in de woonkamer zitten. Maar Khalid pakte me bij mijn arm en trok me naar onze slaapkamer. Ik was woest toen hij de deur op slot deed.

Khalids moeder en zussen gaven hem gelijk. 'De schoonmaakster stelt niks voor. Het maakt niet uit als een vreemde man haar ziet. Jij bent een echtgenote. Jij bent iemand. Jij moet worden gerespecteerd.'

En daar moest ik het mee doen.

Ik wilde het niet hard tegen hard spelen, maar al te gelukkig was ik er niet mee. De volgende dag vergat ik echter mijn woede toen ik achter een hartverscheurende bruutheid bij de buren kwam. Er werd aangebeld en ik deed open. Sarah, een drieentwintigjarige Saudische vrouw die in het huis naast ons woonde, stond met haar vierjarige zoontje Ali voor de deur. Ondanks mijn verbazing, want ze had ons nog niet eerder bezocht, liet ik haar binnen. Saudi's nemen niet snel contact op met hun buren en zijn gewend elkaar alleen in familieverband op te zoeken. Maar ik was blij haar te ontmoeten en had een zwak voor kleine jongetjes die me aan Duran deden denken. Ik sprak een beetje Arabisch en zij een beetje Engels, dus slaagden we erin te communiceren.

Het was juli en de vochtige hitte in Djedda was bijna niet te harden. Al gauw zag ik in dat Sarah en haar zoon het warm hadden, dorstig waren en honger hadden. Omdat ze nog maar net in de woning waren getrokken – Saudische huurwoningen zijn niet standaard voorzien van koelkasten en fornuizen, stond ik niet stil bij haar verzoek om eten en drinken, en voorzag hen graag van wat hapjes en drankjes.

Nadat ze genoeg hadden gegeten, vertrokken ze.

Later die dag smeerde ik een paar broodjes en vulde een thermoskan met water en ijs, en wandelde naar de woning naast ons om de versnaperingen af te geven. Toen ik aanbelde, deed de echtgenoot van Sarah open. Hij schudde mijn hand, wat me verraste, want Saudische mannen doen hun uiterste best om het contact te mijden met vrouwen die geen familie zijn. De man was vriendelijk en vertelde me in vloeiend Engels dat hij als piloot bij de luchtmacht werkte en in Frankrijk was opgeleid.

Ik vond het erg prettig zulke aardige buren te hebben.

De volgende dag kwamen Sarah en Ali weer langs. Ali rende regelrecht op de vuilnisbak af en begon de vuilnis te doorzoeken. Ik nam aan dat zijn nieuwsgierigheid bij zijn leeftijd hoorde en stond er verder niet bij stil, tot ik hem wat draderig vlees van een weggegooid stuk kippenborst tevoorschijn zag halen en het hem naar binnen zag schrokken. Sarah wees naar haar mond en vroeg ook om iets te eten. Vlug zette ik een paar spullen op tafel en keek toe terwijl zij het eten en drinken verzwolgen en twee grote glazen koud vruchtensap naar binnen werkten, om vervolgens meteen te vertrekken.

Op een avond lukte het me maar niet om in te slapen, het leek wel of ik een kat hoorde janken. Ik keek uit het raam maar zag niks.

De volgende ochtend hoorde ik het geluid weer en keek opnieuw. Tot mijn verbijstering zag ik dat het Sarah was die de merkwaardige huilgeluiden maakte. Ze sloeg tegen het raam op de tweede verdieping en ik hoorde haar door het raam heen mijn naam roepen: 'Maryam!'

Ik opende mijn raam en riep: 'Sarah? Wat is er aan de hand?'

De arme vrouw begon te huilen. 'We zitten hier opgesloten. Mijn man is weg. We hebben honger. We hebben eten nodig,' huilde ze. 'Zonder eten zal mijn zoon van de honger omkomen. Kun je iets door het raam gooien?'

Wat kregen we nou?

Alle huizen in Saudi-Arabië zijn omringd door hoge muren. De binnenplaatsen worden met hoge stalen deuren afgesloten. Ik liep onze tuin uit, de straat op en probeerde of ik de poort kon openkrijgen. Hij zat op slot. Ik nam aan dat de voordeur eveneens op slot zat, anders zou Sarah langs die weg wel zijn ontsnapt en niet bij een raam op de eerste verdieping om hulp hebben geroepen. Ik haalde uit mijn keuken wat te eten, rende naar boven, tot ik me op dezelfde hoogte bevond, boven de muur om het huis. Ze opende het raam zo wijd mogelijk en ik begon brood en kaas naar haar toe te gooien, waarbij het meeste beneden in de tuin belandde.

Khalid was op zakenreis, maar toen onze tuinman arriveerde, spoorde ik hem aan: 'Kom, we moeten inbreken in het huis van onze buren. Daar zit een vrouw opgesloten. Haar zoon heeft honger.'

'Mevrouw, dat kan ik niet doen,' zei hij met trillende stem, om zich heen kijkend alsof hij naar een mogelijkheid zocht om weg te komen. 'Ik ben slechts een arme Indiër die hier in dit land werkt om mijn gezin te onderhouden. Als ik inbreek in de woning van een Saudiër, kom ik nooit meer uit de gevangenis en zal mijn gezin van de honger sterven.'

Ik begreep dat gastarbeiders uit India en andere Aziatische landen in Saudi-Arabië vaak slecht werden behandeld. Dus ging ik zelf tot actie over. Wat zouden Saudiërs doen tegen een zwangere islamitische vrouw die met een Saudiër was getrouwd? Niets, sprak ik mezelf toe. Uit de kleine gereedschapskist van Khalid pakte ik een hamer, tilde een stoel naar buiten en hees mezelf boven op de muur tussen ons huis en dat van de buren. Omdat ik maar al te goed besefte dat ik zes maanden zwanger was, liet ik mezelf uiterst voorzichtig aan de andere kant naar beneden zakken.

Zoals ik had verwacht, zaten alle deuren van de villa op slot, dus pakte ik een hamer en sloeg een groot raam aan de achterkant van het huis kapot. Na het gebroken glas te hebben opgeruimd, kroop ik door de vensteropening naar binnen, waar me een hete en bedompte lucht in het gezicht sloeg. De airconditioning stond uit, hoe heet en vochtig het in Djedda ook was. Ik riep Sarah, ging af op het geluid van haar stem en kwam boven uit bij een afgesloten deur. Ik sloeg tegen het hangslot op de deur en bevrijdde Sarah en de kleine Ali. In de kamer hing een geweldige stank.

Alle drie vluchtten we veilig naar onze woning.

Ik voelde aan hun hete voorhoofd. Nadat ze twee dagen lang zonder airconditioning in een kleine woning opgesloten hadden gezeten, deden ze koortsachtig aan.

Ik stond erop dat ze een verfrissende douche namen en bereidde een stevige maaltijd voor.

Ze verslonden het eten.

'Sarah, ik moet de politie bellen,' zei ik.

Sarah barstte in huilen uit. 'Nee! Nee! Hij zal me vermoorden.'

Nog voor ik kon antwoorden, kwam de echtgenoot van Sarah door de voordeur binnenvallen, zonder zo beleefd te zijn eerst aan te bellen. Hij stormde op Sarah af, sloeg haar twee, drie keer tegen haar hoofd en begon haar aan haar haren weg te slepen. Ali gilde het uit.

De gewelddadige scène deed me denken aan de gruwelijke tijd dat Kaiss me had geslagen terwijl mijn doodsbange zoon had toegekeken.

Ik schreeuwde: 'Hoe haal je het in je hoofd om je vrouw en kind in een huis op te sluiten en te laten verhongeren? Wat mankeert jou eigenlijk?'

Hij draaide zich om, grauwde en ik zag dat een beleefde man in een beest was veranderd. Toen schopte en duwde hij zijn krijsende vrouw het huis uit.

Ik was woest. Toen Khalid thuiskwam, stoof ik op hem af en vertelde hem wat er was gebeurd. Hij was stomverbaasd dat ik betrokken was geraakt bij een zaak tussen een man en zijn echtgenote. 'Maryam. Dit is Saudi-Arabië. Mannen kunnen met hun vrouwen en kinderen doen wat ze willen. Niemand zal ingrijpen. Thuis is de wil van de man wet. Het wordt gezien als een privézaak, zelfs de veiligheidsdienst ziet het zo. Als hij wil, kan hij haar vermoorden. Niemand zal ertegen protesteren.'

Ik knikte en wist dat hij de waarheid sprak, hoe erg die ook was. Hoewel Saudi-Arabië een rijk land is en Afghanistan arm, lijken beide landen voor wat betreft de behandeling van vrouwen erg veel op elkaar. Ook in Afghanistan zijn vrouwen hulpeloos.

Het grootste deel van de nacht lag ik wakker. Ik dacht aan Sarah. Zij maakte dezelfde nachtmerrie mee als ik, al was haar situatie nog ernstiger. Op de meest gevaarlijke momenten was ik in staat geweest van Kaiss naar de woning van mijn vader te ontsnappen. Sarah kon nergens heen.

Tot mijn grote schrik stond Sarah de volgende dag weer voor ons huis en bonkte op de voordeur. Ze gilde en zat helemaal onder het bloed. Haar man rende achter haar aan. Ik reageerde zo vlug als een zwangere vrouw maar kan en greep het enige wapen dat ik zag, een groot keukenmes.

Ik keerde terug naar de woonkamer waar dat beest op Sarah bleef inslaan. Ik tilde het mes op en schreeuwde: 'Ik bel de politie!'

De luchtmachtpiloot wierp me een blik toe en barstte ten overstaan van een zwangere vrouw in een nachtjapon met een mes in haar hand in lachen uit. 'Toe

maar, bel de politie! Ik wil het nummer wel voor je intoetsen! De baas van de politie slaat zijn vrouw ook.'

Ik was bang, maar week niet.

'Dit is Amerika niet,' zei hij tartend. 'Blijf uit de buurt van mijn gezin of ik zal
die man van je vragen om jou ook te slaan.'

Later die dag weigerde Khalid zich ermee te bemoeien. 'Alsjeblieft, Maryam. We
kunnen absoluut niets doen. Niemand zal hem zeggen dat hij zijn vrouw niet mag
slaan. Niemand. Zelfs de familie van zijn vrouw niet.'

Opnieuw moest ik terugdenken aan mijn eigen familie. Mijn zus, vader, tantes,
ooms, neven en nichten hadden er bij mij op aangedrongen mijn huwelijk koste wat
kost door te zetten, ook al hield dat in dat ik geslagen zou blijven worden en een
diep ongelukkig leven zou leiden.

Wat was er mis op deze aarde?

Khalid trok me naar zich toe: 'Luister, je bent zwanger. Het duurt niet lang meer
voordat je ons eerste kind zult baren. Deze man kan je iets aandoen. Je moet er niet
bij worden betrokken.'

Ik wilde doen wat mijn man van me vroeg, maar slaagde daar niet in. De avond
daarop gingen we naar mijn schoonmoeder om daar te eten, en bracht ik het onderwerp weer ter sprake. Ik vroeg mijn schoonzussen om het er met hun mannen over te
hebben, een van hen kende de baas van de politie in de stad. 'Als jullie niks doen, zal
ik zelf actie moeten ondernemen, al zou dat betekenen dat Khalid boos op me wordt.'

Om ervoor te zorgen dat ik er niet bij werd betrokken, nam een van mijn zwagers
contact op met de politiechef. De volgende dag arriveerde de politie bij het huis van
mijn buren. Toen de politie de luchtmachtpiloot vertelde dat ze een klacht hadden
ontvangen, werd hij zo kwaad dat hij ter plekke onder het toeziend oog van de
politie van Sarah scheidde. Hij zei dat hij haar nooit meer wilde zien. Tot ieders
verrassing stond hij het Sarah toe haar zoon te behouden, en moesten zij en Ali bij
haar vader in gaan wonen.

Voordat Sarah uit de buurt vertrok, kwam ze bij me op bezoek en omarmde me.
'Dankjewel, Maryam. Ik zal je nooit vergeten. Je hebt mijn leven gered.'

Ik was blij, totdat Khalid me vertelde dat Sarah haar zoon mocht houden tot hij
zeven jaar werd. Daarna gaan Saudische vaders zich meestal met de toekomst van
hun zonen bezighouden. Maar ik redeneerde dat Sarah hem in elk geval nog enkele
jaren bij zich kon hebben. En er kon nog van alles gebeuren. Als Sarah bij haar
gewelddadige echtgenoot was gebleven, had hij haar beslist vermoord. En dan zou
Ali helemaal geen moeder hebben gehad.

22

In 1994 viel het oog van het westen voor het eerst op de taliban. In nog geen twee jaar tijd hadden ze Afghanistan onder de voet gelopen en de macht in handen gekregen. In november 1996 legden de taliban hun eigen wetten op, wetten gebaseerd op hun interpretatie van de sharia, strikter dan ze waar dan ook in de islamitische wereld werden uitgelegd. Net in die tijd bracht papa ons in Djedda een bezoek. Nadat hij de wetten in de krant had gelezen, barstte hij in woede uit en zei dat de interpretatie van de taliban niet overeenkwam met die van erkende islamitische geleerden.

In de kern was de boodschap eenvoudig: in Afghanistan zou er voor niemand meer plaats zijn voor vreugde of vrijheid.

De meeste van de verordeningen richtten zich op de voormalige vrijheden van vrouwen. Vrouwen moesten in hun huizen blijven. Op artsen na, mochten vrouwen niet buitenshuis werken, en ze mochten ook niet naar school.

Als het onvermijdelijk was voor een vrouw om naar buiten te gaan, moest ze zich van top tot teen hullen in een vormeloze boerka, waarbij zelfs haar ogen met een stevige sluier moesten worden afgedekt, en als er ook maar een voet onderuit stak, zou ze ter plekke door de religieuze politie gegeseld worden.

Vrouwen mochten hun kleren niet langer op de oevers van de rivieren wassen, wat Afghaanse vrouwen sinds mensenheugenis hadden gedaan. Omdat er in de meeste woningen geen wasmachine stond, werd het een erg lastige zaak om schoon te blijven.

Dansen was verboden, zelfs op huwelijksfeesten. Muziek werd verbannen. Als er muziekcassettes werden aangetroffen, zou de eigenaar worden gearresteerd en gevangengezet.

Vrouwelijke artsen mochten geen mannelijke patiënten behandelen. Vrouwelijke patiënten konden alleen bij vrouwelijke artsen terecht, wat tot tragische problemen leidde als zieke vrouwen geen enkele medische hulp konden krijgen. (Later zouden vrouwelijke artsen helemaal niet meer mogen werken.)

Taxichauffeurs mochten geen vrouwen vervoeren die niet op de juiste manier gesluierd waren. Als er een vrouw alleen op straat werd aangetroffen, zou haar man volgens de wet geslagen worden of in de gevangenis belanden.

Toen de wet net was aangenomen, hadden Afghaanse mannen slechts anderhalve maand de tijd om een baard te laten staan. Vanaf dat moment zou iedere man die zijn baard afschoor het risico lopen te worden opgesloten.

Het populaire gebruik om vliegers te bouwen en te vliegeren werd verboden. Alle vliegerwinkels in de steden moesten sluiten en iedereen die werd betrapt bij het maken van een vlieger werd in een cel gegooid.

Fotografie werd als afgoderij beschouwd. Televisie werd verboden. Alle camera's, foto's, films en portretten moesten worden vernietigd.

Zelfs het in het openbaar luidop lachen kon uitlopen op gevangenisstraf.

Bijna meteen na het instellen van de wetten werden we geconfronteerd met beelden van mannen van de taliban die in boerka geklede vrouwen afranselden. Waarom ze dat deden, maakten ze nooit duidelijk. De taliban leken een hekel te hebben aan vrouwen, enkel vanwege het feit dat ze bestonden.

Hoewel vrouwen op het Afghaanse platteland altijd een sluier waren blijven dragen, hadden vrouwen in de steden al jaren westerse kleren aangehad. Slechts weinigen waren gewend aan de claustrofobische traditionele boerka, gemaakt van vele meters geplooide stof en voorzien van een klein geborduurd gaasje voor de ogen. Zelfs onder de boerka moesten vrouwen zich volgens de wet zedig kleden, al hoopten we allemaal dat de uitvoerders van de wetten van de taliban niet over de grond zouden kruipen om onder de jurken van de vrouwen te gluren.

Ik was blij dat mijn modebewuste moeder dit niet meer hoefde mee te maken. Zij zou beslist tot de eerste vrouwen hebben behoord die door de religieuze politie in elkaar werd geslagen omdat ze met haar modieuze hoge hakken klakkend over het plaveisel van Kabul zou hebben gelopen.

Van familieleden en vrienden kregen we verhalen uit het land te horen. Sommige familieleden en vrienden werden door de taliban vernederd, andere voorvallen waren een zaak van leven en dood.

Een nicht meldde ons dat de nieuwe beperkingen zonder enige waarschuwing vooraf werden ingevoerd. Vaak werden Afghaanse burgers in elkaar geslagen of gearresteerd voor een handeling waarvan ze zelfs niet eens wisten dat die door de wet verboden was.

Binnen de kortste keren hadden alle vrouwen vanaf de puberleeftijd een boerka aan, maar er waren weinig vrouwen die beseften dat ook het soort schoenen dat ze droegen door de taliban werd gecontroleerd. Op een dag liep een nicht van me samen met haar man naar de markt. Ze droeg witte schoenen, die ze altijd zonder problemen had gedragen. Zonder waarschuwing werden ze woest belaagd door een lid van de taliban met een baard en een roodaangelopen hoofd, die hen dreigend uitschold. Ze verstijfden van schrik, maar wisten niet wat ze moesten doen. Al gauw begrepen ze dat de man razend was geworden nadat hij een stukje van de witte schoen had gezien die onder haar opbollende, bleekblauwe boerka was uit gekomen.

Mijn nicht vertelde dat ze ervan overtuigd was geweest dat hij hen ter plekke zou executeren. Ze bad tot Allah dat ze het zou overleven en de kans kreeg naar haar kinderen terug te keren, die als ze wees zouden worden, op straat hadden moeten zien te overleven. Maar dankzij Allah werden ze niet gedood, al bewerkte de talib haar echtgenoot met zijn vuisten en probeerde hij haar op de voeten te trappen. Gelukkig wist mijn nicht op tijd weg te springen. Door dat voorval was ze niet langer in staat de straat op te gaan, want die witte schoenen waren de enige die ze had.

Een mannelijke vriend was zo vrijpostig een spijkerbroek te dragen, die door de taliban als zondige import vanuit het westen werden beschouwd. Hij werd door een groep mannen aangevallen. In de veronderstelling dat hij werd beroofd van het laatste geld dat hij had om brood van te kopen, vocht hij terug. Maar binnen de kortste keren bleken ze te sterk voor hem en werd hij tegen de grond gedrukt, waarna ze zijn broek van zijn lijf rukten. Op dat moment was hij pas echt bang geworden, omdat hij vreesde te worden verkracht. Maar de mannen tilden mijn vriend in zijn stukgescheurde ondergoed op en bonden hem op de ezel van een arme boer. Ze hadden dikke pret toen ze hem door de stad heen reden als voorbeeld van een man die door het westen was bezoedeld. Zijn spijkerbroek heeft mijn vernederde vriend nooit meer teruggezien.

De wereld was krankzinnig geworden.

We hoorden meer en nog verontrustendere gruwelverhalen.

Een voormalige klasgenote beledigde de taliban door in haar woning een schooltje te hebben, omdat meisjes niet naar school mochten. Ze gaf alleen maar les aan haar eigen dochter, nichtjes en enkele meisjes uit de buurt, maar de taliban werden achterdochtig toen ze vier meisjes samen over straat zagen lopen. Ze volgden de meisjes naar de woning en bleven buiten staan wachten tot ze nog een paar meisjes zagen aankomen, waarvan er eentje enkele boeken tegen zich aan had gedrukt.

De leden van de taliban vielen het huis binnen, vernielden de paar pennen en boeken die ze had en arresteerden vervolgens alle aanwezigen, zelfs de kinderen. De vrouwengevangenis was een verschrikking, 's winters was er niet eens verwarming. Ze kregen alleen droog brood te eten, een waterig soepje en water te drinken. Mijn arme vriendin werd elke week met een zweep geslagen en bracht twee jaar achter slot en grendel door, terwijl ze in die periode geen enkele keer met haar kinderen in contact mocht komen, die zelf na enkele weken waren vrijgelaten.

Ze had het niet aangekund en stierf nog geen jaar na haar vrijlating aan kanker. Het lot van haar twee dochters is onbekend, omdat haar echtgenoot vanwege een of andere kleine overtreding door de taliban was vermoord.

Een andere dierbare vriendin, Nooria, die zo hard had gewerkt om haar armoede te boven te komen, werd eveneens door de taliban kapotgemaakt. Voor het begin van de Russische oorlog was haar vader overleden, waardoor haar moeder werk moest zoeken. Ze vond werk als huishoudster, waste kleren en maakte schoon, zodat haar dochter in staat was naar school te gaan. Nooria was de beste leerling van de klas en haar droom om haar moeder te steunen, kwam uiteindelijk uit toen ze een diploma behaalde en een baan vond als lerares op een meisjesschool.

Op de dag dat ze begon te werken, zei ze tegen haar moeder dat ze nooit meer het vieze ondergoed van een ander hoefde te wassen en nooit meer de woning van een andere vrouw hoefde schoon te maken. Vanaf die dag heeft Nooria elke maand haar huur betaald en alles gekocht wat haar moeder nodig had. Ze was er erg trots op dat ze haar moeder kon onderhouden.

Nooria besloot om niet te trouwen, omdat ze vreesde dat haar echtgenoot het haar zou verbieden om haar moeder te steunen. Maar de zus van Nooria trouwde wel en had vijf kinderen, waar Nooria en haar moeder veel van hielden. Toen vond er tijdens de Russische oorlog een tragische gebeurtenis plaats; de woning van haar zus werd gebombardeerd. Daarbij kwamen de zus van Nooria en twee van haar kinderen om het leven. Nooria was dol op de drie overlevende kinderen van haar zus, dus nam ze die in huis. Ze ervoer het alsof de drie kinderen van haar zus haar eigen kinderen waren en hield veel van hen.

Nadat de Russen zich hadden teruggetrokken, stortte het land zich in een burgeroorlog. Toch slaagde Nooria er nog altijd in haar familie bijeen te houden. Totdat de taliban aan de macht kwamen. Een van hun eerste daden was het sluiten van de meisjesscholen. Vervolgens verboden ze vrouwen om te werken. Tijdens de afgelopen oorlogen waren er zoveel mannen gedood, dat het huishouden van de familie van Nooria slechts een van de vele huishoudens was die het zonder de steun van mannen moesten doen.

Zonder man in huis als kostwinner, dreigde de arme kleine familie van Nooria, door het verbod van de taliban op het verrichten van werk door vrouwen, van de honger om te komen.

Hoewel de taliban niet wilden dat vrouwen een respectabele baan kregen, stonden ze prostitutie vaak oogluikend toe. Met drie hongerige kinderen was Nooria de wanhoop nabij. Ze deed het voor een respectabele Afghaanse vrouw meest onvoorstelbare. Nooria verkocht haar lichaam. Omdat ze nog maagd was, kreeg ze voor de eerste keer een heleboel geld. Maar al snel daalde het tarief, zodat ze elke nacht veel klanten moest ontvangen. Omdat ze zonder man de straat niet op mocht gaan, was het nodig zich door de twaalfjarige zoon van haar zus te laten bewaken als ze bij haar klanten op bezoek ging. Het arme kind moest buiten in de kou op haar blijven wachten, terwijl hij ondertussen het geluid van de seksuele handelingen van zijn geliefde tante moest aanhoren.

Dat is wat de taliban Afghanistan hebben gebracht.

Ik was me al op jonge leeftijd bewust van de tragedie van het leven van de vele Afghaanse vrouwen, maar ik had me nooit kunnen indenken dat het nog zoveel slechter met ze zou gaan.

Mijn droefenis nam nog toe wanneer ik aan mijn arme zoon dacht, die nog steeds door zijn vader gevangen werd gehouden en in de gestoorde wereld van de taliban leefde. Wat wilde ik graag dat ik mijn zoon uit die hel kon weghalen!

Ondanks al deze treurnis was er, op grote afstand van mijn eigen land in Saudi-Arabië wel aanleiding tot enige vreugde.

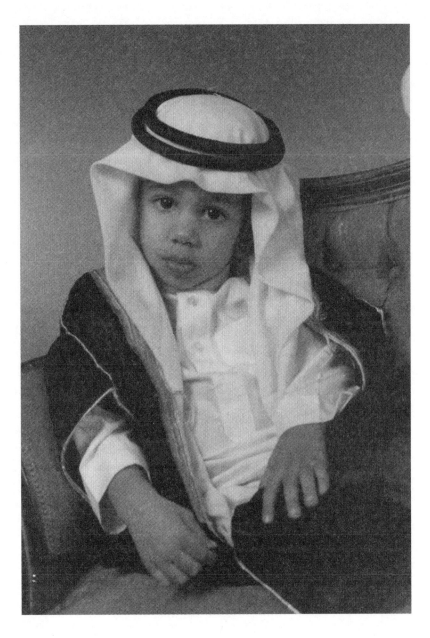

Maryams tweede zoon, die ook Duran heet.

23

Op 31 maart 1996, om 19.40 uur, werd ik opnieuw moeder. Ik bracht een prachtig jongetje ter wereld en noemde hem meteen Duran. Iedereen in mijn familie en in die van Khalid was tegen mijn beslissing en zei dat het ongeluk met zich meebracht als je een tweede kind naar een verloren eerste kind noemde. Alleen Khalid steunde me: 'Maryam moet deze baby een naam geven waar zij gelukkig van wordt.'

Duran was een perfecte baby, al was ik een minder perfecte moeder. Bij elke kik raakte ik in paniek en bij de eerste de beste nies vloog ik naar de dokter. Nadat ik er bij de chauffeur op had aangedrongen om driemaal op een dag sneller te rijden dan was toegestaan, kwam de dokter bij me zitten om me ernstig toe te spreken.

'Maryam, baby's huilen nu eenmaal. Er mankeert niets aan Duran. Minder gerust ben ik over jou.'

Toen heb ik het hem uit de doeken gedaan: 'Het spijt me, dokter, maar mijn eerste zoon is als kleuter ontvoerd. Vanaf die dag heb ik hem nooit meer gezien. Daarom raak ik zo snel in paniek over de gezondheid van mijn baby. Deze baby mag niets overkomen. Dan hoef ik geen seconde langer meer te leven.'

Hoewel de geboorte voor onze familie met veel vreugde gepaard ging, verzwakte papa zienderogen. Hij kreeg zuurstof toegediend. Volgens de doktoren zou hij van geluk mogen spreken als hij nog langer dan twee jaar leefde. Khalid was het ermee eens dat ik zo veel mogelijk tijd bij mijn vader doorbracht en er werd besloten dat ik heen en weer zou reizen. Ik zou eerst zes maanden bij vader in Virginia wonen, waarna ik samen met papa terug naar Djedda zou reizen om daar de volgende zes maanden door te brengen. Ik ben zo blij dat ik dat heb gedaan, want zo heb ik voor zijn overlijden nog vele waardevolle momenten met mijn vader meegemaakt.

We waren in Djedda toen papa achteruitging. Ik lag in bed toen mijn werkster op de slaapkamerdeur klopte om me te zeggen dat hij erg zwaar ademde, zweette en zijn ogen telkens wegdraaiden. Hevig geschrokken schoot ik mijn kleren aan en vroeg mijn chauffeur om vader uit bed te tillen en naar de auto te dragen. In sneltreinvaart reden we naar het ziekenhuis. Net toen we bij het ziekenhuis aankwamen, keek papa me aan en mompelde: 'Dochter, ik ben zo slaperig.'

Ik greep hem beet, maar hij was al weggezakt. Ik sprong de wagen uit, rende de parkeerplaats over en riep: 'Help! Help! Help me toch!' Maar de zusters en doktoren konden hem niet meer tot leven wekken. Papa lag er na zijn dood vredig bij, maar ik als levende was helemaal van streek.

In Saudi-Arabië is niets eenvoudig, zelfs de dood niet. Net als alle moslims had papa de wens gekoesterd in onze heilige stad Mekka begraven te worden. Maar de Saudische overheid weigerde toestemming te verlenen. Ik belde de Amerikaanse consul en hij zei dat hij het wel voor elkaar kon krijgen, maar dat het drie dagen zou duren. Zoveel tijd hadden we niet, omdat we volgens onze religie binnen vierentwintig uur na het overlijden moeten worden begraven. Dus zorgde Khalid dat mijn vader in Djedda ter aarde werd besteld. Net als op zoveel plekken in Saudi-Arabië mogen op begraafplaatsen alleen mannen komen. Volgens Saudiërs zijn vrouwen te emotioneel bij het begraven van hun geliefden en bestaat de kans dat ze hun haren uit het hoofd trekken of de kleren van hun lijf scheuren. Dus moeten ze thuisblijven en achter gesloten deuren rouwen. Zo kwam het dat ik niet bij de begrafenis van mijn eigen vader aanwezig was. Voor het eerst moest ik toegeven dat mijn vader gelijk had gehad. Saudi-Arabië is geen plek voor vrouwen.

De dood van papa raakte me meer dan de dood van mijn moeder, want nu was ik echt een wees, omdat grootmoeder Mayana en moeder al eerder waren overleden.

Een bezoek aan het graf biedt troost aan diepbedroefde mensen. Na een week besloot ik stiekem naar het graf van mijn vader te gaan. Ik dwong mijn chauffeur om me naar de begraafplaats te brengen en kocht de beambte daar vervolgens om. Eenmaal op het kerkhof belde ik Khalid: 'Khalid, waar ligt het graf van mijn vader?'

'Waarom vraag je dat?'

'Omdat ik op de begraafplaats ben en een bezoek aan mijn vader wil brengen.'

'Waar ben je?' schreeuwde Khalid.

'Ik breng een bezoek aan het graf van mijn vader. Of je zegt me nu waar hij ligt, of ik wandel rond en vraag het aan iedereen die ik tegenkom.'

Khalid gromde van ergernis. Hij wist dat ik zou volhouden en was als de dood dat ik zou worden gearresteerd. Hij gaf aanwijzingen waar het graf zich bevond, maar zei dat ik meteen thuis moest komen en ervoor moest zorgen dat niemand me zag. Hoewel er in Saudi-Arabië op graven geen grafsteen ligt, zijn er wel herkenningstekens op de grond aangebracht. Zo goed en kwaad als het ging, leidde Khalid me naar het graf.

Ik legde bloemen op het graf van papa, bad een paar gebeden, sprak met hem en voelde me meteen een stuk beter.

Zonder papa voelde ik me zo eenzaam dat ik er een gewoonte van begon te maken zijn graf eenmaal per week te bezoeken, al vertelde ik Khalid daar niets over. Mijn chauffeur accepteerde de gang van zaken al vlot en de bewaarder van de begraaf-plaats was blij met de extra inkomsten. Het bood me veel troost.

Het maakte me niet uit dat ik dat dwaze Saudische verbod op het bezoek van vrouwen aan begraafplaatsen in de wind sloeg. Dergelijke absurde regels worden gemaakt om doorbroken te worden.

Nadat ik eerst in Afghanistan en later in Saudi-Arabië had gewoond, had ik geleerd dat als vrouwen hun leven niet in de hand hebben, dat leven altijd in gevaar komt. Dit bleek maar weer eens bij een lieve vriendin van me, een Iraans-Saudische vrouw, Soraya. Wij hadden elkaar in Egypte ontmoet, voordat ik in Saudi-Arabië was aangekomen. Sinds die tijd waren we goed met elkaar bevriend geraakt.

Op een dag belde Soraya me op en vertelde me dat ze in het ziekenhuis lag. Ze vroeg me om snel langs te komen. Ik ging er meteen heen en zag tot mijn stomme verbazing dat ze ernstig ziek was, elke ademhaling kostte haar grote moeite. Naar lucht happend vervloekte Soraya de dag waarop ze had besloten in Saudi-Arabië te gaan wonen.

'Soraya, bespaar je de moeite! Vertel me wat er is gebeurd.'

Happend naar lucht vertelde Soraya haar verhaal. Midden in de nacht had ze hevige koorts gekregen. Ze had het alarmnummer gebeld om met een ziekenwagen naar het ziekenhuis vervoerd te kunnen worden.

'Waar is je *mahram*?' vroeg de man die de telefoon opnam, vragend naar haar mannelijke bewaker.

'Dat is mijn broer, maar hij is op zakenreis, het land uit.'

'Dan moet u wachten tot hij terugkeert,' zei de man. 'Uw mahram moet een handtekening zetten als u per ambulance naar het ziekenhuis wordt vervoerd.'

'Tegen de tijd dat hij terugkeert, ben ik niet meer in leven. Ik denk dat ik een longontsteking heb,' zei Soraya.

Zonder zich te verontschuldigen, zei de man eenvoudigweg: 'Als u niet dood bent als hij terugkeert, kunt u ons weer terugbellen.'

Arme Soraya. Ik knikte mijn vriendin vol medeleven toe. Ook ik had niet mogen tekenen toen kleine Duran besneden werd. Ik mocht niet mee om de familie van Khalid te vergezellen omdat Khalid de stad uit was, op zakenreis, en niet in staat was voor me te tekenen.

Maar Soraya was niet voor een gat te vangen. Ze kleedde zich langzaam aan en strompelde vanuit hun villa naar de hoofdweg. Daar hield ze een taxi aan en wist de chauffeur op de een of andere manier over te halen haar naar het ziekenhuis te brengen. Eenmaal gearriveerd, moest ze meer hindernissen zien te overwinnen, want men weigerde haar te behandelen omdat haar bewaker niet aanwezig was om te tekenen voor haar opname. Gelukkig greep een westerse arts in en werd Soraya uiteindelijk op de spoedafdeling toegelaten en kreeg ze medicijnen toegediend.

Helaas had de longontsteking door de vertraging kunnen blijven voortwoekeren en was haar hele lichaam aangetast. Mijn lieve vriendin haalde het eind van de dag niet en stierf kort nadat ik haar had bezocht. Weer was een goede vrouw gestorven vanwege de absurde beperkingen voor vrouwen.

En ook ditmaal mocht ik de begrafenis niet bijwonen. Maar Khalid voelde zich schuldig over mijn grieven, dus bood hij me aan om die dag met me mee naar de begraafplaats te gaan om het graf van mijn vader te bezoeken. Toen overviel ik mijn verbaasde echtgenoot met de mededeling dat ik mijn vader geregeld had bezocht.

De arme Khalid sloeg zich enkele keren tegen het voorhoofd, maar bracht me vervolgens naar de Eve-begraafplaats.

'Waarom zijn we hierheen gegaan?' vroeg ik hem in verwarring.

'Ik dacht dat jij het graf van je vader wilde bezoeken.'

Ik voelde de woede in me opkomen over het feit dat mijn echtgenoot was vergeten waar zijn schoonvader lag. 'Hij ligt op de Qasim-begraafplaats.'

Vol verbazing keek Khalid me aan: 'Ben je daarnaartoe geweest? Naar de Qasim-begraafplaats?'

'Ja, naar het graf van mijn vader op de Qasim-begraafplaats.'

'Maryam, daar is je vader niet begraven. Hij is hier begraven, op de Eve-begraafplaats.'

'Hoe kan dat nou?' stamelde ik. 'Stalleh heeft me naar die begraafplaats gebracht.'

Khalid begon te lachen. 'Maryam, Stalleh is niet op de begrafenis van je vader geweest. Op de dag van de begrafenis heb ik hem gevraagd boodschappen te doen. Blijkbaar heeft hij gedacht dat je vader op Qasim was begraven, maar dat was dus niet het geval.'

Ik begon me op te winden. Hoe vaak had ik niet de bewaarder van Qasim omgekocht en bloemen neergelegd bij wat ik meende dat het graf van vader was, gebeden opgezegd en vele uren op de grond bij het graf gezeten, om met een vreemdeling te spreken!

'Jij met dat stomme land van je!' gilde ik naar mijn echtgenoot. 'Als ik in Amerika had gewoond, zou ik geweten hebben waar mijn vader begraven was en zou ik het graf openlijk hebben kunnen bezoeken! Zelfs in Afghanistan zou ik toestemming hebben gehad om mijn vader te begraven en zijn graf te bezoeken.'

Khalid vond het allemaal erg grappig, terwijl het me diep aan het hart ging. Tot mijn teleurstelling bleek de bewaarder van Eve ook nog eens onomkoopbaar te zijn. En tot mijn ontzetting moest ik toezien hoe Khalid en Duran wel de begraafplaats op mochten om het graf van mijn vader te bezoeken, terwijl dat voor zijn dochter verboden was en ik buiten in de brandende zon moest blijven wachten.

Ik heb nooit toestemming gekregen om het graf van mijn vader te bezoeken, al heb ik ironisch genoeg wel met veel liefde voor het perceel van een onbekende man gezorgd.

Hoewel ik moslim was en in een islamitisch land was opgegroeid, ging ik liever met westerlingen om dan met Saudiërs. In de Saudische samenleving werd ik te vaak gehinderd door zaken die met vrouwen te maken hadden. Ik zette me in voor het Comité voor Amerikaanse Vrouwen in Djedda, dat zich op liefdadige doeleinden richtte.

Mijn kleine Duran was nu vier jaar oud, een gelukkig en goed aangepast kind met een lieve vader en een liefhebbende moeder. Hij was erg slim en, wat ik erg belangrijk vond, bijzonder voorkomend en aardig voor andere mensen. Maar mijn liefde voor Duran betekende niet dat ik niet meer van mijn eerste zoon hield, die ik vanaf nu grote Duran noemde. Vele malen per dag dacht ik aan grote Duran en het speet me zeer dat ik hem niet had zien opgroeien. Grote Duran was twaalf jaren ouder dan kleine Duran. Mijn verloren zoon was nu zestien, een tiener, iets wat ik me nauwelijks kon voorstellen.

Toen kleine Duran wat meer van zijn omgeving begon te begrijpen, bekende ik hem dat hij een oudere broer had, die op een dag deel zou uitmaken van zijn leven. Kleine Duran vond het geweldig, legde zijn mooiste speelgoed apart en zei: 'Als mijn broer op bezoek komt, zal ik het aan hem geven.'

Vanwege de gedachte dat grote Duran een man was geworden zonder te weten dat hij een moeder had die altijd naar hem was blijven zoeken, wilde ik graag weer proberen naar Afghanistan te gaan. Het maakte me niet uit dat het land nog altijd door de taliban werd bestuurd. Maar omdat Khalid wist dat Kaiss had gedreigd me te vermoorden als ik ooit weer een voet op de bodem van mijn land zette, verbood hij me een poging te ondernemen. Toch spande ik mij extra in om uit te zoeken waar mijn zoon zich bevond en recente technologische ontwikkelingen boden daartoe nieuwe mogelijkheden.

24

Zodra Khalid en ik in 2000 toegang kregen tot internet, heb ik iemand in de arm genomen om een pagina te maken over grote Duran. Daarop heb ik mijn levensverhaal geplaatst en alles weergegeven wat ik over mijn zoon wist. Ik sloot af met een verzoek: 'Ik heb mijn zoon al bijna veertien jaar niet gezien. Twee jaar was hij nog maar toen hij van me werd ontvreemd. Op 27 januari zal hij zestien jaar worden. In mijn dromen ben ik altijd bij mijn zoon. Help me alstublieft hem op te sporen.'

Veel mensen hebben er vol medeleven op gereageerd, maar er was iemand die telkens weer terugkeerde en me plaagde met de woorden: 'Ik ken de familie van Duran.'

Ik verzocht hem om nadere informatie en kreeg te horen: 'Als je meer over je zoon te weten wilt komen, moeten we eerst goede vrienden van elkaar worden.'

'Ik wil wel vriendschap met je sluiten,' beloofde ik, 'maar voor het zover is, zou ik graag zonder omwegen iets over mijn zoon willen horen.'

Vervolgens heb ik nooit meer met deze persoon contact gehad, al vroeg ik me wel af wie deze anonieme schrijver geweest kon zijn.

Ik heb drie ministers van de taliban aangeschreven. Omdat ik veronderstelde dat het gelovige mannen waren, heb ik, om ervoor te zorgen dat ze zich voor mijn zaak in zouden zetten, een beroep op hun geloof gedaan: in de Koran staat een vers waarin gezegd wordt dat de hemel zich onder de voeten van moeders bevindt. 'Als u een ware moslim bent, helpt u me contact op te nemen met mijn zoon.'

Ik had weinig hoop dat ze zouden reageren en was dan ook stomverbaasd toen een van de talibanministers me in Saudi-Arabië opbelde. Hij vertelde me in duidelijke, maar niet onaardige bewoordingen: 'Ik ben zeer goed bevriend met Durans vader, Kaiss. Duran is een goede jongen en erg trouw aan zijn vader. Het gaat uitstekend met hem. Maar Duran behoort aan zijn vader. Laat hem nu met rust. Hij heeft familie en die familie woont hier.' Ik vervloekte die man en vond dat alle mannen samenzweerden tegen vrouwen.

Via vrienden die in het door taliban geregeerde Afghanistan waren achtergebleven, begon ik informatie te verzamelen. Het verbaasde me niet dat Kaiss nu andere contacten had en loyaal was aan de taliban. Hij moest niks meer hebben van het communistische regime dat hij eens had gediend en had een machtige positie waardoor hij in nauw contact stond met de leiders van de taliban. Ook hoorde ik dat ze Kaiss hadden gewaarschuwd nadat ik de brieven aan de talibanministers had gestuurd, en een bewaker de opdracht hadden gegeven mijn zoon tegen zijn moeder te beschermen. Andere vrienden hadden me verteld dat mijn zoon les had gehad in computer-Engels en dat ze zijn vaardigheden voor hun doeleinden benutten. Misschien was mijn zoon wel veiliger dan ik had gedacht, al zat het me niet lekker te vernemen dat hij nauwe banden had met mannen die ik als criminelen beschouwde. Blijkbaar had zijn vader hem gebruikt als pion om zijn prestige bij de leiders van de taliban te vergroten.

Net op het moment dat ik meende dat het niet beroerder kon gaan, verslechterde de situatie alsnog.

Op 11 september 2001 zat ik in Djedda en zag op televisie de vreselijke gebeurtenissen in Amerika. Toen ik de verwoesting zag en het verlies aan mensenlevens, gilde ik het uit. Ik hield van Amerika en de Amerikanen, van het land en van de mensen die mij hadden verwelkomd toen mijn eigen land in brand stond, en ik kon het niet aanzien dat zoveel onschuldigen op zo'n grote schaal moesten lijden.

Toen we eenmaal hoorden dat Osama bin Laden achter de aanvallen had gezeten en dat de taliban in Afghanistan hem beschermden, was het duidelijk dat hun dagen waren geteld. In reactie op de aanval op eigen bodem zou het Amerikaanse leger in actie komen.

Toen de Amerikaanse bommen op mijn moederland neerkwamen, stond ik op het punt volledig in te storten, want ik wist dat mijn zoon daar woonde waar de bommen zouden inslaan. God had hem tijdens de Russische oorlog en de burgeroorlog behoed, maar nu was Afghanistan in oorlog met Amerika, het sterkste land ter wereld! Zou er ooit weer vrede zijn in Afghanistan?

Ik pakte de Koran en bad: 'Allah, spaar de goede mensen in Afghanistan. Allah, spaar mijn zoon.' De bommen die op Afghanistan vielen, waren zo verwoestend dat we hoorden dat mensen soms volledig waren verdampt. Zou ik mijn zoon dan nooit meer terugzien? Ik ging naar Mekka en hield me vast aan de deur van de Kaäba, terwijl ik Allah vroeg om mijn zoon voor de bommen te behoeden.

Tegen december trokken Amerikaanse troepen het land in, verdreven de taliban van hun positie als leiders van mijn thuisland. Vrienden in Afghanistan meldden dat Kaiss nog altijd trouw was aan de taliban en dat mijn zoon bij zijn vader was. Het meest vreesde ik nog dat het Amerikaanse leger mijn tienerzoon zou doden, omdat ze dachten dat hij bij de taliban hoorde.

Ik schreef eindeloos veel brieven naar de Amerikaanse ambassade en vertelde de beambten alles wat ik over Kaiss en Duran wist, vroeg hen naar mijn zoon uit te kijken en hem aan me terug te geven. Tot mijn afgrijzen wezen ze me erop dat Duran in januari achttien was geworden, en hij daarom nu als volwassene werd beschouwd en niet langer onder de Amerikaanse jurisdictie viel. Volgens de Amerikaanse wet stond het mijn zoon vrij om te gaan en te staan waar hij wilde. Alleen als hij uit vrije wil bij me zou komen, kon ik hem te zien krijgen.

Toen hoorde ik dat mijn neef Farid naar Afghanistan zou vertrekken, om onze familiezaak weer op te eisen en te hervatten.

Daar schrok ik erg van. Op de paar door de Amerikanen gecontroleerde gebiedjes na, was Afghanistan nog altijd een wild en gewelddadig land. 'Maar je hebt een goede baan in Parijs! Riskeer je leven niet voor zoiets, Farid!'

'Maar het is een bijzondere tijd, Maryam. Ons land heeft behoefte aan vaderlandslievende burgers.' Hij voegde er nog aan toe: 'Bovendien moet iemand op zoek gaan naar jouw zoon!'

Mijn hart sloeg een slag over. Farid is altijd voor me opgekomen, zelfs nu ik een volwassen, getrouwde vrouw ben. Farid is een wonderdoener. Wie weet zou hij Duran uiteindelijk bij me kunnen terugbrengen.

Maar voordat Farid in Kabul arriveerde, kreeg ik een telefoontje van een ander familielid, met wonderbaarlijk nieuws. Hij was erin geslaagd om contact op te nemen met Duran en vertelde me: 'Maryam, je zoon is een gelukkig mens. Hij spreekt vloeiend Engels en is een whizzkid, die alles van computers weet. Hij is net begonnen met een studie aan de universiteit.'

'Ik kom meteen naar Kabul!' schreeuwde ik in de telefoon.

'Nee, Maryam, hij wil je niet zien. Ik heb hem over je verteld, Maryam. Hij weet nu dat hij een moeder heeft, maar hij is gehersenspoeld. Hij denkt dat je hem voor vijfduizend dollar aan zijn vader hebt verkocht.'

In verwarring legde ik de telefoon neer. Hoewel het me speet dat mijn zoon niets met zijn moeder te maken wilde hebben, verheugde ik me er zeer over dat hij in leven was en wist dat ik bestond. Dat was in elk geval een begin.

Op die dag leefde de hoop weer op en diep in mijn binnenste wist ik dat ik uiteindelijk weer met mijn zoon herenigd zou worden. Misschien niet meteen de volgende dag, of over een jaar, maar ik zou mijn langverloren zoon terugzien. In de wetenschap dat zijn vader hem tegen mij zou blijven opzetten, vroeg ik me af of ik mijn zoon niet het beste op neutraal terrein zou kunnen terugzien. Misschien zou ik hem op de een of andere manier naar de Verenigde Staten moeten zien te krijgen.

In het voorjaar van 2002 reisde mijn zus naar Kabul. Eenmaal daar probeerde ze Duran op te sporen, maar ze kwam erachter dat hij niet langer in Kabul verbleef. Nadia belde om me te vertellen wat ze te weten was gekomen: 'Maryam, je hoeft je in elk geval niet meer druk te maken over de veiligheid van Duran. Kaiss is weer eens van partij gewisseld. Eerst was hij aanhanger van de communisten, toen stapte hij over naar de taliban en nu heeft hij zich aangesloten bij de strijd van de Amerikanen tegen de taliban.'

Met Kaiss verbaasde ik me nergens meer over. Er was niemand aan wie deze man zich echt bond. Hij wisselde net zo makkelijk van politieke voorkeur als ik mij omdraaide in bed.

Ter plekke besloot ik niet langer te wachten. 'Nadia, ik kom ook. Ik keer naar huis terug om mijn zoon te zoeken.'

Nadia gilde me door de telefoon toe: 'Nee! Maryam, dat kun je niet doen. Als je hier komt, breng je het leven van iedereen in gevaar.'

'Hoezo?'

Nadia drukte de telefoon in de handen van een neef, die me geduldig uitlegde hoe het zat: 'Kaiss heeft zorgvuldig gepland wat hij doet zodra jij je zoon opzoekt. Hij heeft heel veel leugens verspreid en iedereen hier tegen je opgezet. Nadat hij net was teruggekomen, heeft Kaiss gezegd dat de moeder van Duran een niet-islamitische Amerikaanse vrouw was die niet meer leefde. Hij heeft nooit toegegeven dat hij Duran heeft ontvoerd. Toen onze familie de waarheid aan de autoriteiten kwam melden, hebben ze contact opgenomen met de stam van Kaiss. De stamoudsten waren het erover eens dat ze Kaiss moesten ondervragen. Ze zouden hem ook vragen waarom hij uit Amerika is vertrokken. Als ze besluiten dat hij liegt, zal hij gedwongen worden een chador te dragen.'

Het is een grote belediging voor een man als hij gedwongen wordt een chador te dragen. Als een man liegt of zich schandelijk gedraagt, besluiten de stamoudsten soms dat ze die moeten dragen. Ik wist dat als Kaiss dit overkwam, hij door iedereen zou worden bespot. In feite zou hij dan gedwongen worden het land te verlaten.

Mijn neef vervolgde zijn verhaal. 'Maar, Maryam, als wordt bepaald dat jij, en niet Kaiss, de oorzaak van de scheiding bent, zul je ter dood worden veroordeeld, of je nu een Amerikaans staatsburger bent of niet.'

'O? Dus een man wordt beledigd, maar een vrouw gedood?' Ik was woest. 'Weet je wat? Ik kom naar Afghanistan en sleep mijn ex-man voor de rechter. Nu de Amerikanen in het land zijn, zal het heel anders lopen.'

Mijn neef verhief zijn stem. 'Denk je werkelijk dat Afghaanse stammen zich iets van Amerikaanse wetten aantrekken? Kaiss zal alles zeggen en doen wat hem het beste uitkomt en omdat hij een man is, zullen ze hem geloven. Je weet dat een vrouw geen invloed heeft. Je weet dat het gaat om het woord van een man tegenover het woord van een vrouw. Niets van wat jij zult zeggen, zal worden geloofd omdat je een vrouw bent. Als je naar Kabul komt, zal er een oorlog losbarsten tussen twee stammen, Maryam. Wie zal er dan voor je kinderen zorgen?'

Ik trilde van woede toen mijn neef zijn verhaal vervolgde: 'Je zoon weet nu van je bestaan. Als hij jou wil zien, zal hij zelf wel contact met je opnemen. Als hij je niet wil zien, zul je het ermee moeten doen. Laat ons nu alsjeblieft met rust!'

Nadia nam de telefoon weer over en zei: 'Begrijp je nu hoe het zit?'

Ik was diep teleurgesteld, wachtte ongeduldig tot grote Duran contact met me zou opnemen en droomde over ons eerste gesprek. Wat zou ik tegen mijn zoon zeggen? Wat zou hij tegen mij zeggen? Het leek zo eenvoudig: ik zou hem zeggen hoeveel ik van hem hield en hoezeer ik hem had gemist.

Maar tot mijn grote wanhoop hoorde ik niets van Duran. Hij zweeg in alle talen. Het was duidelijk dat Kaiss zijn zoon tegen me had opgezet. Met een bezwaard gemoed moest ik vaststellen dat ik grote Duran misschien wel nooit meer zou terugzien.

In de zomer van 2003 brachten kleine Duran en ik een bezoek aan mijn nicht Zeby, die in het Duitse Düsseldorf woonde. We zaten rustig te ontbijten toen de telefoon overging. Aan de woorden van Zeby te horen was het Khalid. Toen fluisterde ze in de telefoon: 'O, mijn lieve god, dankjewel.' Ze begon te huilen.

Ik rende op haar af. Ik zag dat ze een telefoonnummer op een briefje schreef. De eerste nummers waren 93, wat de internationale toegangscode voor Afghanistan is.

Ik verloor alle zelfbeheersing en sprong als een kind zo blij de kamer door. 'Het telefoonnummer van Duran! Hij heeft gebeld!'

Zeby probeerde me te kalmeren.

Ik kon mijn opwinding niet in bedwang houden en griste de telefoon uit haar handen.

'Khalid? Khalid? Heeft hij gebeld?'

'Liefste,' zei hij met zachte stem. 'Haal diep adem. Er is goed nieuws voor je. Luister, je zus heeft weer opgebeld, vanuit Kabul. Ze heeft ontdekt waar je zoon zich bevindt. Hij heeft je gebeld.' Khalids stem brak. 'Hij heeft zijn nummer achtergelaten. Bel hem op. Ik zal nu ophangen. Laat me weten wat hij heeft gezegd.'

Ik was door het dolle heen. Mogelijk had Nadia eindelijk haar rol in het verlies van mijn zoon ingezien. Als zij ons nu weer bijeenbracht, zou ik het haar allemaal vergeven.

Ik bleef Durans nummer maar verkeerd intoetsen. Door mijn trillende vingers en de tranen in mijn ogen ging het telkens mis.

Ten slotte nam de man van Zeby de telefoon van me over en toetste het nummer voor me in.

Mijn hart bonkte te luid. Alles wat ik had willen zeggen, was vergeten.

Een mannenstem nam op: 'Hallo?'

Deze man was beslist niet mijn kleine Duran.

'Hallo?' Mijn adem stokte in mijn keel.

'Hallo?' sprak de man voor de tweede keer.

'Duran?'

'Ja?'

'Je spreekt met je moeder, Duran. Jouw Mano.' Ik barstte in tranen uit. 'Kun je je nog herinneren dat je me Mano noemde toen je klein was?'

'Stop alsjeblieft met dat gehuil,' sprak een kille stem.

Wie was die man aan de telefoon? Waar was mijn kindje?

'Stoppen met huilen? Stoppen met huilen? Hoe kan ik nu stoppen met huilen? Ik heb zeventien jaar op dit moment gewacht!' Ik zei allemaal dingen die ik niet had moeten zeggen. 'Luister, ik kom meteen naar je toe. Ik stap op het vliegtuig en kom naar Kabul.'

Maar de man riep me toe: 'Ik verbied het je om naar Kabul te komen.'

'Verbieden? Maar, Duran... mijn zoon... liefje, ik moet je zien.'

Die kille stem greep me bij de keel, maar hij klonk nog killer: 'Luister goed, zus, waag het niet om langs te komen. Als ik je met die lelijke smoel van je zie verschijnen, breng ik mezelf om.'

Ik snikte: 'Waarom? Waarom zeg je dat nou? Ik ben je moeder. Ik heb je mijn hele leven willen terugzien. Ik...'

'Luister goed, zus, volgens de Pathaanse wet kun je niet scheiden.'

Ik kon nauwelijks nadenken. Waarom noemde mijn zoon me 'zus' en sprak hij op zo'n hatelijke toon tegen me? Was Duran met opzet zo wreed?

Toen ik geen antwoord gaf, schreeuwde hij me toe: 'Hoe haalde je het in je hoofd om van mijn vader te scheiden!'

'Duran, Duran, dit is niet het moment om daarover te beginnen. Maar als je het nu zo graag wilt weten, ik ben van je vader gescheiden omdat hij me sloeg.'

'Volgens mijn vader wilde jij me na de scheiding niet meer hebben en heb je mij voor vijfduizend dollar aan hem verkocht. Hij zei dat je nooit van me hebt gehouden.'

Wat voelde ik een pijn. Met mijn hand op mijn hart probeerde ik het wilde kloppen tot bedaren te brengen. 'Duran, luister naar me.' Ik struikelde over mijn woorden en probeerde het hem duidelijk te maken: 'Dat is niet waar. Ik kan je de papieren laten zien die aantonen dat je door je vader bent ontvoerd. Duran, jouw grootvader en ik hebben alles geprobeerd om je op te sporen. Geloof me nou.' Ik stopte even. 'Duran, wil je me *Mouri* noemen?' (In het Pathaans betekent Mouri moeder.)

'Voordat ik je moeder noem, wil ik eerst dat je vele vragen beantwoordt,' sprak hij kil. 'Daarna besluit ik pas of ik je wil zien.'

Zonder verder iets te zeggen, hing Duran op.

Ik trilde zo hevig dat ik nauwelijks een woord kon uitbrengen. Jarenlang had ik ervan gedroomd om met mijn zoon te spreken, hem te zeggen dat ik van hem hield, dat ik altijd van hem was blijven houden en naar hem was blijven uitkijken. Nu was die droom op een nachtmerrie uitgelopen. Hij had er zelfs in alle opzichten blijk van gegeven me te haten.

Vergeefs probeerde Zeby me te troosten. 'Maryam, Durans vader heeft hem zeventien jaar lang gehersenspoeld. Die jongen weet niet wat hij moet denken. Gun hem een beetje tijd.'

Terwijl ik bittere tranen huilde, belde ik met Khalid en vertelde hem wat er was gebeurd. Zoals altijd reageerde Khalid kalm: 'Maak je maar geen zorgen, liefje van me. Hij zal je wel terugbellen als hij er klaar voor is. Dat zal wel even duren.'

Ik voelde me als een gekooid wild dier, liep te ijsberen en had spijt als haren op mijn hoofd over alle verkeerde dingen die ik had gezegd. Ik wilde schreeuwen naar mijn rustige echtgenoot en tegen hem uitvaren. Tijd? Was zeventien jaar zonder mijn zoon dan niet genoeg geweest?

Twee dagen later belde Duran opnieuw. Ditmaal slaagde ik erin mijn emoties onder controle te houden, al viel dat niet mee. Ik hoopte dat hij belde omdat hij zich iets kon herinneren, maar dat was helaas niet het geval. Hij had me maar om één reden gebeld. Hij dacht aan zijn vader. Duran vreesde dat ik zijn vader in de problemen zou brengen. 'Je zus heeft me alles uit de doeken gedaan. Ik zal pas met je spreken als je het mijn vader vergeeft. Je moet hem niet voor de rechter slepen. Je moet hem niet in de problemen brengen.'

Ik had mijn zoon alles willen beloven om met hem in contact te blijven. 'Zoon, dat beloof ik, ik zal je vader niks aandoen.'

'Je moet het mijn vader ook vergeven.'

Ik wachtte lang voor ik die moeilijke woorden uit kon brengen, al wist ik dat ik weinig kon doen om met mijn zoon te worden verenigd: 'Goed, ik vergeef je vader wat hij heeft gedaan, Duran.'

Meteen veranderde zijn toon, er begon enige vriendelijkheid in zijn stem door te klinken, en ineens zat hij plannen te bedenken om uit Afghanistan te vertrekken. 'Ik overweeg om een opleiding in India te volgen. Dan zou je me daar kunnen opzoeken. Maar ik zal nooit naar Amerika willen gaan. In Amerika ben je van mijn vader gescheiden.'

Ik wilde mijn zoon in Saudi-Arabië bij me hebben, of hem in Amerika ontmoeten, maar ik deed mijn best om geduldig te blijven. 'Duran, ik wil alleen maar dat je gelukkig bent. Ik zal doen wat je van me verlangt.'

Hij leek het prettig te vinden dat hij me in zijn macht had.

Een paar weken nadat ik in Djedda was teruggekeerd, belde hij me voor de derde keer. Drie telefoontjes in nog geen maand tijd! Ik was in de zevende hemel van blijdschap. Tijdens dat derde telefoontje noemde hij me onverwacht 'Mouri'.

'Duran! Zoon van me.'

Toen, tot mijn verbazing, bekende Duran dat hij me nu wel geloofde, dat hij niet langer dacht dat ik hem voor vijfduizend dollar aan zijn vader had verkocht.

'Luister,' zei hij, 'ik heb mijn vader ermee geconfronteerd. Nu weet ik dat hij me heeft voorgelogen. Ik hou niet meer van hem. Ik haat hem. Ik ben doodziek van het islamitische leven. Ik heb besloten naar Amerika te gaan.'

Mijn zoon wist niet wat hij wilde, dacht ik bij mezelf. Eerst haatte hij Amerika en nu wilde hij ernaartoe om er te wonen.

'Waarom kom je niet hier, naar Saudi-Arabië, om bij mij te zijn en mijn familie?'

'Ik haat Arabieren,' zei hij met een verontrustende zekerheid. 'Ja, ik haat Arabieren.'

Ik zei niets, hoewel ik me door zijn bekentenis niet op mijn gemak voelde. Tenslotte was zijn stiefvader een Arabier en zijn kleine broertje een half-Arabier.

Meteen na ons gesprek nam ik contact op met de Amerikaanse ambassade in Kabul en vertelde hun dat mijn zoon eindelijk contact met me had opgenomen. Ik wilde de papieren regelen die mijn zoon nodig had voor een Amerikaans paspoort. Als Duran naar Amerika wilde, zou zijn Amerikaanse moeder haar uiterste best doen om hem daarbij te helpen.

Een week later belde Duran voor de vierde maal, wederom met een verontrustende mededeling: 'Mijn vader heeft me gezegd dat hij me niet meer als zoon erkent als ik je ontmoet. Hij zei dat ik niet langer zijn zoon was. Toen ik hem vertelde dat ik naar Amerika ging, heeft hij me geslagen. Ik moest wegrennen. Mijn vader zoekt me overal. Hij heeft gedreigd me te doden.'

Geschrokken hapte ik naar adem. Ik zag Kaiss werkelijk in staat om Duran te vermoorden als hij hem daardoor bij mij uit de buurt kon houden. Ik probeerde als een razende na te denken.

'Waar ben je nu?'

'Ik ben ondergedoken. Ik word beschermd door strijders van de Noordelijke Alliantie.'

Dat beviel me totaal niet. Kaiss was te zeer geassocieerd geweest met de taliban en de taliban hadden gebruikgemaakt van de vaardigheden van mijn zoon en die voor hun zaak ingezet. Ik wist dat de taliban en de Noordelijke Alliantie elkaar op leven en dood bestreden. Misschien zouden die soldaten ook mijn zoon willen ombrengen.

In mijn beleving barstte het in Afghanistan van de moordenaars en waren ze allemaal op zoek naar mijn zoon. Als ik in Afghanistan kon komen, zou ik Duran desnoods met blote handen verdedigen, maar ik zat in Saudi-Arabië, te ver weg om hem te kunnen beschermen.

Dat ik mijn zoon zou verliezen nadat ik hem weer had teruggevonden, kon ik niet verdragen. Toen dacht ik aan Farid. Godzijdank bevond Farid zich nog in Kabul, waar hij probeerde de zaak van mijn vader weer op te starten. Ik belde mijn neef, vertelde hem over de situatie van Duran en vroeg hem of hij hem tegen zijn vader zou willen beschermen.

'Maak je geen zorgen, kleine broer,' zei hij lachend. 'Ik zal je zoon met volle overtuiging in bescherming nemen.'

Inderdaad was Farid er een paar dagen later in geslaagd om Duran op te sporen, hoe weet ik niet. Hij bracht hem per auto naar de Amerikaanse ambassade in Kabul. Daar werd hij ondervraagd door de consulaire beambten, die zeiden dat ze hem beslist een Amerikaans paspoort zouden geven, tenminste, als hij mijn zoon was. Een DNA-test moest uitwijzen of hij degene was die hij voorgaf te zijn.

Ik besloot ter plekke dat ik naar mijn zoon toe zou gaan, zodat we tegelijk ons DNA konden laten testen, om dat probleem voor eens en voor altijd uit de wereld te helpen. De Amerikaanse autoriteiten zouden de test daar voor ons uitvoeren.

Het grootste probleem was dat mijn zoon geen geldig paspoort had. Er werd besloten smokkelaars in de arm te nemen om hem de grens over te smokkelen, mannen die al jaren illegaal de grenzen over trokken.

Hoe kon ik Farid ooit voor zijn inzet bedanken? Keer op keer was mijn 'grote broer' en neef vol toewijding voor me opgekomen. Maar een paar dagen voordat Duran aan zijn riskante reis naar Pakistan begon, belde Farid me op. Zijn stem klonk bezorgd: 'Maryam, ik waarschuw je, laat Duran als je hem in Pakistan ontmoet geen gebruikmaken van jouw mobiele telefoon. En geef hem geen geld.'

'Waarom wil je dat?'

Farid wachtte lang voor hij antwoord gaf: 'Maryam, er hoeft maar even iets mis te gaan of het geluk verandert in rampspoed.'

'Wat? Wat bedoel je daarmee, Farid?'

Ik merkte dat mijn neef zijn woorden zeer zorgvuldig uitkoos, al te zorgvuldig: 'Hij is jouw zoon, Maryam, maar ik voel dat ik hem niet ken. Doe wat ik van je vraag. Wees uiterst voorzichtig.'

Ik kende Farid even goed als mezelf. Hij was ongerust. Wat was er gebeurd dat hij mijn zoon wantrouwde?

Ik maakte me grote zorgen, maar ik zou binnenkort een ontmoeting hebben waarop ik bijna achttien jaar had gewacht.

Niets zou me er nog van kunnen weerhouden Duran te ontmoeten.

De zoon die Maryam vele jaren niet meer had gezien, terwijl hij haar voor de eerste keer opbelt.

25

Het zat Khalid helemaal niet lekker dat ik naar Pakistan vertrok om Duran voor het eerst weer te zien. 'En als Kaiss je daar staat op te wachten? Het zou een truc kunnen zijn, Maryam.'

Ik schudde mijn hoofd en duwde Khalid bij me vandaan. 'Niets kan me ervan weerhouden om mijn zoon te ontmoeten.'

Khalid zuchtte diep.

'Ik heb mijn zoon sinds 1986 niet meer gezien, Khalid. Dit is de gelegenheid waarop ik zo lang heb gewacht.'

Khalid liet zich achterover op de bank neerploffen en keek me aan.

Ik probeerde het hem uit te leggen. 'Hoe zou jij je voelen, Khalid, als iemand kleine Duran had meegenomen. Je zou je nergens door laten tegenhouden. Ik moet erheen. Het spijt me. Maar beloof je me goed voor kleine Duran te zorgen als mij in Pakistan iets overkomt?'

'Dat zal ik doen, liefste, dat zal ik doen,' zei Khalid met gesmoorde stem.

En ik wist dat hij zijn woord zou houden. Mijn Saudische echtgenoot was anders dan de meeste andere Saudische mannen. Vanaf de dag dat ik hem voor het eerst had ontmoet, was hij dezelfde gebleven. Ik had geboft, dat besefte ik al te zeer.

Vier dagen later, op 25 juli 2003, vertrok Duran in het gezelschap van vijf smokkelaars vanuit Kabul naar Peshawar. De volgende dag vloog ik van Djedda naar Islamabad. In Islamabad stapte ik in een bus naar Peshawar. Sommige ramen van de bus waren kapot en het was heet en vol, maar dat maakte me allemaal niet uit. Ik zou mijn zoon weer terugzien.

Bij mijn vertrek uit Islamabad kwam de zon net op, de gebouwen kleurden roze en de schaduwen van de bomen indigo. De auto's voor ons wierpen ladingen stof op. Ik voelde de fijne deeltjes mijn neus binnendringen en mijn tanden knarsten. Alle beelden en geluiden van de wereld waarin ik was opgegroeid, kwamen weer boven. Plotseling was ik me bewust van mijn leeftijd, want ik was al twintig jaar lang niet in deze omgeving geweest, sinds mijn vader en ik moeder in haar graf hadden achtergelaten en naar Amerika waren vertrokken. Bij ons vertrek waren we gebroken geweest, helemaal kapot van de dood van moeder. Nu keerde ik in stilte in mijn eentje weer terug. Had papa Duran nog maar kunnen ontmoeten.

Duran! Uiteindelijk zou ik mijn zoon dan echt te zien krijgen! In gedachten was het nog altijd dat kleine jongetje met dat bolle gezicht dat naar zijn Mano lachte. Het was bijna onmogelijk om mijn gestolen baby voor te stellen als de volwassen man die hij nu moest zijn.

Zo liet ik mij al dagdromend naar Peshawar vervoeren. Niet het met pokkenlittekens overdekte gelaat van de zwaar bepakte moeder naast me, noch de zingende chauffeur maakte veel indruk op me. Het enige wat ik voor me zag was het gezicht van Duran als baby. Ik had me goed ingeprent waar we elkaar zouden weerzien. In het Green Hotel in Peshawar, in kamer 114.

Ik klopte niet aan voordat ik de kamer binnenstoof. Het eerste wat ik zag, waren vijf mannen, allemaal met lange baarden en gekleed in Afghaanse kledij, de mensensmokkelaars die mijn zoon de grens over hadden gebracht. Ik slaakte een kleine kreet toen ik een jonge, baardeloze man op het bed zag zitten. Hij droeg gemakkelijk zittende westerse kleren. Ik rende op hem af en keek hem strak aan. Ik voelde een golf van intens geluk over me heen komen, zoals ik nog nooit had meegemaakt. Ik sloeg mijn armen om hem heen en zei huilend: 'Als dit een droom is, Allah, maak me dan alstublieft niet wakker! Mijn zoon! Mijn zoon!'

Zo gelukkig had ik me mijn hele leven niet gevoeld.

Duran op zijn beurt zei niets.

'Wat ben je knap, zoon,' zei ik tegen hem en probeerde mezelf weer in de hand te krijgen.

Mijn zoon bleef gereserveerd en staarde me met een kille blik aan. 'Denk je dat ik plastische chirurgie nodig heb?' vroeg hij onverwacht. 'Ik heb echt de pest aan die grote kaken van me!'

De vijf smokkelaars barsten in hartelijk gelach uit. Een van hen riep bulderend: 'De moeder huilt als ze haar zoon terugziet, terwijl de zoon zich druk maakt om zijn gezicht!'

Mijn zoon staarde de mannen aan, toen keek hij naar mij en zag er verlegen uit. 'Ik ben blij dat je me hebt opgezocht,' bekende hij ten slotte.

Van pure blijdschap begon ik te blozen: 'Duran, zoon van me. Zoon, je zult nooit weten hoe lang ik naar dit moment heb toegeleefd.'

De smokkelaars keken elkaar aan en gingen staan. 'We gaan ervandoor,' zei de leider. 'Jullie moeten elkaar onder vier ogen spreken.'

Ik lachte en maande hen snel te vertrekken. Ik wilde graag alleen zijn met Duran. Ik wilde de afstand tussen ons, die door het verstrijken van de tijd was ontstaan, zien te overbruggen. Om dat doel te bereiken, moesten we elkaar weer leren kennen en alles vertellen over de verloren jaren die achter ons lagen.

Duran mompelde: 'Ik heb eens een foto gezien van jou en mijn vader. Je droeg een witte jurk. Ik zei tegen mijn vader dat het wel een trouwfoto leek en dat jij er als een bruid uitzag.'

'Wat zei je vader toen?'

'O, hij zei dat hij in Amerika een bruiloft had bijgewoond en iedereen met hem op de foto had gewild. Volgens hem was jij een gek meisje dat daar ook aanwezig was. Maar ik heb de foto nooit meer gezien. Mijn vader heeft hem weggedaan.'

Ik knikte en had het gevoel dat Duran zich openstelde door over zijn vader te spreken en over de leugens die een wig tussen ons hadden gedreven. Maar ik zei niks negatiefs over Kaiss. Misschien was het een test. Wie weet zocht Duran een aanleiding om me van hem weg te duwen.

Vandaag zou ik me op het positieve concentreren.

Ik lachte en bekeek mijn zoon. Ik kreeg geen genoeg van zijn gezicht, haar en handen. 'Vertel me meer,' zei ik, 'ik wil je stem horen.'

Hij gromde.

Ik beet op mijn lip en het leek wel alsof ik aan de rand van een gevaarlijke afgrond stond. Eén misstap en alles zou voorbij zijn.

'Hoe was je stiefmoeder, Duran? Was ze aardig voor je?'

Hij haalde zijn schouders op. 'Die was goed. Ze was stom. Ze kon aardig zijn. Ze kon gemeen zijn. Als mijn vader me sloeg, probeerde ze me soms te beschermen.'

'O,' ik sloeg mijn handen voor mijn gezicht. Ik had aanwezig moeten zijn om mijn baby te beschermen. Met moeite slikte ik mijn woorden in en vroeg: 'Was je vader gemeen, Duran?'

'Alleen als ik niet deed wat hij had gezegd. Dan sloeg hij me.'

Zo was Kaiss. In reactie op een gebrek aan controle reageerde hij altijd met zijn vuisten. Ik ademde diep in. 'Vertel me alles wat er is gebeurd, Duran, alles, het goede en het slechte.'

En zo werd de muur van stilte doorbroken en begon mijn zoon te vertellen.

Ik hoorde dat mijn zoon op zesjarige leeftijd voor het raam op de tweede verdieping naar buiten had staan kijken, toen iemand achter hem hem had geduwd. Hij was uit het raam gevallen. Als zijn val niet door de struiken was gebroken, zou hij het niet hebben overleefd. Hij is er nooit achter gekomen wie die duw heeft gegeven, of het zijn vader of zijn stiefmoeder is geweest.

Ik kwam te weten dat zijn vader op een koude dag in woede was uitgebarsten toen Duran zijn huiswerk niet had gemaakt, en hem meermaals op zijn hoofd had geslagen, de voordeur had geopend en hem naar buiten in de sneeuw had gegooid. Terwijl hij daar in de sneeuw had liggen bibberen, schreeuwde zijn vader dat hij in de sneeuw moest blijven liggen en daar die nacht moest slapen. Misschien dat hij dan een lesje leerde.

Ik hoorde dat het bedroefde jochie van me in zijn eentje vele kilometers naar het huis van zijn oom gewandeld was, waar hij zich uiteindelijk had kunnen opwarmen. Ik zag voor me hoe mijn ventje door de sneeuwduinen worstelde, slechts gekleed in een dunne pyjama.

Ik hoorde dat mijn zoon had gezien dat Kaiss geregeld dronken was geweest nadat hij zich bij de Russen had aangesloten.

Ik hoorde dat Kaiss een prachtige piano had gekocht en dat hij ervoor had gezorgd dat mijn zoon daarop kon spelen.

Ik hoorde dat er geen alcohol meer geschonken werd en de piano bij de vuilnis was gezet toen de taliban na de terugtrekking van de Russen aan de macht waren gekomen.

Ik hoorde dat Kaiss bij de taliban had gedaan alsof hij een religieus man was. Hij had geestelijken in de arm genomen om mijn zoon te leren de Koran uit zijn hoofd op te zeggen.

Ik hoorde dat Kaiss was benaderd door een leider van de taliban, die had gezegd dat er meer dan genoeg mensen waren die de Koran konden opzeggen, maar dat ze behoefte hadden aan een Engelssprekende student als mijn zoon die alles over computers kon leren. En aldus was mijn zoon computerexpert voor de taliban geworden.

Ik hoorde dat mijn zoon de taliban was gaan haten. Hij had veel van de piano gehouden, van zingen, dansen en van het kijken naar films, wat allemaal verdween of werd verboden toen de taliban aan de macht kwamen.

Ik hoorde dat mijn zoon de taliban zozeer had gehaat, dat hij zich tegen de islam had gekeerd. Ik hoorde dat mijn zoon zelfs overwoog om christelijk te worden, wat mij als moslima zeer aan het hart ging.

Terwijl hij het ene na het andere verhaal vertelde, begon mijn zoon te zweten en er steeds ongemakkelijker uit te zien.

Om het over iets te hebben dat hem minder pijn deed, vroeg ik hem om iets voor me te zingen. Ik voelde mijn hart opzwellen toen ik zijn mond open zag gaan en zijn prachtige stem hoorde.

Die nacht heb ik vrediger geslapen dan de avond voordat mijn baby van me was gestolen.

Maar de volgende dag nam een van de smokkelaars me apart en probeerde me fluisterend voor mijn zoon te waarschuwen: 'U moet weten dat zijn vader hem misschien naar u heeft gestuurd om een Amerikaans paspoort te krijgen. Misschien spreekt uw zoon niet de waarheid.'

Ik keek naar Duran, die in een geanimeerd gesprek verwikkeld was met een van de smokkelaars. 'Dat zou best zo kunnen zijn. Maar dat risico moet ik nemen.'

Ik wilde ergens anders over spreken en zei tegen de vriendelijke man: 'Ik vraag me af of ik mijn land nog zou herkennen. Ik vraag me af of de gebouwen nog overeind staan die vroeger voor mij hebben gediend als oriëntatiepunt.'

De smokkelaar trok een wenkbrauw omhoog: 'Dat zijn er maar weinig. Alle fraaie gebouwen zijn verdwenen. De taliban hebben alles verwoest wat mooi was.'

Het trieste lot van mijn land bedroefde me zeer. In mijn jeugd had ik een bloeiperiode meegemaakt, maar die jaren waren allang voorbij en daarna was de allerslechtste periode aangebroken uit de woelige Afghaanse geschiedenis. Nu was alles verloren. Voor het eerst in vele jaren vroeg ik me af wat er met de schatten van mijn familie was gebeurd, zoals de postzegelverzameling van mijn grootvader Hassen en mijn eigen waardevolle verzameling munten. Wat leek het lang geleden dat ik ze zorgvuldig in mijn slaapkamer had weggeborgen. Zouden ze door een kind zijn gevonden?

De volgende dag reisden we naar Islamabad, zodat Duran en ik ons DNA konden laten testen en hij zijn Amerikaanse paspoort kon krijgen. Ik wist weliswaar dat de kans bestond dat Kaiss mij in de val wilde laten lopen en dat deze jongeman een van de duizenden tijdens het conflict achtergelaten wezen was, maar ik voelde dat het mijn zoon was. Tegelijkertijd besefte ik dat de Amerikanen nooit meer waarde zouden hechten aan moedergevoelens dan aan een wetenschappelijk bewijs.

De Amerikaanse ambassade was op de hoogte gebracht van onze komst. Heel zakelijk namen ze de monsters van ons af en vertelden ons dat we twee tot zes weken op de resultaten moesten wachten.

Daar had ik totaal geen rekening mee gehouden. 'Twee tot zes weken? Waar moeten we al die tijd onderdak vinden? We kunnen niet blijven zitten waar we nu logeren, in een goedkoop hotel met smokkelaars.' Ik keek om me heen. 'Kunnen we hier niet blijven?'

De ambassade bekommerde zich niet om de hachelijke situatie waarin ik me bevond. Het was niet in hun belang om er persoonlijk bij betrokken te raken.

Er zat niets anders op dan terug te keren naar de mensensmokkelaars. Deze mannen waren bereid om ons gedurende ons gedwongen verblijf te bewaken.

Duran behandelde me behoedzaam, al bleef hij onvoorspelbaar. Het ene moment stond hij helemaal voor me open, het volgende moment was hij woest op me en achterdochtig.

Op een avond vroeg Duran: 'Wat maakte het nou eigenlijk uit dat hij je sloeg? Dat was geen reden om te scheiden. Hij was je echtgenoot. Een echtgenoot heeft het recht om zijn vrouw te slaan.'

Ik huiverde. Wat had Kaiss mijn zoon bijgebracht? 'Nee, een goede echtgenoot slaat zijn vrouw niet, Duran,' zei ik voorzichtig.

'In de Koran staat dat een man zijn vrouw mag slaan. Het wordt toegestaan.'

'Nou,' stamelde ik, 'in de Verenigde Staten wordt het niet toegestaan.'

Hij keek de andere kant op, hij wilde me niet rechtstreeks aankijken: 'Nou, mijn vader zegt dat elke vrouw het nodig heeft dat ze wordt geslagen. Anders weten ze hun plaats niet.'

'Heeft je vader je stiefmoeder geslagen?'

Traag knikte Duran. 'Ja, ik haatte het om haar te horen gillen en huilen. Hij wilde niet dat ze haar familie zag. Ze mocht niet naar bruiloftsfeesten voor vrouwen. Ze moest altijd thuisblijven. Ik kan me herinneren dat hij haar een keer sloeg, waarna ze hem dreigde mij te ontvoeren en ervandoor te gaan, zodat hij mij nooit meer te zien zou krijgen.'

Ik slikte. Alles wat ik in mijn bangste dromen had gevreesd, was uitgekomen. Duran was geslagen. Hij had gezien dat zijn moeder werd geslagen. Kaiss was nog altijd een sadist en mijn zoon zat gevangen in de sadistische wereld van zijn vader.

'Nadat ze die dreiging had geuit, raakte mijn stiefmoeder zwanger. Vervolgens zorgde mijn vader ervoor dat ze zwanger bleef en niet kon vluchten. Ik heb zeven broers en zussen, weet je.'

'Duran, het spijt me.'

Verbitterd begon Duran te lachen. 'Het maakt niet uit. Ik ben er een man door geworden.'

Ik voelde een rilling over mijn rug lopen.

In de loop van die weken zag ik meermaals dat Duran mijn mobiele telefoon uit mijn handtas pakte en naar Afghanistan belde. Ik herinnerde me dat Farid me daarvoor had gewaarschuwd.

Rustig vroeg ik hem: 'Duran, bel je met je vader?'

'Ik vertel hem niks,' antwoordde hij kortaf. 'Ik wilde alleen zijn stem even horen. En hij wil mijn stem horen.'

'Duran, wij riskeren ons leven door elkaar te ontmoeten. Als je vader ontdekt waar we zitten, lopen we het risico dat hij hier komt en ons doodt.'

Duran begon hard te lachen. 'Hij zal alleen jou doden, mij niet.'

Ik knikte verbijsterd.

Ik hoopte dat de uitslag van de DNA-test gauw zou komen en verzekerde mezelf ervan dat alles goed zou aflopen als ik Duran eerst maar uit deze omgeving weg kon halen en we in Amerika waren. Daar zou hij niet langer onder de invloed van zijn vader staan.

Drie weken later ontvingen we de uitslag van de DNA-tests.

Ze bevestigden dat Duran mijn zoon was.

Vervolgens kwam alles in een stroomversnelling. De Amerikaanse ambassade voorzag hem van een paspoort en we regelden de vliegreis naar Virginia. Duran had besloten dat hij in Virginia wilde wonen, bij Nadia en haar dochter Suzie, en daar naar school wilde gaan. Ik zou mijn zoon naar mijn zus brengen en daar elk jaar vakantie houden, zoals ik had gedaan toen mijn vader nog leefde. Dan zou ik mijn zoon ten minste zes maanden per jaar zien.

Ik was in de zevende hemel!

Nadia en Suzie stonden ons op het vliegveld op te wachten. Iedereen vond het geweldig, behalve Duran. Vreemd genoeg was Duran totaal onbewogen onder alle opwinding over de hereniging met de familie van zijn moeder. Toen we in de woning van Nadia arriveerden, toonde ik Duran al het speelgoed en alle spelletjes die ik in de loop der jaren voor hem had gekocht. Ik had het allemaal bewaard.

Het interesseerde hem totaal niet. 'Waarom geef je het niet aan je andere zoon?' vroeg hij en haalde onverschillig zijn schouders op.

Toen zei Duran tegen Nadia: 'Ik moet een computer hebben en e-mail. Daarmee kan ik contact opnemen met vrienden in Kabul.'

Zenuwachtig schuifelde Nadia heen en weer. Het ministerie van Buitenlandse Zaken had haar gewaarschuwd voorzichtig te zijn, dat Kaiss zich vermoedelijk niet meteen gewonnen zou geven nadat hij zeventien jaar lang had geprobeerd om zijn zoon uit de buurt van mijn familie te houden. Ze sprak hem vastberaden toe: 'Ja, Duran, je kunt een computer krijgen en mailen met je vrienden, maar je mag ze niet vertellen waar je bent. Je mag ons telefoonnummer of adres niet doorgeven. Dat is gevaarlijk. Net zoals wij jou beschermen, moet jij ons ook beschermen.'

Duran gaf geen antwoord, maar zijn gezicht kleurde rood.

Daarna stond hij erop een eigen postbus te krijgen.

Mijn zoon had het eerste jaar aan de Kabul University afgerond en hoge cijfers gehaald. Nu had ik hem ingeschreven bij het NOVA, het Northern Virginia Community College, een instelling waar veel buitenlandse studenten studeerden. We dachten dat Duran zich daar zou thuisvoelen en later naar een grotere opleiding kon overstappen. Duran stond erop dat hij naast zijn opleiding een baan wilde hebben. Op het werk van Nadia boden ze hem een baan van twee dagen per week aan en hij kreeg een tweede baan bij McDonald's. Ik was blij dat hij aan de universiteit en daarbuiten hard aan de slag ging.

Ik wilde mijn zoon niet verlaten, maar in Saudi-Arabië wachtten mijn man en mijn kleine jochie op me. Toen hij zich leek te hebben geïnstalleerd, durfde ik het aan om een paar maanden bij Duran weg te gaan. Ik keerde terug naar Saudi-Arabië en zei Duran dat ik binnenkort zou terugkeren voor een vakantie in de Verenigde Staten.

Twee weken nadat ik in Djedda was aangekomen, kregen we tot onze grote schrik een waanzinnig telefoontje van Nadia. Ze vertelde me dat mijn zoon niet langer bij haar kon wonen: 'Maryam, ik wil dat je zoon meteen uit mijn huis vertrekt.'

Khalid en ik meenden dat de crisis wel zou overgaan en Duran aan zijn opleiding tenminste enige stabiliteit zou ontlenen. Maar om het zekere voor het onzekere te nemen, vroeg Khalid een visum aan voor grote Duran om naar Djedda over te komen.

Zoals we hadden gehoopt, legden Nadia en Duran hun ruzie bij en bleef hij er nog drie weken wonen. Vervolgens kregen ze weer ruzie, omdat Duran het nachtleven in wilde en Nadia meende dat hij daar te jong voor was. Duran trok de deur achter zich dicht en ging bij tante Shagul wonen totdat zijn Saudische visum was gearriveerd.

Op een avond, toen Khalid en ik uit eten waren, ging de telefoon bij ons thuis over. Toen onze huishoudster de telefoon opnam, begon er een mannenstem in het Engels tegen haar te schreeuwen. De stem vroeg waar ik was. Nadat ze vertelde dat ik uit eten was, wilde de man met kleine Duran spreken. Toen mijn jonge zoon de telefoon aannam, hoorde hij de stem gillen: 'Ik zal je moeder vermoorden, Duran. En ik zal jou ook vermoorden.'

Mijn jonge zoon schrok zich een ongeluk. We dachten allemaal dat het Kaiss geweest moest zijn, al konden we ons niet voorstellen hoe hij achter ons geheime telefoonnummer was gekomen.

Een paar weken later arriveerde grote Duran in Djedda. Kleine Duran vond het geweldig dat hij eindelijk zijn oudere broer zou ontmoeten, waarover hij al jaren zoveel had gehoord.

Toen ik het fantastische beeld voor me zag van mijn beide zonen die zij aan zij liepen, stroomde mijn hart over van vreugde. Hoe had ik kunnen weten dat het dreigende telefoontje afkomstig was geweest van mijn oudste zoon?

Een gelukkige moeder danst met kleine Duran (links) en grote Duran.

26

Ik kon grote Duran niet weerstaan, maar hij kon mij en degenen van wie ik hield met gemak weerstaan. Zelfs op die eerste avond, voor zijn moeder een bijzonder heugelijk moment, was mijn oudste zoon koeltjes en onvriendelijk. Zijn kleine broer negeerde hij zelfs, hoezeer deze ook zijn best deed om een warm contact te krijgen met zijn lang verloren broer.

Bijna meteen begon ik me ongerust te maken, maar Khalid zei dat ik niet te snel moest oordelen, dat grote Duran moest wennen aan de vele veranderingen. Dat zou tijd kosten, meer was er niet aan de hand.

Tijdens de maaltijd zei Khalid tegen mijn zoon: 'Welkom in je nieuwe familie. Ik hoop dat je je hier zult thuisvoelen.'

'Wat mij betreft kun je vanaf vandaag mijn vader zijn. Ik haat Kaiss, die klootzak van een vader van me.'

Khalid was gechoqueerd, want een Saudiër zal zijn vader nooit bekritiseren, wat zijn karakter ook is. Khalid sprak rustig: 'Je moet je vader in geen geval uitschelden. Het blijft je vader. En ik wil niet dat er hier in mijn huis in het bijzijn van je jonge broer zulke taal wordt gebruikt. Je bent nu hier. Je bent veilig. Laat je woede varen.'

'Zijn er in dit huis allerlei regels?' vroeg grote Duran, Khalid uitdagend.

Hij wist niet dat mijn echtgenoot, zoals ik al vaak heb gezegd, de meest rustige man in heel Saudi-Arabië was. Khalid knikte hem slechts toe en zei: 'Jazeker, dat spreekt voor zich. In elke woning gelden regels.'

Grote Duran begon met hem te onderhandelen: 'Wat vind je ervan om twee weken lang geen regels te laten gelden? Je laat mij vrij, zonder te zeggen wat ik moet doen. Daarna gehoorzaam ik aan jouw regels.'

Khalid en ik keken elkaar aan. Toen mijn man in lachen uitbarstte, lachte ik met hem mee. Allebei wisten we dat grote Duran in Djedda weinig problemen kon veroorzaken. In Saudi-Arabië zijn opmerkelijk weinig clubs, bars en bioscopen. Het sociale leven in Saudi-Arabië speelt zich vrijwel volledig af in en om de familie.

Twee weken lang ging alles goed. Ik nam mijn beide zonen mee naar het strand. We zwommen. We speelden volleybal. We gingen naar de grote winkelcentra. In alle opzichten leken we op gewone mensen, al vormde grote Duran daarop een uitzondering.

Ik maakte me ongerust toen mijn tienerzoon me aankeek en zei: 'Je draagt erg sexy kleren.' Ik schrok me rot. Ik herinnerde me dat Kaiss deze woorden had uitgesproken voordat hij me was gaan slaan.

Maar toen schoot me te binnen dat hij een jongeman was die door een bruut was opgevoed en het ook niet kon helpen dat hij geen goede omgangsvormen kende. Dus in plaats van hem een reprimande te geven, gaf ik hem een knuffel en zei: 'Dankjewel, zoon van me.'

Vervolgens besloot grote Duran dat Saudi-Arabië hem niet beviel. Hij zei: 'We moeten naar Virginia verhuizen. Daar zal ik verder studeren. Ik geef jullie toestemming om je andere zoon mee te nemen.'

Ik bracht daar tegenin: 'Maar jij moest niets van Virginia hebben. Jij wilde juist hiernaartoe komen.'

'Nee. Ik vind het niet leuk hier. Er is niets te doen. We moeten terug naar Amerika.'

'Mijn echtgenoot woont hier. Mijn jongere zoon woont hier. We zullen doen wat we altijd al hebben gedaan. We wonen zes maanden in Saudi-Arabië en daarna zes maanden in Amerika.'

Hij gaf geen antwoord, maar zijn gezicht betrok. Vanaf dat moment werd grote Duran steeds onvriendelijker. Om het minste of geringste wond hij zich op. Ik was zo blij mijn zoon terug te hebben dat ik veel foto's van hem maakte. Nadat de rolletjes waren ontwikkeld, bleek er niets op de foto's te staan. De medewerker van de fotowinkel onderzocht mijn fototoestel en zei dat het apparaat kapot was. Ik deed er niet moeilijk over en schafte een ander toestel aan. Met een zucht vertelde ik grote Duran over de mislukte foto's. We zullen wel weer nieuwe foto's maken, verzekerde ik hem.

Maar mijn zoon reageerde afschuwelijk. Met een sprong kwam hij overeind van de bank waarop hij zat en barstte uit in een woest gegil: 'Stomme idioot! Waarom heb je niet een fatsoenlijke camera gebruikt!' Daarna rende hij als een waanzinnige door de kamer heen en weer, pakte allerlei voorwerpen op en smeet ze kapot tegen de muur. Dreigend keek hij me aan: 'Stom wijf, je bent nergens goed voor!'

Ik schrok mij een ongeluk. Mijn zoon reageerde alsof hij niet goed bij zijn hoofd was, zonder enige aanleiding. Voor het eerst drong tot me door hoezeer mijn zoon qua uiterlijk en gedrag op zijn vader leek.

Grote Duran gooide zijn hoofd achterover en schreeuwde zo luid hij kon. Daarna liep hij stampend de kamer uit en sloeg de deur zo hard mogelijk achter zich dicht.

Kleine Duran was ontroostbaar. Zoiets had hij nog nooit meegemaakt. Hij wilde naar zijn broer toe om zich ervan te vergewissen dat alles goed met hem ging, maar iets zei me dat hij moest oppassen: 'Ga niet naar hem toe,' zei ik tegen mijn jongste zoon. 'Laat je grote broer maar even.'

De volgende dag ontvingen we uit Virginia de rekening van de mobiele telefoon. Hij had zo vaak met Kabul gebeld dat de kosten waren opgelopen tot vijftienhonderd dollar, voor een maand. Ik was ontdaan, maar had weinig behoefte aan een volgende scène van mijn zoon. Rustig vertelde ik hem: 'Je zegt dat je bang bent voor je vader, dat je vreest dat hij je weer naar Afghanistan zal ontvoeren. Maar nu blijk je hem keer op keer te bellen.'

Met een kwade, hatelijke blik keek mijn zoon me aan: 'Ik bel niet voortdurend met hem.'

'Wie bel je dan?'

'Ik heb veel vrienden in Kabul.'

Ik zuchtte. 'Nou, zoveel geld hebben we niet. We hebben maar een beperkt bedrag te besteden. Ik zal deze rekening voor je betalen, maar dat is de laatste keer.'

Binnenkort zou Duran twintig worden, op 27 januari 2004, dus ik was van plan een groot verrassingsfeest voor hem te organiseren. Voor het eerst in zeventien jaar was ik in de gelegenheid om zoiets voor hem te doen. Het feest vond plaats bij het zwembad van een huis waar Amerikaanse vrienden van me woonden. Ik ging er al vroeg naartoe om alles zo goed mogelijk te regelen. Bij aanvang van het feest bracht Khalid de jongens langs.

Vanaf het moment dat hij arriveerde, gedroeg grote Duran zich zo onvriendelijk dat de gasten erover begonnen te spreken. Mijn zoon stond een eindje verderop, wierp me vuile blikken toe en reageerde snauwend op mijn ongeruste reactie. Al mijn gasten deden hun best vriendelijk te zijn, maar mijn zoon gedroeg zich met opzet zo bot dat ze al snel bij hem weggingen. Bij ons vertrek die middag was mijn oudste zoon nog goedgeluimd geweest, dus ik vroeg Khalid: 'Wat is er daarna gebeurd?'

Khalid wierp me een veelbetekenende blik toe: 'Nadat je was vertrokken, heeft hij twee uur lang getelefoneerd. Hij sprak Pathaans.'

Mijn hart sloeg een slag over. Toen wist ik dat mijn zoon nog altijd nauw contact had met zijn vader. Wat voerden ze in hun schild?

De volgende ochtend werd ik gebeld door een nicht die in Australië woonde en grote Duran in de familie wilde verwelkomen. Nieuwsgierig luisterde ik mee met het gesprek en hoorde mijn zoon tegen haar zeggen: 'Ik wil naar Australië emigreren.'

Het was duidelijk dat hij haar daarmee overviel en ze moet hem gevraagd hebben waarom hij naar Australië wilde verhuizen.

'Ik wil daar mijn proefschrift gaan schrijven.'

Ik stelde mij voor dat mijn nicht hem voorhield dat hij dan wel eerst zijn bachelordiploma moest halen.

Ik liep langs mijn zoon naar de keuken om een glas vruchtensap te halen. Terwijl ik hem voorbijwandelde, haalde hij met de hoorn van de telefoon uit en gaf me een enorme dreun op mijn hoofd. Ik hapte naar adem van de schrik en de pijn. Duran keek me kwaad aan en liep weg.

Ik pakte de telefoon en vroeg mijn nicht wat er was gebeurd dat mijn zoon zo kwaad was geworden. Ze herhaalde het gesprek. Uit haar toon maakte ik op dat ze zich zorgen maakte over mijn situatie.

Ik ging naar de kamer van Duran en vroeg hem: 'Waarom wil je naar Australië verhuizen? En waarom sla je je moeder?'

'Daar wil ik het niet over hebben,' gromde Duran.

Op dat moment had ik hem moeten straffen, maar ik was doodsbenauwd dat ik mijn zoon weer zou kwijtraken als ik hem vermanend toesprak. Ik had moeten weten dat de problemen alleen maar ernstiger zouden worden als ik er geen aandacht aan besteedde.

Op een ochtend ging ik naar een bijeenkomst van de Amerikaanse dames van Djedda, terwijl mijn beide zonen thuisbleven, evenals onze huishoudster Rahma. Toen ik terugkeerde, was het huis in rep en roer. Kleine Duran was helemaal over zijn toeren. Grote Duran had zich in zijn kamer opgesloten en weigerde iemand te woord te staan. Rahma bevond zich in de keuken en was eveneens van slag.

'Wat is hier gebeurd?' vroeg ik terwijl de angst me om het hart sloeg.

'Toen ik de televisiekamer wilde schoonmaken, zag ik uw twee zonen,' vertelde Rahma. 'Mevrouw, uw oudste zoon had zijn handen om de nek van uw jongste zoon geslagen! Toen de grote jongen me zag, liet hij de kleine los, die op me afrende en luid schreeuwde dat hij werd gewurgd. Uw oudste zoon zei dat het maar een spelletje was.'

Rahma schudde haar hoofd en draaide zich om.

Mijn jongste zoon hoorde mijn stem en rende naar me toe: 'Moeder, Duran heeft geprobeerd om me te wurgen!' huilde hij klaaglijk.

Grote Duran stond blijkbaar aan de deur te luisteren. Hij kwam lachend tevoorschijn en zei: 'O, nee, dat heb ik niet gedaan.' Hij rolde met zijn ogen. 'Het was niet meer dan een spelletje. Het stelde niks voor.'

Omdat ik niet wilde geloven dat mijn oudste zoon serieus had geprobeerd om zijn jonge broer iets aan te doen, gaf ik mijn jongste zoon een standje: 'Liefje, dat is heel wat anders. Natuurlijk heeft je grote broer niet geprobeerd je te wurgen. Bied je excuses aan voor wat je hebt gezegd.'

Grote Duran keek naar zijn broer en vervolgens naar mij en lachte triomfantelijk. Toen ik Khalid over het voorval vertelde, was hij minder zeker. 'Maryam, hij is onevenwichtig. Het is overduidelijk dat hij last heeft van wisselende stemmingen.' Hij zag hoe beteuterd ik keek en verzekerde me dat hij het grote Duran niet aanrekende. 'Het is niet zijn schuld. Hij is misbruikt en geslagen door zijn vader. Geen wonder dat hij onevenwichtig is. Maar volgens mij moeten we met hem naar een dokter. Ik denk dat we hem naar Virginia moeten brengen. Ga daar op zoek naar een dokter. Zorg ervoor dat je zoon geholpen wordt.'

Toen ik niks zei, drong Khalid aan: 'We kunnen geen risico lopen met het leven van onze zoon, Maryam.'

'Ik zal hem zoals we hebben gepland in juni naar de Verenigde Staten brengen. Dan zal ik mijn beide zonen meenemen voor een lang bezoek.' Ik herhaalde: 'Zoals we hadden gepland.'

'Nee, Maryam. Het duurt nog vijf maanden voordat het juni is. Er kan ondertussen van alles gebeuren. Bovendien wil ik niet dat mijn zoon onder deze omstandigheden meegaat. Maryam, ik vertrouw het niet als grote Duran bij onze zoon is. Dat risico kunnen we niet lopen.'

Ik beet op mijn lip. Ik wilde niet accepteren dat mijn oudste zoon psychische problemen had en gevaarlijk was. Ik wilde hem geen berisping geven. Te lang had ik naar hem uitgekeken om hem zodanig te kunnen behandelen dat het risico bestond dat hij zich tegen me keerde.

Khalid voelde met me mee: 'Luister, Maryam. Je zoon heeft je geslagen. Hij heeft met dingen gegooid. Hij is wispelturig. Ik denk dat hij extreem gewelddadig kan worden, net zoals zijn vader. Als er iets met onze jongste zoon gebeurt, zul je het jezelf nooit vergeven.'

Het was duidelijk dat Khalid er genoeg van had. En wie kon hem dat kwalijk nemen? Hoewel ik niet wilde inzien dat grote Duran zijn jongere broer de keel had afgeknepen, was Khalid duidelijk een andere mening toegedaan.

Maar ik kon er niet tegen om mijn zoon lang achter te laten, om de ene zoon te verlaten zodat ik voor de andere kon zorgen. 'Geef me de tijd om erover na te den- ken, Khalid. We zullen het er later over hebben.'

Terwijl ik de verschillende mogelijkheden tegen elkaar afwoog, nam ik een docent in de arm die Duran moest bijstaan bij het voorbereiden van de toelatingsexamens voor de universiteit.

'Nee. Nu nog niet,' protesteerde Duran. 'Ik wil wachten tot het einde van de vakantie.'

'Je vakantie is al lang voorbij, Duran,' riep ik uit. 'Het is zover dat je met je studie moet beginnen.'

'Je bent geen moeder,' sneerde Duran. 'Je bent te bazig voor een moeder. Je lijkt mijn vader wel. Nou, dat ben je niet!'

Ik wist niet hoe ik daarop moest reageren. Dus hield ik mijn mond.

Later die dag hing hij weer aan de telefoon. Ondertussen schaamde ik me er niet meer voor de gesprekken van mijn zoon af te luisteren. Heel stil kroop ik achter zijn deur, waar ik alles kon horen. Duran sprak Pathaans. Ik had sterk de indruk dat hij met zijn vader sprak en dat ze samenspanden. Durans deel van het gesprek stelde me niet gerust. 'Nee, nee, nog niet,' beweerde hij. 'Ik wil het nu nog niet doen. Nee. Nee. Ze heeft beloofd dat ze mijn Amerikaanse geboortebewijs voor me haalt. Ja. Ze zei dat ze dat zou doen. Maak je maar niet ongerust. Nadat ik de documenten heb gekregen, zal ik het doen.'

Ik schrok mij een ongeluk. Wat ging hij doen? Wat wilde mijn ex-man dat onze zoon zou doen?

Nu begon ik me ernstig zorgen te maken. Had Kaiss onze zoon zodanig gehersenspoeld dat hij hem ervan kon overtuigen mij iets aan te doen, of mijn jongste zoon?

De volgende dag zaten Duran en ik in de tuin toen hij zei: 'Ik moet even bellen.'

'Wie ga je bellen, zoon?'

'Ik moet even bellen,' herhaalde hij.

Hij keek me boos aan en liep ervandoor.

Ik liep achter hem aan het huis in.

Hij koos het nummer en begon in het Pathaans te spreken. Toen hij me zag, draaide hij zich met zijn rug naar me toe en wandelde met de telefoon de tuin in.

Stug bleef ik achter hem aan lopen en zei: 'Als je met je vader belt, wil ik dat je het gesprek nu beëindigt.'

Mijn geliefde zoon keek me met een blik vol haat aan en schreeuwde: 'Eens zal ik een mes in je strot drukken en toezien hoe het bloed uit je levenloze lijf stroomt! Dan zal ik mijn doel hebben bereikt!'

Ik rende weg bij mijn kind, mijn Duran, het kind van wie ik met hart en ziel hield. Wat was er van mijn lieve kindje geworden? Wie was deze wrede man die vertelde dat hij mijn zoon was?

Nadat Duran zijn gesprek had afgerond, liep hij het huis in alsof er helemaal niets aan de hand was, alsof hij zojuist niet gedreigd had zijn moeder te doden.

Toch is de liefde van een moeder nauwelijks aantastbaar. Ik strekte mijn armen naar hem uit, zo graag wilde ik mijn zoon helpen, want ik wist dat hij vanaf de dag dat hij uit de armen van zijn moeder was weggerukt een miserabele jeugd had gehad. Wat moet hij hebben geleden! Mijn kleine zoontje zal heel wat keren zijn geslagen, in onzekerheid hebben verkeerd, in een gewelddadige omgeving, waar een oorlog woedde. En later had hij te horen gekregen dat zijn moeder hem voor wat dollars had verkocht. Het had allemaal bijgedragen aan zijn gewelddadige gedrag.

Ik moest mijn zoon hier hebben! Dat moest! Ik probeerde op hem in te praten, hem te tonen dat ik altijd van hem had gehouden, dat ik hem niet had verlaten. Uit wanhoop verhief ik mijn stem: 'Waarom, mijn zoon, waarom? Hoe kun je je moeder zozeer haten dat je zoiets durft te zeggen? Vergeet niet dat het je vader was die je van me heeft weggenomen toen je nog een kleuter was. Het was je vader door wie je bent geslagen. Het was je vader die tegen je heeft gelogen. Terwijl dat allemaal gebeurde, hebben je grootvader en ik al ons geld en onze tijd gestoken in pogingen om je op te sporen, zodat we je thuis konden brengen.'

Mijn zoon weigerde te reageren.

'En nu je hier eenmaal bent, Duran, wat wil je eigenlijk? Wat kan jou gelukkig maken?'

Hij keek me met een blik vol haat aan, haat die door zijn vader in Afghanistan naar Djedda was overgebracht. 'Ik kwam hier voor het geld,' sneerde hij. 'Ik wilde een hele bak geld.' Hij trok zijn schouders op. 'Ik dacht dat iedereen in Saudi-Arabië bulkte van het geld. Ik had ongelijk. Ik heb gezien dat jij en die man van je niets voor me hebben. Als je geen geld hebt, wil ik hier niet blijven.'

'Ik ben je moeder. Ik hou van je. Ik zal me op allerlei manieren voor je opofferen. Ik wil dat je een opleiding volgt. Hoe kan het nou dat je niets voelt voor je moeder die eindeloos veel van je houdt?'

Hij lachte me met onvervalste haat toe. 'Nee. Je bent niet meer dan mijn biologische moeder. Ik vind je niet eens aardig. Je bent te jong om mijn moeder te zijn. Ik haat het dat je zo sexy kijkt en je zo uitdagend kleedt. Je ziet er niet uit als een moeder. Je bent een seksobject waar mannen naar omkijken.' Hij liep weg en schreeuwde: 'Ik wil een gelovige moeder, een moeder die een sluier draagt. Ik wil een moeder die thuisblijft en niet tennist, aan yoga doet of naar het strand gaat. Ik...' Mijn zoon was zo kwaad dat hij begon te stotteren: 'Ik wil net als mijn vader zijn.'

Ik wist me te beheersen, hield mijn afschuw voor me. Ik moest toegeven dat datgene was gebeurd wat ik had gevreesd: dat mijn zoon ernstig gestoord was geworden. 'Duran, je zei dat je je vader haatte. Wil je iemand zijn die zijn vrouw slaat? Die zijn zoon slaat?'

'Ik mag hem dan misschien haten, maar toch wil ik worden zoals hij.' Als een gekooide beer bewoog hij zich door de kamer. 'Ik heb besloten om te vertrekken en in Duitsland te gaan wonen.'

Ik stond versteld. 'Duitsland?'

'Ik ga bij de broer van mijn vader wonen.'

'Maar we waren van plan in juni naar Virginia te verhuizen. Ik...'

'Ik ben van gedachten veranderd. Mijn vader wil dat ik terugkom. Ik wil naar mijn vader terug.'

'Maar wat komt er dan nog terecht van al je dromen, Duran? Je hebt gezegd dat je een opleiding wilde volgen en in Virginia wilde wonen en...'

'Mijn dromen?' Hij lachte gemeen en kwam heel dicht bij me staan. 'Het enige waarover ik droom is jou vermoorden.'

Ik was ontroostbaar. 'Duran. Ik heb toch alleen maar van je gehouden?'

Onverschillig draaide hij zich om.

Als een waanzinnige probeerde ik iets te bedenken om ervoor te zorgen dat hij bij me bleef, zodat ik psychologische hulp voor hem kon regelen. Als hij nu zou vertrekken, was ik hem voor altijd kwijt en dat wist ik.

'Duran?'

'Ik heb wat ik wilde, mijn Amerikaanse paspoort. Je hebt geen geld. Je hebt niets waar ik op uit ben. Ik ga naar Duitsland. Als ik daar ben, zal ik met een nicht trouwen. Dan keer ik terug naar Kabul en ga bij mijn vader wonen. Hij belooft dat hij me alles zal geven wat ik wil hebben.'

'Duran, je hebt gezegd dat je je vader zozeer haat, dat je je naam wilt veranderen,' zei ik.

Gemeen lachend keek hij me aan: 'O, ja, ik haat hem. Maar hij heeft me geleerd een goede toneelspeler te zijn.'

Ik was gebroken. Maar ik kon hem niet tegenhouden. Hij was een volwassen man en had zijn keuze gemaakt. Toen Khalid hoorde dat hij me had bedreigd, was hij met afschuw vervuld en zei dat ik Duran moest laten gaan.

Kort daarna boekte hij een vlucht voor mijn zoon, naar Frankfurt. Hij keerde terug naar zijn vader. Khalid en ik vergezelden hem naar het vliegveld en deden alsof alles uiteindelijk toch nog goed zou komen.

Ondanks alles hield ik nog steeds van mijn arme gestoorde zoon, met de bodemloze liefde van een moeder. Terwijl ik bij de uitgang stond te huilen en Duran bij me wegliep, draaide hij zich om en keek me aan, met zijn dode ogen en die holle glimlach op zijn gezicht: 'Wat ben je toch naïef,' zei hij meedogenloos. 'Moet je nu eens zien hoe gemakkelijk we je hebben beetgenomen.'

En zo was mijn zoon uiteindelijk voor altijd verdwenen.

Epiloog

Niet lang nadat mijn zoon in het vliegtuig stapte en definitief uit Saudi-Arabië vertrok, bekende mijn onschuldige jonge zoon dat zijn oudere broer hem had willen overhalen iets echt slechts te doen. Het ging om zoiets vreselijks dat hij ons de details ervan niet wilde vertellen, hoezeer we daar ook naar hebben gevist. Zo gelukkig als kleine Duran was geweest toen hij zijn grote broer in zijn leven mocht verwelkomen, zo opgelucht was hij nu grote Duran was vertrokken. Zijn grote broer was een boeman geworden. Hij had geprobeerd hem door wurging om het leven te brengen. Zijn grote broer had akelige plannen bedacht ten koste van zijn moeder. Vanaf de dag dat grote Duran bij ons was weggegaan, heeft de getraumatiseerde kleine Duran zijn naam nooit meer genoemd.

Er was meer slecht nieuws. Juist toen Farid met veel succes het familiebedrijf in Afghanistan weer helemaal had opgezet, kreeg hij last van zijn keel en de pijn ging niet over. Hij verzwakte zozeer dat hij vanuit Kabul naar Parijs reisde om een dokter te raadplegen. Ik was ontroostbaar toen ik hoorde dat er bij Farid, een zwaar roker, slokdarmkanker was geconstateerd. Voor hem kwam daarmee een eind aan de droom om Afghanistan te helpen bij de herrijzenis uit het puin. In plaats daarvan bracht hij zijn tijd door in Parijs, waar hij chemotherapie onderging. Zijn vooruitzichten waren slecht. Aan de telefoon sprak hij met me over grote Duran en raadde me aan mijn zoon te vergeten, omdat het onmogelijk zou zijn om het monster dat Kaiss van mijn eens zo lieve en prachtige baby had gemaakt weer te veranderen in een liefhebbende zoon.

Farid wist dat zijn einde naderde en toen ik huilde, zei hij dat ik mijn tranen moest drogen, want hij zou binnenkort naar zijn beide moeders gaan en dan zou alles goed zijn.

Farid maakte een afscheidsreis langs zijn familie en in oktober 2004, in Virginia, ontmoetten we elkaar voor de laatste keer. Hij logeerde bij Nadia en ik kon mijn ogen niet geloven toen ik naar de deur liep en mijn knappe grote 'broer' zag, opgezwollen van de medicijnen en kaal door de chemotherapie. Hij zag eruit als een vreemdeling. Maar zijn grote ogen waren niet veranderd en ik zou Farid altijd hebben herkend. Hij zei: 'Ik probeer dapper te zijn, kleine broer. Ik probeer dapper te zijn.'

Toen de kanker zich verspreidde, keerde hij terug naar Parijs, maar zijn stemming leed er niet onder. Zijn zus Zeby vertelde me dat hij in een van zijn laatste gesprekken naar 'zijn broertje Maryam' had gevraagd. Daarna had hij niet kunnen spreken, maar zijn expressieve ogen volgden elke beweging in de kamer in het ziekenhuis. Korte tijd later stierf Farid, tot groot verdriet van ons allemaal.

Hoewel ik wist dat ik zijn overlijden met enige opluchting moest begroeten, is me dat niet gelukt, want ik mis hem nog elke dag. Farid blijft de meest inspirerende persoon in mijn leven. Er ging zoiets edelmoedigs uit van zijn goedheid en zorg voor iedereen om hem heen. Ik wist dat als Farid, mijn 'grote broer', zou sterven, ik nooit meer iemand zou ontmoeten die zich met hem kon meten. Ik bad dat Farid inderdaad herenigd was met zijn moeder en mijn moeder.

Ik droomde er nog altijd van dat mijn oudere zoon Duran gezond en wel naar zijn moeder zou terugkeren, dat hij zou leren wat liefhebben inhoudt. Maar helaas begon hij kort na zijn vertrek aan een niet-aflatende oorlog tegen me.

De laatste keer dat hij me belde, zei hij: 'Hoi. Je spreekt met je grootste vijand.'

Ik reageerde er luchtig op, deed alsof hij een grapje maakte: 'Dag grootste vijand.' Ondanks zijn gedrag hield ik nog steeds van mijn zoon en was blij zijn stem te horen.

'Ik wilde je zeggen dat ik van één ding spijt heb.'

Mijn hart veerde op en ik wachtte op de woorden die zouden volgen, in de hoop dat hij zich zou verontschuldigen en zeggen dat hij wilde terugkeren om opnieuw te beginnen.

'Waar heb je spijt van, liefje?'

'Het spijt me dat ik je niet heb verkracht. Ik trek me elke nacht af met jou in gedachten.'

Vol afschuw gooide ik de hoorn op de haak. Ik rende naar mijn slaapkamer, trok mijn kleren uit en sprong onder de douche, schrobde mijn gezicht, mijn lichaam en probeerde de vuiligheid weg te wassen die over me uit was gestort. Zou er ooit zo'n tegennatuurlijke zoon hebben bestaan? Wat had Kaiss gedaan dat hij zo'n monster had geschapen? Hij had het meest engelachtige jongetje meegenomen en omgevormd tot een psychopaat, die niet alleen zijn moeder had willen verkrachten en vermoorden, maar ook zijn onschuldige lieve jongere broer had willen ombrengen.

Ik viel neer op de vloer van de badkamer en huilde bittere tranen, ik wilde dat ik kon terugkeren in de tijd, naar het moment dat Duran was geboren en riep: 'Allah, waarom had ik geen meisje kunnen krijgen? Een meisje, God?' Kaiss had gedreigd mijn kindje te doden als het een meisje was geweest, maar ik zou zijn gevlucht en Kaiss zou nooit de moeite hebben genomen om een meisje te ontvoeren. Als ik maar een meisje had gekregen, zou alles goed zijn gegaan. 'Een dochter, Allah! Waarom hebt u me geen dochter geschonken?'

Terugkijkend op mijn leven dacht ik aan alle dochters en moeders in mijn familie. Waarom waren we allemaal niet sterker? Waarom konden we niet voor onszelf opkomen en ons tegen onze mannen verzetten? Grootmoeder. Amina. Moeder. Sarah. Ik. Wij allemaal. Allemaal worstelden we, maar we waren zwak en berustten in onze situatie. De krachten waarmee we worstelden, waren niet te vergelijken met zwemmen tegen de stroom in, ons gevecht leek meer op het zwemmen tegen een tsunami in. We probeerden in te gaan tegen een oude cultuur waarin van vrouwen wordt verlangd dat ze zich onderwerpen, waarin vrouwen altijd zwak blijven. En zo eindig ik waar ik eens ben begonnen, met een droom die nooit zal uitkomen. Want waar op aarde ik me ook bevind, in gedachten ben ik altijd in Afghanistan en in Afghanistan kunnen alleen jongensdromen uitkomen.

Waar zijn ze nu?

Enkele actuele berichten over naaste familieleden en vrienden van Maryam.

Maryam, Khalid en kleine Duran wonen nog steeds in Saudi-Arabië, al brengen ze vaak een bezoek aan de Verenigde Staten, waar ze bij Nadia, Suzie en andere familieleden op bezoek gaan.

Oudste zoon Duran: Duran is weer in Afghanistan gaan wonen. Hoewel Maryam haar zoon nooit meer heeft gezien, communiceert hij nog altijd met zijn moeder, per e-mail. Veel berichten zijn grof en dreigend. Maryam houdt nog steeds van haar zoon en is beducht voor de gevaren waar hij door wordt omgeven in het door oorlog verscheurde land.

Oom Hakim: Hakim, vader van Farid, Zarmina en Zeby, stierf in 1994 in Parijs aan alzheimer.

Neef Farid: Farid stierf op 5 april 2005 aan slokdarmkanker. Hoewel Farid meermaals was getrouwd, heeft hij geen kinderen gekregen. Hij is op een Parijse begraafplaats naast zijn vader begraven.

Nicht Zeby: de zus van Farid, Zeby, is met een beroemde Afghaanse zanger getrouwd. Hun zoon speelt keyboard voor zijn vader en is model in Duitsland.

Nicht Zarmina: Zeby's oudere zus woont met haar man en vier kinderen in Californië. Ze is een gelukkige huisvrouw.

Zus Nadia: Nadia woont in Virginia en is nog altijd arts.

Nicht Suzie: Suzie woont bij haar moeder Nadia in Virginia. In mei 2009 studeerde Suzie af aan de George Washington University, waarna ze aan de vervolgopleiding tot arts is begonnen.

Tante Shagul: de zus van Maryams moeder Shagul stierf in 2007 in Fairfax, Virginia aan ouderdom. In die plaats is ze ook begraven. Ze was zesentachtig.

Nicht Amina: Amina, dochter van Shair, stierf een paar jaar geleden. Maryam kon niet achter de oorzaak van haar vroege dood komen, maar vreest dat het met haar gewelddadige echtgenoot te maken had.

Tijdbalk

Anglo-Afghaanse oorlogen

In een periode van zeventig jaar zijn er drie grote Anglo-Afghaanse oorlogen geweest (tussen het Brits-Indiase gebied en Afghaanse stammen) van 1839-1842, 1878-1880 en in 1919. Hoewel de Britten het buitenlandse beleid in handen kregen, zijn ze er nooit in geslaagd Afghanistan te koloniseren. Op 19 augustus 1919 raakten de Britten de controle over het buitenlandse beleid van Afghanistan kwijt.

Tijdbalk van de huidige geschiedenis: 1919-2010
Een chronologie van de belangrijkste gebeurtenissen

1919: Amanullah wordt koning.

1919: Na de derde oorlog met de Britten wordt Afghanistan weer volledig onafhankelijk.

1926: Koning Amanullah begint met sociale hervormingen.

1929: Koning Amanullah wordt door sterke tegenstand van conservatieve krachten gedwongen te vluchten.

1929: Een assemblee van stamhoofden roept Nadir uit tot koning.

1933: Koning Nadir wordt vermoord bij het uitreiken van prijzen op een school.

1933: Nadirs zoon, de negentienjarige Zahir, wordt uitgeroepen tot koning.

1953: Generaal Mohammed Daoud, een lid van de koninklijke familie, wordt door koning Zahir benoemd tot eerste minister.

1963: Nadat Daoud economische en militaire steun heeft gevraagd van de Sovjet-Unie wordt Daoud gedwongen af te treden.

1973: Na een succesvolle coup tegen koning Zahir, die wordt verbannen, grijpt Daoud de macht.

1973: President Daoud verklaart dat de tijd van de koningen voorbij is en roept een republiek uit.

1978: De Sovjet-Unie zoekt nauwer contact met Afghanistan en eist een grotere invloed in de Afghaanse regering.

1978: President Daoud wordt gedood tijdens een coup onder leiding van de Partij van de Volksrepubliek, een partij die tegenstander is van het Sovjetbewind. Aan het hoofd van deze partij staan Hafizullah Amin en Nur Muhammad Taraki.

1979: Amin en Taraki raken in een machtsstrijd verwikkeld, waaruit Amin als winnaar tevoorschijn komt. Afghaanse stammen komen in opstand en het Afghaanse leger stort in. De Sovjet-Unie stuurt troepen het land in om Amin af te zetten. Amin wordt geëxecuteerd.

1980: Barak Karmal wordt geïnstalleerd als leider van het land, gesteund door de Sovjet-Unie. Voorzien van wapens door de Verenigde Staten, Saudi-Arabië, Pakistan, China en Iran, bestrijden verschillende groepen moedjahedien de strijdkrachten van de Sovjet-Unie.

1985: De oorlog tegen de Russische troepen en de door de Sovjet-Unie aangestelde regering neemt in hevigheid toe. Naar schatting vijftig procent van de Afghaanse bevolking is door de oorlog ontheemd geraakt. Veel mensen vluchten naar het naburige Pakistan of Iran.

1986: De Verenigde Staten voorzien Afghaanse troepen en moedjahedienstrijders van Stinger-raketten, waardoor de strijders helikopters van de Russen kunnen vernietigen.

1986: Barak Karmal wordt vervangen door Mohammed Najibullah als hoofd van de door de Russen gesteunde Afghaanse regering.

1988: De Sovjet-Unie begint met de terugtrekking van hun troepen, nadat de Verenigde Staten en Pakistan een vredesakkoord met de Sovjet-Unie sluiten, al blijft Najibullah aan de macht, zodat de onderlinge strijd tussen Afghaanse partijen aanhoudt.

1991: De Verenigde Staten en de Sovjet-Unie komen overeen al hun banden met de strijdende partijen te verbreken. Hierdoor komt de pro-Russische president Mohammed Najibullah alleen te staan tegenover Afghaanse partijen die zich verzetten tegen de band met het communisme.

1992: President Najibullah wordt van de troon gestoten als Kabul door moedjahedienstrijders wordt ingenomen. Rivaliserende burgertroepen strijden onderling om de macht.

1993: Nadat de strijdende partijen het over de vorming van een regering eens zijn geworden, wordt Burhanuddin Rabbani uitgeroepen tot president.

1994: De onderlinge strijd tussen Afghaanse groeperingen houdt aan en de door Pathanen gedomineerde taliban verschijnen op het toneel als de belangrijkste uitdagers van de regering van president Rabbani.

1996: De taliban, onder leiding van Mullah Omar, nemen de macht in Kabul over. Kort daarna introduceert de nieuwe regering de meest behoudende versie van de islam. Ze voeren de strengste islamitische straffen in, waaronder het stenigen en amputeren. Vrouwen worden uit het openbare leven verbannen, ze mogen ook niet werken. Veel weduwen en kinderen krijgen het zwaar te verduren omdat ze geen man meer hebben die hen kan beschermen.

1997: Saudi-Arabië en Pakistan erkennen de taliban, terwijl de rest van de wereld president Rabbani als staatshoofd beschouwt.

1998: Een groot deel van de westerse wereld hoort voor het eerst van Osama bin Laden en Al Qaida, nadat hij wordt beschuldigd van het organiseren van bomaanslagen op ambassades van de Verenigde Staten in Afrika.

1998: President Bill Clinton geeft opdracht om luchtaanvallen uit te voeren op plekken in Afghanistan die vermoedelijk door Al Qaida als basis worden gebruikt.

1999: De Verenigde Naties stellen financiële sancties en luchtembargo's in tegen de Afghaanse regering en bevolking. Daarmee proberen de VN Mullah Omar en de taliban te dwingen Osama bin Laden uit te leveren om voor zijn rol bij de aanslagen op Afrikaanse ambassades berecht te worden. Mullah Omar weigert.

2001: De taliban blazen de beroemde Boeddhabeelden op, ondanks internationale pogingen om ze te sparen.

2001: De taliban verscherpen de beperkende bepalingen als ze verordonneren dat religieuze minderheden met identificatielabels moeten laten zien dat ze niet islamitisch zijn. Mensenrechtenorganisaties overal ter wereld protesteren luid, maar de protesten worden genegeerd.

2001: De legendarische Afghaanse strijder Ahmed Massoud, de voornaamste tegenstander van de taliban, wordt vermoord door mannen die zich voordoen als journalisten. Volgens velen zitten Al Qaida of de taliban achter de moordaanslag.

2001: Op 11 september worden vier Amerikaanse passagiersvliegtuigen gekaapt. Twee van de vliegtuigen vliegen tegen het World Trade Center aan. Een ander vliegt op het Pentagon in. De vierde stort neer in Pennsylvania. Bij de aanval op burgers vinden 2.986 onschuldige mensen de dood. Al Qaida wordt aangemerkt als organisator van de aanval. De regering van de Verenigde Staten vraagt Mullah Omar om de uitlevering van Osama bin Laden, de Saudiër die verantwoordelijk wordt gehouden voor de aanval op Amerika. Stug weigert Mullah Omar mee te werken.

2001: Na de terroristische aanval op New York en Washington op 11 september 2001, sluit het Verenigd Koninkrijk zich aan bij de Verenigde Staten en vanaf dat moment doet het Verenigd Koninkrijk mee met de strijd van de Coalitie in Afghanistan.

2001: Onder leiding van de VS en onder de naam 'Operation Enduring Freedom' beginnen de Verenigde Staten en Groot-Brittannië een aanval op Afghanistan. Mariniers van de Royal Navy vuren Tomahawk-raketten af, de RAF voert verkenningsvluchten uit en zorgt voor het bijtanken van vliegtuigen in de lucht.

2001: In november worden troepen uit Groot-Brittannië ingezet. Mariniers van het 40ste Commando helpen met het in handen krijgen van het vliegveld Bagram, terwijl 1.700 mariniers van het 45ste Commando als 'Task Force Jacana' worden ingezet. Dankzij de gecombineerde inspanningen van de Verenigde Staten en het Verenigd Koninkrijk marcheren nog geen maand na de eerste luchtaanvallen de oppositiekrachten Kabul en andere belangrijke Afghaanse steden binnen.

2001: In december worden Osama bin Laden en zijn volgelingen van Al Qaida gedwongen om Afghanistan te ontvluchten. In diezelfde maand vluchten Mullah Omar en de taliban Kandahar uit. Onduidelijk is waar Mullah Omar zich bevindt.

2001: Op 22 december wordt de Pathaanse royalist Hamid Karzai hoofd van een uit dertig leden bestaande overgangsregering.

2002: Het eerste contingent van een buitenlandse vredesmacht trekt Afghanistan binnen.

2003: Geallieerde strijdkrachten blijven doorgaan met operaties die erop gericht zijn om de soldaten van de taliban en Al Qaida het zuidwesten van Afghanistan uit te zetten.

2004: De grote wetgevende vergadering van Afghanistan neemt een nieuwe grondwet aan.

2004: President Karzai wint de presidentsverkiezingen met 55 procent van de stemmen.

2005: Voor de eerste keer in dertig jaar vinden er parlementaire en provinciale verkiezingen plaats, waarbij een paar vrouwen een zetel krijgen.

2005-2006: Zelfmoordaanslagen, naar wordt aangenomen het werk van de taliban en Al Qaida, kosten bijna tweehonderd mensen het leven.

2006: De NAVO neemt de staatsveiligheid van Afghanistan op zich. (Aantekening: In de jaren dat de staatsveiligheid van Afghanistan wordt ondersteund, hebben vele landen hier middels het sturen van troepen een bijdrage aan geleverd. Tot deze landen behoren onder meer: de Verenigde Staten, het Verenigd Koninkrijk, Canada, Turkije, Italië, Frankrijk, Duitsland, Nederland, België, Spanje, Polen, evenals andere leden van de Europese Unie en de NAVO, Australië, Nieuw-Zeeland, Azerbeidzjan en Singapore.)

2007: Na aanvallen van de taliban en Al Qaida beginnen wisselende aantallen troepen van de NAVO en Afghanistan aan 'Operatie Achilles', een enorm offensief tegen de in het zuiden gelegerde taliban.

2008: De taliban leggen een aanbod van president Karzai naast zich neer om vredesbesprekingen te beginnen.

2008: De regeringen van Afghanistan en Pakistan besluiten om militanten langs hun grenzen gezamenlijk te bestrijden.

2009: De pasgekozen Amerikaanse president Barack Obama kondigt aan dat de Verenigde Staten meer troepen naar Afghanistan zullen sturen, 17.000 man extra. Twintig NAVO-landen beloven hun militaire inzet in Afghanistan te vergroten.

2009: President Barack Obama kondigt een nieuwe strategie aan, Amerikaanse manschappen gaan het Afghaanse leger en de Afghaanse politie opleiden.

2009: Het Amerikaanse leger begint in de provincie Helmand een nieuw offensief tegen de taliban.

2009: De presidents- en provinciale verkiezingen worden gehouden terwijl er vele beschuldigingen worden geuit van verkiezingsfraude.

2009: Hamid Karzai wordt tot winnaar uitgeroepen van de presidentsverkiezingen na een strijd met zijn rivaal Abdullah Abdullah. Vanwege beschuldigingen van verkiezingsfraude wordt besloten tot een herstemming, maar Abdullah Abdullah trekt zich terug voordat de verkiezingen plaatsvinden.

2009: President Hamid Karzai wordt beëdigd voor een tweede termijn.

2009: Premier Gordon Brown kondigt aan dat het aantal Britse soldaten niet verder zal oplopen dan de 9.000 manschappen die er nu zijn, een troepenmacht die afhankelijk van bepaalde omstandigheden tot 9.500 kan oplopen. Het aantal ingezette Britse soldaten kan bijvoorbeeld oplopen als het nationale leger van Afghanistan en de Afghaanse regering voldoende soldaten naar Helmand sturen om daar aan de zijde van de Britse strijdkrachten mee te vechten.

2009: De Amerikaanse president Barack Obama stuurt nog eens 30.000 Amerikaanse soldaten naar Afghanistan en brengt daarmee het totaal op 100.000, al kondigt de president tegelijkertijd aan dat de Verenigde Staten in de loop van 2011 met de terugtrekking van de troepen zullen beginnen.

2009: Op een Amerikaanse militaire basis in Khost worden zeven agenten van de CIA gedood als een dubbelagent een zelfmoordaanslag weet te plegen.

Terwijl ik dit in januari 2010 schrijf, sterven er nog altijd soldaten en burgers in het gebied. Meer informatie over troepen uit het Verenigd Koninkrijk is te vinden op de website van het ministerie van Defensie.

Jean Sasson is een scherp waarnemend en medelevend kroniekschrijver van vrouwenlevens in de islamitische wereld. Ze is de schrijfster van wereldwijde bestsellers als *Sultana, Sultana's dochters, Mayada, Liefde in een verscheurd land* en *Mijn leven met Osama*. Ze woonde twaalf jaar lang in Saudi-Arabië en heeft dertig jaar door het Midden-Oosten gereisd. Tegenwoordig woont ze in het zuiden van de Verenigde Staten.